职业技术·职业资格培训教材

建筑物清洁保养工

（高级）

主　编　黄见远
审　稿　贺政明

中国劳动社会保障出版社

图书在版编目(CIP)数据

建筑物清洁保养工：高级/黄见远主编. —北京：中国劳动社会保障出版社，2006
职业技术·职业资格培训教材
ISBN 7-5045-5467-7

Ⅰ.建… Ⅱ.黄… Ⅲ.建筑物-保养-技术培训-教材 Ⅳ.TU746.2

中国版本图书馆 CIP 数据核字(2006)第 010014 号

中国劳动社会保障出版社出版发行
(北京市惠新东街 1 号 邮政编码：100029)
出 版 人：张梦欣
*
北京市艺辉印刷有限公司印刷装订 新华书店经销
787 毫米×1092 毫米 16 开本 12.75 印张 273 千字
2006 年 5 月第 1 版 2006 年 5 月第 1 次印刷
定价：23.00 元

读者服务部电话：010-64929211
发行部电话：010-64927085
出版社网址：http：//www.class.com.cn

内 容 简 介

本教材由劳动和社会保障部教材办公室、上海市职业培训指导中心依据上海 1+X 职业技能鉴定考核细目——建筑物清洁保养工（国家职业资格三级）组织编写。本教材从强化培养操作技能，掌握一门实用技术的角度出发，较好地体现了行业当前最新的实用知识与技能，对于提高专业保洁公司人员的基本素质，掌握高级建筑物清洁保养工的核心知识与操作技能有直接的帮助和指导作用。

本教材在编写中根据本职业的工作特点，以能力培养为根本出发点，采用了模块化的编写方式。全书分为八个单元，主要内容包括：概论、建筑物清洁保养原理、设备与工具、建筑物清洁保养的气象环境、常见建筑物装饰材料、建筑物清洁保养工艺、安全与质量管理、《建筑物清洁保养项目施工方案》的编制等。为便于读者掌握本教材的重点内容，在每单元后附有单元测试题及答案，在全书后附有考核模拟试卷。

本教材可作为建筑物清洁保养工（国家职业资格三级）职业技能培训与鉴定考核教材，也可供全国中高等职业院校师生，以及相关专业人员参加岗位培训、就业培训使用。

前　言

职业资格证书制度的推行，对广大劳动者系统地学习相关职业的知识和技能，提高就业能力、工作能力和职业转换能力有着重要的作用和意义，也为企业合理用工以及劳动者自主择业提供了依据。

随着我国科技进步、产业结构调整以及市场经济的不断发展，特别是加入世界贸易组织以后，各种新兴职业不断涌现，传统职业的知识和技术也愈来愈多地融进当代新知识、新技术、新工艺的内容。为适应新形势的发展，优化劳动力素质，上海市劳动和社会保障局在提升职业标准、完善技能鉴定方面做了积极的探索和尝试，推出了1+X的鉴定考核细目和题库。1+X中的1代表国家职业标准和鉴定题库，X是为适应上海市经济发展的需要，对职业标准和题库进行的提升，包括增加了职业标准未覆盖的职业，也包括对传统职业的知识和技能要求的提高。

上海市职业标准的提升和1+X的鉴定模式，得到了国家劳动和社会保障部领导的肯定。为配合上海市开展的1+X鉴定考核与培训的需要，劳动和社会保障部教材办公室、上海市职业培训指导中心联合组织有关方面的专家、技术人员共同编写了职业技术·职业资格培训系列教材。

职业技术·职业资格培训教材严格按照1+X鉴定考核细目进行编写，教材内容充分反映了当前从事职业活动所需要的最新核心知识与技能，较好地体现了科学性、先进性与超前性。聘请编写1+X鉴定考核细目的专家，以及相关行业的专家参与教材的编审工作，保证了教材与鉴定考核细目和题库的紧密衔接。

职业技术·职业资格培训教材突出了适应职业技能培训的特色，按等级、分模块单元的编写模式，使学员通过学习与培训，不仅能够有助于通过鉴定考核，而且能够有针对性地系统学习，真正掌握本职业的实用技术与操作技能，从而实现我会做什么，而不只是我懂什么。

本教材结合上海市对职业标准的提升而开发，适用于上海市职业培训和职业资格鉴定考核，同时，也可为全国其他省市开展新职业、新技术职业培训和鉴定考核提供借鉴或参考。

本教材在编写过程中得到上海市市容环境卫生行业协会建（构）筑物清洗保洁专业委员会、上海容业清洁设备有限公司、上海弈迦化学品有限公司、上海夏苑清洁有限公司的大力支持，还得到了贺政明、叶天荣、周振亚、刘建华、沈国亮、林祺等同志的协力帮助，在此一并致谢。

新教材的编写是一项探索性工作，由于时间紧迫，不足之处在所难免，欢迎各使用单位及个人对教材提出宝贵意见和建议，以便教材修订时补充更正。

劳动和社会保障部教材办公室
上海市职业培训指导中心

目　录

第一单元　概论 …………………………………………………………（1）
单元测试题……………………………………………………………………（4）
单元测试题答案………………………………………………………………（4）
第二单元　建筑物清洁保养原理 ………………………………………（6）
第一节　建筑物清洁保养材料的概述………………………………………（6）
第二节　建筑物装饰表面的污垢……………………………………………（10）
第三节　建筑物装饰材料表面与污垢间的连接……………………………（15）
第四节　建筑物装饰材料表面的清洁保养…………………………………（20）
第五节　建筑物清洁保养材料配方…………………………………………（29）
第六节　新型建筑物清洁保养材料…………………………………………（46）
单元测试题……………………………………………………………………（51）
单元测试题答案………………………………………………………………（51）
第三单元　建筑物清洁保养设备与工具 ………………………………（55）
第一节　建筑物清洁保养设备与工具的发展概述…………………………（55）
第二节　建筑物清洁保养设备、工具规范化使用…………………………（62）
第三节　建筑物清洁保养设备、工具的规范化管理………………………（67）
单元测试题……………………………………………………………………（72）
单元测试题答案………………………………………………………………（72）
第四单元　建筑物清洁保养的气象环境 ………………………………（74）
第一节　建筑物清洁保养的气象环境概述…………………………………（74）
第二节　风与建筑物清洁保养………………………………………………（77）
第三节　雨与建筑物清洁保养………………………………………………（79）
第四节　其他天气对建筑物清洁保养的影响………………………………（82）
单元测试题……………………………………………………………………（84）
单元测试题答案………………………………………………………………（84）
第五单元　常见建筑物装饰材料 ………………………………………（87）
第一节　石材…………………………………………………………………（87）

第二节 木质地板……………………………………………………………………（91）
第三节 地毯…………………………………………………………………………（98）
第四节 玻璃…………………………………………………………………………（102）
第五节 瓷砖…………………………………………………………………………（106）
单元测试题……………………………………………………………………………（108）
单元测试题答案………………………………………………………………………（109）
第六单元 建筑物清洁保养工艺 ……………………………………………………（111）
第一节 建筑物清洁保养工艺的制定原则……………………………………………（111）
第二节 建筑物清洁保养的周边环境…………………………………………………（114）
第三节 制定建筑物清洁保养工艺的因素……………………………………………（122）
第四节 建筑物清洁保养的对象………………………………………………………（129）
第五节 建筑物清洁保养施工工艺单…………………………………………………（134）
第六节 《建筑物外墙面清洁保养工艺》的制定 ……………………………………（138）
单元测试题……………………………………………………………………………（140）
单元测试题答案………………………………………………………………………（141）
第七单元 安全与质量管理……………………………………………………………（144）
第一节 安全施工管理…………………………………………………………………（144）
第二节 员工生理、心理与安全施工的关系…………………………………………（148）
第三节 清洁保养的质量控制…………………………………………………………（150）
第四节 清洁保养的质量标准和验收方法……………………………………………（159）
单元测试题……………………………………………………………………………（165）
单元测试题答案………………………………………………………………………（166）
第八单元 《建筑物清洁保养项目施工方案》的编制 ……………………………（167）
第一节 建筑物清洁保养的成本控制…………………………………………………（167）
第二节 建筑物清洁保养工作量的测算………………………………………………（169）
第三节 《建筑物清洁保养项目施工方案》的制定 …………………………………（170）
单元测试题……………………………………………………………………………（174）
单元测试题答案………………………………………………………………………（175）

考核模拟试卷（一） ……………………………………………………………………（176）
考核模拟试卷（二） ……………………………………………………………………（181）

附录 1 北京市居住小区物业管理服务标准 ………………………………………（187）
附录 2 上海市建筑物清洗保洁合同…………………………………………………（191）

第一单元 概 论

人类生活在两个世界里。一个是由土地、空气、水和动植物组成的自然世界，这个世界在人类出现以前的几十亿年就已经存在了，后来人类也成为其中的一个组成部分；另一个是人类为了自己，用自己的双手建立起来的不断完善的社会结构和物质文明的世界。人类用自己制造的工具和机器、自己的科学发明以及自己的设想，创造了一个符合人类理想和意愿的环境。

建筑物清洁保养所关注的是，在这个追求较好生活的人类社会中，建筑物在人类美好的愿望中占据的比重，以及建筑物清洁保养对人类的生活环境所产生的影响。

“安居乐业”是中国的一句老话。从地穴、草屋、砖瓦房到摩天大楼，居住形式的变化反映了人类的创造历程，人类社会的发展凝聚在不同的建筑之中。

建筑物主要集中在城市之中，人和建筑物是城市的两大载体，以中国的 2002 年与 2003 年的住宅建筑面积和城市人口密度发展做比较，2002 年实有住宅建筑面积为 81.8 亿平方米，2003 年为 89.1 亿平方米；2002 年城市人口密度为 754 人/km^2，2003 年为 847 人/km^2，分别增长了 8.9%和 12.3%。建筑物成了人类用自己双手建立起来的物质文明世界的标志物。

近 200 年来，人类改造自然世界的力量、广度和深度，都似乎预示着人类历史上革命新纪元的来临。但是人类一味强调自身的发展和追求，忽视自然世界的客观规律，由此引发的自然世界不可逆转的反抗，使人类生活的两个世界都不同程度的受到损害，而且可能是无法改变的。

在 21 世纪初期的今天，人类已经对已知的自然界有了较为充分的认识，正在以全球范围的规模，对大自然无节制的使用、不受控制的消耗等现象加以控制，并用人造代替天然，用规划性代替盲目性。人们正以史无前例的速度和深度，对大自然进行符合自然规律的改造。这也就是所谓的构建一个和谐的社会，一种循环经济的模式。

建筑物已成为人类生存所依赖的载体和社会发展的体现，我们应该认识到建筑物清洁保养在社会发展中的重要性，同时要对现在的建筑物清洁保养概念在社会发展中不断更新。

一、社会发展需要建筑物清洁保养

1. 建筑物清洁保养是社会发展的需要

城市是人类主要的栖息地，涉及社会环境、经济环境、文化环境以及体现出使用功能、技术含量、审美情趣和自然条件利用等因素的物质空间环境和社会环境，以满足人类在物质和精神、生理和心理等方面的要求。

城市化同样也带来了一系列严重的问题，人类通过先进的技术，无节制地向自然界索取，引起耕地减少、能源枯竭、温室效应、水土流失和土地沙化等不协调、不和谐的社会现象。人们所利用的科学技术是否符合生态性，很少被人们关注，使人类陷入空前的困境中。

中国经济建设发展之快为世界瞩目，经济建设的成就使得人民的生活有了翻天覆地的变化，表现之一是人民的住房面积迅速扩大，居住环境得到了改善，城市建设更加优美。以我国上海为例，到2001年底，上海的高层建筑数接近4 000幢，而20世纪70年代上海只有40幢高层建筑物，建于20世纪90年代的高层建筑物为1 664幢。

城市中有了如此多的建筑物，人类对建筑物又有了如此多的要求，并已经认识到某些影响人类生存、自然生态发展的因素。当我们对人类生存、自然生态发展不利的因素进行限制时，如何使现有的建筑物在不断发展的社会要求中保持其对经济效益和社会效益的积极作用显得十分重要，建筑物清洁保养成为城市发展的重要一环。

2. 建筑物清洁保养是经济发展的组成部分

所谓社会文明，就是以个人身心、人与人、人与自然的高度和谐为特征的文明。社会文明是建立在经济发展的基础之上的。自然界无节制利用的失衡经济与社会文明不兼容，因此要构建和支持社会文明必须与经济社会发展联系在一起。经济社会发展的主线贯穿于生产、分配和消费等环节以及各环节之间的经济形态。

建筑业是一个使经济社会可持续发展的产业之一。建筑业的产品——建筑物，是经济社会发展的象征和体现。建筑物装饰是建筑物美化的一个过程，据测算，全国一年的建筑业产值达到数千亿元，将价值如此高的建筑物及其装饰材料清洁保养好，使人类有了清洁、舒适、自然的居住、生活、工作环境，成为社会文明的典范。从建筑业到建筑物装饰业，再到建筑物清洁保养业的产业链，是一个逐步发展和完善的经济链。建筑物清洁保养业是这个逐步发展和完善的经济链的尾端，能充分体现出经济社会发展的效果，具体体现在以下几个方面。

（1）建筑物清洁保养业的目的性。经济社会发展的首要条件是实现和谐生产，建筑物清洁保养业的具体生产就是对已建的建筑物和装饰后的建筑物装饰材料表面进行清洁保养的施工。对于已建的建筑物和装饰后的建筑物装饰采用的材料是否属于环保建材，建筑物清洁保养行业无法控制；对于在建的和即将建设的建筑物和建筑物装饰工程，也属于政府的管理范围。建筑物清洁保养业在经济社会发展中承担的义务是使经过清洁保养的建筑物努力达到对大自然、对人类产生的破坏力最小化，并使建筑物清洁保养业采用的材料、工艺向无污染或低污染的目标前进。

（2）建筑物清洁保养业的关联性。建筑物清洁保养是一种经济活动，除了产生经济效益外，还会带来巨大的社会效益，我们应当努力使其达到经济效益与社会效益的同步最大化。

1）21 世纪的建筑并不仅仅是一种物质产品，也是精神文化产品。它是人类个体和社会存在的生存设施。建筑本身是一种改造自然、利用自然，建立社会文明的巨大杠杆。

建筑是多姿多彩的，建筑物用什么颜色，有着明显的时代和地方特点。以北京故宫为例，红色、黄色是主要的代表色，象征着皇权至高无上；北京天安门和中南海的红墙给人庄严之感；苏州的民居白墙、黑瓦，在青山绿水的映衬下，独具江南特色；西藏的建筑色彩对比强烈，以红、黄、白为主色调。在我们的城市中，建筑的色彩是构成城市景观的重要因素，当以上绚丽的色彩蒙上了灰尘、污渍、污垢，生活在这种环境中的人们心情就会受到影响。相反，如果在建筑物靓丽色彩的映衬下，在干净的建筑物外围环境中散步，人们就会感到惬意。将城市美化，建筑物清洁保养业有着不可替代的作用。

2）适度消费是社会经济发展的指挥棒，建筑物清洁保养是一种适度消费的形式。创建和谐社会，必须使建筑物和建筑物装饰材料在较长的时期内，保持原有的质地、色彩，在最大限度上降低对大自然的索取，满足人类的合理需求。这就需要经过训练、专业有素的建筑物清洁保养员工提供服务，以此形成一种在建筑物消费过程中关键且不可缺失的一环，使建筑物清洁保养成为建筑物消费经济中的一部分。

二、建筑物清洁保养需要社会发展的有力支持

建立小康社会，对社会关系结构提出了更高的要求，构建一个和谐的社会是今后的经济工作重点。建筑物清洁保养是一个较新的行业，处于创业阶段，需要社会的有力支持和保护。

1. 建筑物清洁保养需要合理分配

合理分配的实质是公平。由于建筑物清洁保养行业是一个仍未被社会、市场、客户、业主充分认识和理解的行业，因此在市场经济中处于弱势和不公平的地位。目前政府有关部门对建筑物清洁保养行业进行了较多的关注，如上海市质量技术监督局制定了“上海市地方标准（DB31/T307—2004）《建筑物清洁保养验收规范》”，《北京市居住小区物业管理服务标准》中对“维护和保持服务范围内的清洁卫生”提出了要求，以期达到提高建筑物清洁保养行业在市场经济中的地位，在市场经济中获得公平的经济效益。

建筑物清洁保养行业的从业人员大都是从产业结构调整和社会变革中产生出来的，属于低薪阶层和生活困难的群体，改善建筑物清洁保养行业从业人员的经济状况也应是社会

发展关注的重点。

2. 建筑物清洁保养需要环保工艺

建筑物清洁保养施工中采用的清洁保养材料、专用设备和工具应该与创建和谐社会相一致。清洁保养材料目前多为化学合成制品，虽然 pH 值以中性为主，仍对环境有一定程度的污染，无污染的生物型清洁保养材料有待于进一步推广和批量生产。节约是社会文明所提倡的，建筑物清洁保养施工中的专用设备需用大量的水、电能源，专用工具的消耗量也十分巨大，改变建筑物的清洁保养工艺，研究建筑物清洁保养的新技术，采用新设备、工具，达到社会文明所需要的环保工艺，是建筑物清洁保养行业和其从业人员的责任。

单元测试题

简答题

1. 简述自己对“人类生活中两个世界”的认识。
2. 社会发展与建筑物清洁保养的关系是什么？
3. 为什么适度消费是社会经济发展的指挥棒？

单元测试题答案

简答题

1. 答：一个是由土地、空气、水和动植物组成的自然世界，这个世界在人类出现以前的几十亿年就已经存在了，后来人类也成为其中的一个组成部分；另一个是人类为了自己，用自己的双手建立起来的不断完善的社会结构和物质文明的世界。

人类一味强调自身的发展和追求，忽视自然世界的客观规律，由此引发自然世界的不可逆转的反抗，使人类生活的两个世界都不同程度的受到损害，而且可能是无法改变的。

21 世纪初期的今天，人类似乎正以全球范围的规模，对大自然无节制的使用、不受控的消耗等现象加以控制，并用人造代替天然，用计划性代替盲目性。人们正以史无前例的速度和深度，对大自然进行符合自然规律的改造。这也就是所谓的构建一个和谐的社会。

2. 答：建立小康社会，对社会关系结构提出了更高的要求，构建一个和谐的社会是今后的经济工作重点。建筑物清洁保养是一个较新的行业，处于创业阶段，需要社会的有力支持和保护。

（1）建筑物清洁保养是经济发展的组成部分。

（2）建筑物清洁保养需要社会的有力支持。

（3）建筑物清洁保养需要合理分配。

（4）建筑物清洁保养需要环保工艺。

3. 答：建筑物清洁保养是一种适度消费的形式。创建和谐社会，必须使建筑物和建筑物装饰材料在较长的时期内，保持原有的质地、色彩，在最大限度上降低对大自然的索取，满足人类的合理需求。这就需要经过训练、专业有素的建筑物清洁保养员工提供服务，以形成一种在建筑物消费过程中关键且不可缺失的一环，使建筑物清洁保养成为建筑物消费经济中的一部分。

第二单元 建筑物清洁保养原理

第一节 建筑物清洁保养材料的概述

一、建筑物清洁保养材料概述

大约两千多年前，人类就有了懂得制造表面活性剂的历史，在中国、古埃及和古希腊，都曾先后制造出肥皂。一千多年前，肥皂的生产扩展到当时的工业萌芽国家。20 世纪初肥皂才以工业生产方式进行制造，以商品形式进行销售。我国正式建立肥皂厂是在 20 世纪初。

作为个人清洁用品和家庭清洁用品，合成洗涤剂只在短短的几十年就代替了肥皂的主导地位。现代洗涤工艺几乎离不开合成洗涤剂，家庭洗涤、个人清洁、建筑物清洁保养也同样如此。

服务行业是社会化发展的标志。建筑物清洁保养材料是适应人类生活社会化，用于建筑物清洁保养及社会化清洁服务的。建筑物清洁保养的基质大都为有规则硬表面，建筑物清洁保养的过程由专职人员来承担，一般使用机械化方式和专用建筑物清洁保养材料完成建筑物的清洁保养工程。建筑物清洁保养专业公司也对建筑物清洁保养材料提出自己的要求，以提高建筑物清洁保养的效果和效率。建筑物清洁保养材料不同于家用洗涤剂，二者之间既有很明显的区别，又有某些联系和交叉。从技术角度看，建筑物清洁保养材料与家用洗涤剂在品种和类别上一直是互相促进的关系，对先进技术和新型原料争相采用；从历史角度看，家用洗涤剂是基础和母体，而建筑物清洁保养材料是分支和衍生。

二、清洁保养材料的分类

1. 以建筑物清洁保养材料主体配方分类

（1）酸性清洁保养材料。以无机酸或有机酸为主要原料。可以辅以表面活性剂和其他助剂，以强化酸性效果或弥补酸性的不足。

采用酸性建筑物清洁保养材料，主要是针对建筑物金属、陶瓷釉面装饰材料表面的清洁保养，如金属材料上的锈蚀物（氧化物）和陶瓷釉面上水垢和尿垢等的清除。使用酸性建筑物清洁保养材料对建筑物装饰表面进行清洁保养，实际上是一种化学清洁保养工艺，通过化学反应除去污垢。

（2）碱性建筑物清洁保养材料。以各种强碱或碱性盐为主要原料。辅以表面活性剂和其他助剂以强化碱性效果或弥补碱性的不足。

采用碱性建筑物清洁保养材料，主要是针对建筑物装饰表面有大量动植物油脂，使用碱皂清除油脂从而实现建筑物清洁保养的目的。这也是化学清洁保养工艺。

（3）水基建筑物清洁保养材料。以水为主要溶剂，表面活性剂为主要去污活性成分，配合各种助剂进行建筑物装饰表面的清洁保养。

水基建筑物清洁保养材料的去污原理是基于表面活性剂在水中形成胶束，亲油基将油溶性污垢包住，靠亲水基将其分散在水中，最终实现建筑物清洁保养的过程。

水基建筑物清洁保养材料是所有清洁保养材料的主体，是真正靠表面活性剂的胶体化学原理来实现建筑物清洁保养的。

绝大部分建筑物清洁保养材料以其水溶液进行清洁保养。这是因为水是最便宜的建筑物清洁保养材料，用水溶液进行建筑物清洁保养在经济上最合算。

以表面活性剂为去污活性成分，正好将油溶性污垢带入水中（分散或乳化），实现最合理的建筑物清洁保养过程，水作为溶液也可方便地将水溶性污垢溶在水中。这样只要将携带污垢的水排掉，就可以实现对建筑物装饰表面的清洁保养。

（4）溶剂建筑物清洁保养材料。以有机溶剂为主，配合表面活性剂和其他助剂，实现对建筑物装饰表面油污的去除，达到建筑物清洁保养的目的。如由纤维和织物组成的建筑物装饰表面的清洁保养干洗工艺，及建筑物金属装饰表面和非金属装饰表面的有机污垢的清洁保养等。

（5）建筑物清洁保养中摩擦清洁保养材料。在清洁保养材料配方中加入水不溶性固体颗粒，辅以表面活性剂和助剂，对结合牢固的黏附污垢施加摩擦力进行摩擦清洁保养，实现清洁保养目的。摩擦清洁保养主要针对硬表面基质上的混合污垢、干性油等。

（6）建筑物清洁保养中漂白清洁保养材料。以含氧或含氯漂白剂的化学漂白作用，实现无法洗脱的色素的去除。漂白剂可以单独使用，也可以与清洁保养材料配合使用。清洁保养材料中一旦加入漂白剂，就应该围绕漂白组分来设计配方。

（7）建筑物清洁保养中消毒杀菌清洁保养材料。加入具有消毒杀菌作用的成分，辅以表面活性剂和助剂，将生物污垢杀死并从基质上除去。杀菌成分的含量虽然有限，但作用是非常重要的。

2. 以建筑物清洁保养材料 pH 值分类

（1）酸性建筑物清洁保养材料。酸性建筑物清洁保养材料是在水基建筑物清洁保养材料中加入酸类物质作为清洁保养材料成分。pH 值在 6～7 之间为弱酸性建筑物清洁保养材料。pH 值在 4 以下为强酸性建筑物清洁保养材料。在这两种建筑物清洁保养材料中，主要成分是酸，表面活性剂为辅助成分。

弱酸性建筑物清洁保养材料是用有机酸或无机酸调配 pH 值的，其表面活性剂是弱酸性建筑物清洁保养材料的主要活性成分。

酸性建筑物清洁保养材料的 pH 值主要是根据去污要求（如锈蚀污垢、水垢、尿碱等）、基质要求（如某些金属、瓷釉表面的保护等）和建筑物清洁保养工艺要求来选定。

强酸性建筑物清洁保养材料属于重垢型建筑物清洁保养材料，弱酸性建筑物清洁保养材料属于轻垢型建筑物清洁保养材料。

（2）中性建筑物清洁保养材料。中性建筑物清洁保养材料的 pH 值在 7 左右，它包括水基建筑物清洁保养材料、溶剂建筑物清洁保养材料等，主要制成液体建筑物清洁保养材料。中性建筑物清洁保养材料属于轻垢型建筑物清洁保养材料。

大部分建筑物清洁保养材料产品为中性。一些与碱接触可能破坏基质材料的建筑物清洁保养材料，应该使用中性洗涤剂，如玻璃及某些瓷釉表面和金属表面的清洁保养。

（3）碱性建筑物清洁保养材料。建筑物清洁保养材料的 pH 值在 7～9 之间，称为弱碱性建筑物清洁保养材料，pH 值在 13 以上，称为强碱性建筑物清洁保养材料，再高则称为苛性建筑物清洁保养材料。

就建筑物清洁保养的机理来说，只有在碱性建筑物清洁保养材料中才有利于污垢的去除，因为碱性使形成的建筑物清洁保养材料有更高的去污活性（降低表面张力、降低临界胶束浓度、增强表面活性）。所以，在一般的水基建筑物清洁保养材料中都要加入碱性成分，如水玻璃、碳酸钠，氢氧化钠等。从一般经验讲，碱性越强，去污力越高。

强碱性建筑物清洁保养材料又称为重垢型建筑物清洁保养材料，去污力强，除油性污垢效率高。例如在硬表面建筑物清洁保养材料中，用于除油污、脱脂等目的的建筑物清洁保养材料大都是强碱性的。

3. 以建筑物清洁保养材料产品外形分类

（1）粉状建筑物清洁保养材料。粉状建筑物清洁保养材料的运输比液体建筑物清洁保养材料方便，包装成本低（比块状产品易溶化，节省操作费用）。

由于配方原因，必须将某些建筑物清洁保养材料制成粉状。如一些重垢型建筑物清洁保养材料，需要大量使用固体助洗剂或固体表面活性剂，使其总固性物含量较高，因此必须制成固体粉末状。多见于无机盐助洗剂、固体摩擦剂和高活性物的浓缩型建筑物清洁保养材料。

(2) 液体建筑物清洁保养材料。对于用户来说，建筑物清洁保养材料制成液体，使用较方便，可以节省操作费用。但是这给运输和包装带来困难，使运输费用提高，包装费用也较粉状产品高。

对于建筑物清洁保养材料的生产者来说，直接出售液体产品有降低制作费用的好处，尤其以水为溶剂的产品，可以省去加工成型造成的消耗，所以也称为节能型产品。但是，由于制成液体，限制了一些固体原料的加入。

对于某些特定的配方，制成液体产品主要是配方结构的需要，如加入较多的液体原料，使用大量有机溶剂为去污组分。

(3) 块状建筑物清洁保养材料。这是某些小型产品的剂型，如马桶上悬挂的块状去污剂，为了缓慢溶解要保持一定的几何形状。大多数产品不制成块状。

(4) 气溶胶建筑物清洁保养材料。这是液体建筑物清洁保养材料的一种特例，将建筑物清洁保养材料液体产品包装在加压罐中，靠挥发气体的压力或外界机械的压力，将液体建筑物清洁保养材料喷到被清洁保养的建筑物装饰材料表面上，进行建筑物清洁保养材料原液清洗。

这种包装形式成本较高，在特殊情况下才使用。如局部喷洗、垂直硬表面的清洗。

其他产品形式还包括微胶囊包覆产品、两剂分别包装产品等。

三、建筑物清洁保养材料的发展前景

建筑物清洁保养材料是在洗涤剂产品细分化和建筑物清洁保养及社会化清洁服务的需要下诞生的。最初，建筑物清洁保养是借民用洗涤剂（包括肥皂等）完成的，后来从民用洗涤剂中分化出建筑物清洁保养材料，其产品份额也不断增加。它不但在洗涤剂工业中成为新兴的、重要的产品分支，而且在国民经济和社会生活中举足轻重。

1. 建筑物清洁保养材料在洗涤用品中的地位

目前，我国洗涤用品年销售额在数百亿元，其中，建筑物清洁保养材料只占2%左右。由于使用建筑物清洁保养材料的部门多，相应的生产厂家分散，有不少大型建筑物清洁保养专业公司也生产一些专用建筑物清洁保养材料，所以，建筑物清洁保养材料的实际生产量和使用量会更大一些。

目前，国内外专业洗涤剂生产厂大都建有建筑物清洁保养材料的生产车间。例如，以烷基磺酸盐或其他磺酸盐为原料生产建筑物清洁保养材料，小型聚氧乙烯醚生产厂（或助剂厂）大都为专业建筑物清洁保养材料厂提供产品。近年来，出现了许多建筑物清洁保养材料专业厂，以某些品种为主，以优良的技术服务作后盾，赢得用户的青睐。

专业建筑物清洁保养公司不但拥有先进的建筑物清洁保养设备和丰富的专业建筑物清洁保养经验，往往也生产专用建筑物清洁保养材料的产品。

建筑物清洁保养材料在洗涤用品中，不但在数量上占有一定比重，在品种上也成为洗涤用品专用产品和功能性产品的主体。有专家预测，建筑物清洁保养材料在未来的几十年中，将发展为与民用洗涤剂数量相当的大门类。

2. 建筑物清洁保养材料在国民经济中的地位

建筑物清洁保养材料的生产是国民经济发展的组成部分，随着建筑物清洁保养行业的发展和需求的增加而加大产能，使得品种增多、质量提高、成本降低。

建筑物清洁保养材料用于提高社会生活质量。在社会化服务的大环境下，建筑物清洁保养材料与国民经济的关系更加紧密。

3. 建筑物清洁保养材料的发展前景

建筑物清洁保养材料与建筑物和建筑物装饰材料同步发展，才能满足建筑物清洁保养的需要，才能体现建筑物清洁保养材料的服务功能。首先在品种上，将成为洗涤用品中最大的一个门类，将更加突出专用化、功能性。在未来的十几年中，建筑物清洁保养材料将从只占洗涤用品的2%发展到10%。在发达国家，建筑物清洁保养材料表面活性剂用量可占表面活性剂生产总量的20%。建筑物清洁保养材料的范畴应该是除家用和工业用洗涤剂以外的所有洗涤剂，包括建筑物装饰材料表面的保养剂。随着建筑物清洁深层化，家庭清洁社会化，建筑物清洁保养材料也将发生飞跃性变化。建筑物清洁保养材料用于社会环境的清洁美容，建筑物清洁保养材料中建筑物清洗剂、建筑物装饰材料表面的保养剂、公用卫生设施消毒洗涤剂、办公设施洗涤剂等将成为重点发展的品种。

从发展角度对洗涤用品分类，将会出现如下排列顺序：家庭用洗涤剂、建筑物清洁保养材料、个人用清洁剂。建筑物清洁保养材料产品新的排列顺序是：液体建筑物清洁保养材料、粉状建筑物清洁保养材料、块状建筑物清洁保养材料、膏状建筑物清洁保养材料和气溶胶建筑物清洁保养材料。

第二节　建筑物装饰表面的污垢

一、基质

建筑物装饰材料，也就是建筑物清洁保养的对象被定义为基质。携带污垢的基质表面需要清洁保养。携带污垢的基质有规则、有硬度的表面称为硬表面；携带污垢的基质无规则、纤维状的表面称为软表面。携带污垢的基质表面还可分为极性表面（极性基质）或非极性表面（非极性基质），光滑表面或不光滑表面。由于这些区别，造成基质与污垢连接方式不同，结合牢度不同，携污方式也有所差别。

1. 纤维及织物类建筑物装饰材料表面的污垢

纤维和织物作为建筑物的装饰材料，相对于建筑物硬表面装饰材料的清洁保养来说，与污垢的结合力较强，这种非规则、纤维状的软表面去除污垢就更困难了，再加上作为建筑物装饰材料的纤维和织物无法直接漂洗，一般需采用机械进行清洁保养，这就造成了建筑物软表面装饰材料的清洁保养的特殊性。

作为建筑物装饰材料的纤维和织物来源于天然的纤维，如棉、麻是由纤维素组成；由动物身上获得的羊毛、羊绒、鸭绒、茧丝是由蛋白质组成，这些天然来源的纤维是建筑物软表面装饰材料的主要原料。

来源于合成材料的纤维称为合成纤维，它是高分子化合物喷丝后制成的实心纤维；人造纤维的黏胶纤维，是由天然短纤维经过加工制成人造丝、人造棉等。

各种纤维表面有很大差别，由于其吸水性不同，纤维表面的极性也不同，如蛋白质组成的羊毛为空心纤维，表面为鳞片状。合成纤维都是喷成圆柱状，吸水性差，非极性表面，纤维强度也有很大差别，吸附尘土的能力（吸附力）差别更明显。

由于纤维和纱线多为柔软无规则的表面，当有污垢侵入时，有很大一部分液体污垢进入纱线的纤维缝隙中，液体污垢携带的微小尘埃也会钻进去。

天然纤维在使用过程中，在阳光照射、氧气及其他气体的作用下，或者与各种化学物质长期接触，其成分可能发生降解，或其他化学反应，这在洗涤过程中常会碰到。

2．金属类建筑物装饰材料表面的污垢

金属类建筑物装饰材料中，使用最普遍、数量最大的就是黑色金属，即铁及其合金，或称为钢铁。钢铁材料是极性材料，在空气中吸收水分，发生电化学反应，即腐蚀生成铁锈。铁锈是钢铁材料上产生的主要污垢。据统计，每年产生铁锈的质量，相当于钢铁产量的三分之一。

其他有色金属类建筑物装饰材料产生锈腐的数量较少，清洁保养的目的主要是去油脱脂。

金属类建筑物装饰材料具有典型的规则硬表面，污垢附着在金属表面上，除垢也在金属类建筑物装饰材料表面上进行。产生的锈蚀或黏附油污都可形成垢层，这种垢层与金属类建筑物装饰材料有一定的结合力，也容易发生成片脱落，这一点与纤维和织物类建筑物装饰材料的结垢不同。由于金属类建筑物装饰材料都有一定的硬度和强度，在去污时可以借助于机械外力。

3．非金属类建筑物装饰材料表面的污垢

这里指具有一定规则硬表面的非金属类建筑物装饰材料，像玻璃、塑料、橡胶、木材、砖瓦、石材，也包括涂有油漆的建筑物装饰材料表面。

非金属类建筑物装饰材料都有一定的外表面，其表面硬度差别很大，光洁程度也不一样，表面形状千变万化。上面附着的污垢多为水溶性污垢、油溶性污垢以及黏附的固体污垢。在建筑物清洁保养中碰到的硬表面多为非金属类建筑物装饰材料表面。

非金属类建筑物装饰材料大都属于非极性，容易产生静电吸附，污垢结合力较强。

特别要强调油漆表面。无论是金属类建筑物装饰材料，还是非金属类建筑物装饰材料的表面，往往要涂油漆（涂料），一是可以起到保护作用，二是美观漂亮。油漆（涂料）表面实际是骨架的第二表面，或称为复合表面。污垢侵入时，首先附着在油漆（涂料）表面上，一般的污垢只是污染油漆（涂料）表面。在清洁保养油漆（涂料）表面时，要考虑建筑物装饰材料的材质和油漆（涂料）的材质。

一般来说，非金属类建筑物装饰材料的清洁保养比较复杂和困难。

二、建筑物装饰材料表面的污垢

引用国际表面活性会议（CID）的定义，污垢是指吸附于基质表面或内部，不受人们欢迎，可改变清洁表面外观及质感的物质。

无论对于家庭洗涤，还是建筑物的清洁保养，上述污垢的定义都是成立的。

根据上述定义，可以粗略地将污垢分为液体污垢和固体污垢。液体污垢又可分为水溶性污垢和油溶性污垢，固体污垢还可分为无机固体污垢和有机固体污垢。

基质被污染时，是一个综合吸附过程。污垢往往是一种复合型污垢。例如，液体污垢与固体污垢共同生成污斑，水溶性污垢的水蒸发后形成板结的污斑，油溶性污垢中的油挥发后留下的干性油垢层。

1. 建筑物装饰材料表面的油性污垢

建筑物装饰材料表面的油性污垢是最常见的污垢，也是最难去掉的污垢。

（1）来源于人体的油性污垢“脂肪酸及脂肪酸酯”，主要是皮脂腺分泌的皮脂，其主要成分是脂肪酸甘油酯和水解后的游离脂肪酸。其中70％为可皂化物，30％为脂肪酸以外的物质。游离脂肪酸是由脂肪酸三甘油酯受到皮肤上的脂肪酶水解而生成的。

皮脂中的脂肪酸碳链分布与体脂脂肪酸组成有很大区别。如含有少量支链脂肪酸、二十二碳脂肪酸、比庚酸更低的脂肪酸、少量奇碳酸。尤其是皮脂中以十六烯酸为主，含蜡脂很高。由于皮脂污垢中50％以上为不饱和脂肪酸，如果不及时去污或去污不彻底，就会在建筑物装饰材料表面的上发生氧化聚合，使建筑物装饰材料表面的色泽变黄发暗，失去光泽。

在人体皮肤表面，皮脂形成一层膜覆盖全身，维持皮肤角质层的柔软、润泽，也可防止外界对皮肤的侵扰。游离脂肪酸进一步对皮肤表面的微生物产生抗菌作用。当夏天出汗多时，皮脂膜可与汗水形成油包水或水包油乳液覆盖在皮肤上。因此，皮肤的皮脂和汗水都有机会转移到建筑物装饰材料表面上成为油性污垢。手触摸后留下的手印、指纹，是典型的皮脂。门把手、扶梯扶手、玻璃、金属硬表面也会留下皮脂污垢。

（2）来源于石油及其衍生物。工厂、车间、车库等建筑物常见的油性污垢主要是石油烃类及其衍生物，大都以润滑油、润滑脂类形式污染建筑物装饰材料表面。

常用的润滑油是直接从石油中分馏出来的，主要成分是碳链较长的直链烃，也含有支链烃、环烷烃。在润滑油中还含有一些添加剂，以改善润滑性、流动性、耐极压性等。润滑油在使用过程中，无法保证不产生泄漏、飞溅，造成建筑物装饰材料表面的污染。

在运转机器的轴承等部位使用膏状的润滑脂，它是由润滑油和固体填料组成。在长期使用后，润滑脂可能离析，润滑油或其他液体会产生流失，携带固体污垢（如磨损下来的铁屑、吸附的尘土等）。这种混合油性污垢比润滑油更难去除。

（3）石蜡及其他蜡质污垢。油性污垢中，往往带有一定数量的蜡质，它比一般的液态油性污垢结构和组成更复杂，清洁保养更困难。石蜡和蜡酯是分子量很高的化合物，结构和组成均非常复杂。

蜡质污垢在人体皮脂污垢中约占15%，化学结构上有50多种，多为高碳数的不饱和脂肪酸酯类，也有聚合酯等结构。

来自润滑脂污垢的蜡质是从石油组分中带入的，例如石蜡、聚合物等。沥青也属于蜡质污垢，去除很困难。

2. 建筑物装饰材料表面的水溶性污垢

水溶性污垢是较容易去除的常见污垢。因为水分容易挥发，最终作为溶质的水溶性污垢以固体形式附着在建筑物装饰材料表面，变成固体污垢。这种水溶性污垢如果在吸附过程中不发生其他物理（如结晶）或化学（如氧化、中和）变化，是很容易被水清洗掉的。

水垢的污染面积很大。由于水的蒸发、长期沉降，水中溶解的碳酸钙、磷酸钙、硫酸钙、硅酸镁等盐类，都会发生分解、析出，以固体颗粒形式沉积在建筑物装饰材料表面。这种水溶性污垢在形成初期，很容易被水溶解或冲刷掉。结垢到一定程度，就会成为很坚硬的固体垢层，变成不易溶于水的固体污垢。

如办公室内的工作人员刚刚用过工作餐，不经意中将残羹剩饭的油渍粘在地毯上，这些油渍除油性污垢外，大部分为水溶性污垢，如果及时用地毯除渍剂擦拭地毯，既省时又省力。若是放置一定时间再集中进行清洁保养，水分会挥发，水溶性污垢会与油性污垢结合形成污斑，渗透到地毯的纤维缝隙中去，清洁保养起来就会非常困难。

人体皮肤表面（汗腺和大汗腺）不断分泌出汗。汗中99%为水，水溶性残留物为1%，其中主要是氯化钠和尿素。大汗腺的分泌物中水溶性残留物含量较高。与人体经常接触的建筑物装饰材料表面就留存有水溶性污垢。

建筑物外墙表面会受到雨水的淋刷，雨水中溶解着空气中的各种杂质，如酸雾、无机盐尘埃。雨过天晴后，则在建筑物外墙表面上留下具有腐蚀性的物质及影响美观的水纹。如果用水及时冲洗，会很方便去污。长期不清洗会形成不易去除的固体结垢。

3. 建筑物装饰材料表面的固体污垢

从污垢的一般情况来看，固体污垢是分布最广、数量最大、去除最困难的污垢。建筑物清洁保养材料主要是用于去除固体污垢的。

首先是建筑物金属装饰材料表面的锈蚀物。钢铁材料生锈是最普遍的。各种金属清洗剂在除油污的同时也要除锈。在水基清洗过程中，也必然伴随着电化学腐蚀。铁锈是一种铁的氧化物，呈碱性，主要发生在钢铁的表面，以三氧化二铁、四氧化三铁或氢氧化铁的形式存在。其中还有少量其他铁盐沉积物。建筑物装饰选用的钢铁材料，一般都要进行焊接，焊接的温度高达1 000℃以上。在高温（500～1 000℃）下钢铁遭受含氧大气的腐蚀，会快速生成厚厚的氧化皮。对于除锈不彻底的金属表面，涂上防锈漆后经过一段时间，会在漆皮下产生腐蚀，将漆皮顶下来。其他金属建筑物装饰材料表面，也会生成锈斑。

大气尘埃是漂浮在空气中的微小固体颗粒。由于碰撞、静电等作用汇聚成较大颗粒后会沉积在固体表面，如建筑物外墙表面日积月累就形成尘垢。尘埃主要来源于地表面，由风吹拂产生黄尘飞扬，工厂的烟囱也将烟灰排入大气，汽车发动机的尾气排放出未完全燃烧的气体（含炭），许多矿山、工厂都有可能排放飞尘污染。

固体污垢中还有一类水垢，它是由水带入的无机物沉积，有碳酸盐垢、磷酸盐垢、硫酸盐垢、硅酸盐垢，这些污垢一般为碱性，在结垢初期很容易被水冲洗干净（溶解）。但长期沉积后，生成混合垢层，发生物理化学反应，会形成坚硬的垢层。

有机固体污垢数量较少，但清除较复杂、费力。例如，建筑物装饰材料表面上的旧漆、老化塑胶层、沥青质。在人体皮肤的代谢中，会产生因老化（皮肤细胞死亡）而脱落的皮屑，落在地板、地毯、墙面、门窗上，与油性污垢形成牢固的污斑。

在马路上奔跑的汽车会发生轮胎磨损，其中的橡胶和炭黑会以颗粒状进入大气，污染建筑物装饰材料表面。微生物污泥是在循环水池中经常存在的软泥或黏泥，也可将它列为固体污垢。固体污垢几乎无处不在，但很少有单独存在的，往往与油性污垢一起成为难以去除的复合污垢。

4. 建筑物装饰材料表面的蛋白质污垢

以氨基酸为主要成分的蛋白质污垢，是区别于一般油性污垢的高分子污垢，它广泛存在于人和动物的血液中、油脂中、毛发中、皮肤中、汗水中和奶品中。当它作为污垢出现时，多数情况下是与油性污垢并存，形成混合污垢。例如，在建筑物的地板、地毯、墙面、门窗的装饰材料表面上，会留下人们用餐留下的蛋白质污垢，人体的皮屑、汗水等污染也含有一定比例的蛋白质污垢。同样，人们穿的羊毛、茧丝、羽绒质地的衣服也会不同程度地在建筑物装饰材料表面留下蛋白质污垢。

5. 建筑物装饰材料表面的碳水化合物污垢

碳水化合物是食物的主要成分，主要包括淀粉、纤维素等，它是以固体污垢形式存在的。对餐饮业和家庭用的建筑物装饰材料表面的清洁保养，碳水化合物是主要污染源。碳水化合物与其他固体污垢、油性污垢并存，清洁保养比较困难。

蛋白质污垢和碳水化合物（淀粉）污垢属于较特殊的难去除的有机污垢，它不易与酸或碱发生化学反应，也不易溶解，因此，可以分别使用蛋白酶和淀粉酶使其水解而去除。

6. 建筑物装饰材料表面的混合污垢

在实际的建筑物清洁保养中，遇到的污垢都属于混合污垢，即油性污垢、水溶性污垢、固体污垢混合在一起，或者基质的某一部分是以某种污垢为主，另一部分又以另一种污垢为主，在采用同一种建筑物清洁保养材料和相同建筑物清洁保养工艺时，都要兼顾这些污垢的不同组成和存在方式。

以油性污垢为主的混合污垢，首先是液体或膏状油污吸附在建筑物装饰材料表面，然后在其上又吸附大量固体污垢（如灰尘），成为黏浊的油斑，色泽变深。当油污挥发到一定程度（主要是挥发性油），黏性油与固体污垢就变成有一定韧性和一定厚度的硬污斑，进而变成干性油斑，具有坚硬、光滑的表面，类似于油漆表面。

以水溶性污垢为主的混合污垢，会随着水分的挥发变成浆状或固体状。它也容易吸附其他固体污垢，形成混合固体污垢。当有油性污垢附着时，多数情况下与水溶性污垢在建筑物装饰材料表面上先形成乳化层，表面泛白。随着水和油的蒸发，垢层变得透明或变成深色，最后形成油性污斑。

以固体污垢为主的混合污垢，大都是在尘埃层上落下油性污垢或水溶性污垢，使松散的粉尘垢层变成膏状，增强了与建筑物装饰材料表面的附着力。当液体污垢挥发后，留下一层有一定硬度和密度的板实的垢层。

建筑物装饰材料表面清洁保养过程要面对复杂的污垢，建筑物清洁保养材料的配方和建筑物清洁保养工艺要保证主要污垢被清除干净，使建筑物装饰材料表面得到保养。

7. 建筑物装饰材料表面的变色污斑

当建筑物装饰材料表面被污染以后，附着的污垢越来越厚，日久发生物理化学和生物化学变化，逐渐生成污斑。这些污斑会侵袭建筑物装饰材料表面，破坏建筑物装饰材料，在其表面留下不可恢复的伤痕。所以，建筑物装饰材料表面的清洁保养越及时越好，不要等到无法清洗时再清洁保养。

建筑物装饰材料表面因长期不清洁保养，被污斑长期作用，发生化学反应，使建筑物装饰材料表面的局部变质、变色。有机色素污斑对纤维织物的建筑物装饰材料表面影响尤其严重，例如地毯、壁布，被某些食物污染而造成局部变色和缺陷后，再清洁保养也难以恢复本来面目。

某些污垢长期附着，使建筑物装饰材料表面变质、变色，这是建筑物清洁保养中最难以解决的问题。像建筑物石材表面变黄发灰，油漆表面褪色发暗，金属表面失去光泽，其原因除基质本身老化以外，主要是受污垢的影响。

在建筑物清洁保养中，对付变色污斑及基质变色，漂白清洗工艺是办法之一。通过活性氧或活性氯使被污垢污染的表面还原到本来性质和色调；而用增白剂可以在一定程度上掩盖瑕疵。

由于建筑物清洁保养材料所涉及的建筑物清洁保养范围很广，清洁保养建筑物的装饰表面除纤维和织物装饰材料以外，主要是各种材质的硬表面，要去除的污垢很复杂，污垢与建筑物装饰材料表面间的连接方式和结合力也是多种多样，增加了清洁保养的困难。所以，必须对清洁保养建筑物的装饰表面、要去除的污垢、建筑物清洁保养材料和清洁保养过程进行综合的、有机的结合。

第三节　建筑物装饰材料表面与污垢间的连接

建筑物装饰材料表面能附着一些污垢，主要是存在着一定的结合力。这种力是由建筑物装饰材料表面和污垢共同形成的。由于结合力的种类不同，污垢在建筑物装饰材料表面附着方式也不同，清洁保养时的难易程度也就不同。

一、建筑物装饰材料表面与污垢间的结合力

1. 范德华引力

范德华引力是组成物体的分子间普遍存在的一种引力。不同物质分子结构不同，外层电子所处轨道不同，它所具有的电位电势及自由能不同。组成建筑物装饰材料表面的分子与组成污垢的分子在相互作用时，发生双电层重组，自由能下降，吸引力增长。建筑物装饰材料表面越平滑、污垢分子越细小，这种分子间的引力就越大，结合力就越牢固。例如几个微米直径的微细灰尘进入到纤维表面的褶皱中，几乎很难清除掉。

2. 库仑力

库仑力是一种静电吸引力，存在于非极性污垢，憎水的建筑物装饰材料表面。建筑物装饰材料表面与污垢的吸附力主要是库仑力。当然，在水介质中，这种静电吸引力就要弱得多，甚至消失。在日常生活中人们都会发现，化纤地毯特别容易吸土，建筑物的窗玻璃也比外墙面更容易吸附空气中浮动的灰尘。微细的尘埃在接近憎水性建筑物装饰材料表面的一瞬间，受库仑力的作用，以相当快的速度冲向建筑物装饰材料表面并牢固地吸附在表面上。在建筑物玻璃幕墙表面，人们会发现迎风的一面会吸附着一层灰尘，而背风的一面则灰尘较少，这就是库仑力的作用，它将带静电的颗粒像电镀在玻璃幕墙表面一样，直接影响玻璃幕墙表面的美观。

对于化纤织物（地毯），在洗涤后用阳离子抗静电剂进行处理，使地毯表面带有阳电荷，就会很好地改善吸尘易脏的弊病，这时地毯与灰尘都带有阳电荷，电斥性就消弱了吸尘现象，一旦有灰尘附着，其吸附力也会减弱。

3. 重力

重力也是地球上普遍存在的一种引力，重力与质量成正比。例如，由于地球引力而产生的自由落体，由于外力作用的流体或弹射体对建筑物装饰材料表面产生冲力，都会使污垢的液滴或颗粒吸附在建筑物装饰材料表面，如建筑物外墙表面沉积的水垢、物料结垢、喷溅上的灰土、汽车尾气的焦油等。

4. 润湿力

润湿力是液体污垢吸附在建筑物装饰材料表面的一种常见吸附力，最常见的是固体表面上的气体被液体取代或一种液体被另一种液体所取代，润湿过程是固体表面结构与性质，固、液两相间相互作用等微观特性的宏观表现。水是最常见的能够润湿亲水表面的介质，水溶性污垢对亲水表面的吸附主要靠这种润湿力。例如，建筑物外墙表面被雨水淋后留下的污垢，地板表面留下的大量污垢。

油性液体污垢对憎水性表面的吸附也要靠润湿力，只不过这时的润湿力要小得多。

当固体表面被污染后，会显著改变其润湿效果。其趋势是污染越严重，润湿力越大。这就意味着，建筑物装饰材料表面一旦被污染，以后的污染就会更快。

5. 化学力

化学力在结垢过程中虽然不是普遍存在，但却是某些结垢过程的主要原因。明显的实例是金属的生锈在金属表面产生化学键桥（氢键），使铁锈牢固地吸附在钢铁表面，并有进一步生锈和结垢的过程。在这个过程中水起了很大作用。纤维类建筑物装饰材料中含有羧基、羟基、酰胺基等活性氢的基团，当这些基团和游离脂肪酸、脂肪醇等形成氢键结合时，就会吸附油性污垢，使油性污垢像黏结剂一样将固体污垢黏住。这时油性污垢对容易聚合的不饱和油（主要是植物油）和容易固化的流动态塑料的化学吸附更明显，污垢的去除也就变得相当困难。

污垢在建筑物装饰材料表面上的吸附是一个复杂的过程，受多种力的作用。要在建筑物清洁保养过程中使这些吸附力解除，将污垢从建筑物装饰材料表面上去除，就必须有针对性地选择建筑物清洁保养材料和建筑物清洁保养工艺。

二、纤维类建筑物装饰材料表面与污垢的连接

由于纤维类建筑物装饰材料具有柔软、非规则表面，它与污垢的连接也就更加复杂。

在纤维类建筑物装饰材料表面一般为非极性（纯化纤）或极性很低（如天然纤维制品）的固体表面。在空气湿度不大时，会在静电吸附、范德华引力、重力等作用下，吸附空气中的灰尘。颗粒较大的灰尘会落在纤维类建筑物装饰材料的表面，通过简单的外力（吸尘机）作用可以去除。而颗粒较小的尘埃会受范德华引力和静电引力进入捻合的纤维之间，被吸进纤维类建筑物装饰材料表面凹处或纤维平滑表面，吸尘机的吸力不足以将颗粒较小的尘埃吸出。

在雨天或空气湿度较大时，纤维类建筑物装饰材料因吸潮而变成极性表面，所夹带的各种污垢（如灰尘、酸等）也就随着潮湿的空气进入纤维中，范德华引力在纤维类建筑物装饰材料与污垢接触时发生作用，产生更强的吸附。

人们在工作或进餐时，都会碰到油性污垢，如机油、燃料油、润滑油、植物油、动物油、鞋油等。这些油性物以不同的方式黏附在纤维类建筑物装饰材料上。液体油污会在纤维类建筑物装饰材料上润湿、铺展，对于已经被水润湿的部分也会发生乳化，侵占一部分受潮的纤维类建筑物装饰材料表面（即液体对液体的润湿）。如果纤维类建筑物装饰材料表面上已经吸附有固体污垢，油性污垢就会先润湿这些污垢颗粒并将它包裹起来。先被油性污垢污染的部分纤维类建筑物装饰材料表面，由于其憎水性会更多地吸附外界灰尘，并将它润湿、包裹起来，直到形成有一定厚度和硬度的油斑。显然，油斑已经将这部分纤维类建筑物装饰材料表面彻底污染，纤维及纱线的空隙全部被堵塞，油污透过纤维类建筑物装饰材料，在正面覆盖着厚厚的被油润湿的固体颗粒成为斑点。随着油性成分的挥发，这种斑点变硬，有时成为干性油斑点，与硬表面上的斑痕相似。

纤维类建筑物装饰材料上的污垢不易清除，主要因为这种非规则表面结构更复杂，吸附力更强。纤维类建筑物装饰材料的总表面积大，吸附的污垢更多。

对于天然原料的纤维类建筑物装饰材料而言，最难洗净的是羊毛和羊绒类建筑物装饰

材料。羊毛脂就是其中最顽固的污垢。这些混合污垢会使羊毛（绒）纤维类建筑物装饰材料变形、变硬、变脆。对于羊毛、羊绒及天然丝制品，污垢与基质间主要是靠范德华引力连接。而一般的棉麻纤维、茧丝类建筑物装饰材料等较易清洗。

合成纤维类建筑物装饰材料与天然原料的纤维类建筑物装饰材料不同。合成纤维基本上是一种圆柱状实心形，在喷丝过程中，纤维本身的外部缺陷也少。污垢在纤维表面附着较困难，更多的是靠静电吸附力附着在纱线之中或纤维之间。合成纤维类建筑物装饰材料属于斥水性表面，被油性污垢污染后附着力更强一些，对空气中的灰尘更容易吸附，表现出容易脏的特点。

在织物类建筑物装饰材料表面形成的污斑是建筑物装饰材料与污垢间连接最牢固的一种。一般情况是油性污垢首先黏污织物类建筑物装饰材料表面，并渗透、润湿和铺展到一定范围，然后又吸附各种固体污垢，靠范德华引力、化学力和库仑力等将固体污垢带入纤维的缝隙之中。另一种情况是织物类建筑物装饰材料表面先被固体污垢污染，再被油性污垢覆盖。这时油性污垢和固体污垢本身先结合，再与建筑物装饰材料结合。有时机械外力也起着推波助澜的作用，如楼道上的地毯重垢污斑在一定程度上是人们行走与地毯反复摩擦所致。水溶性污垢的参与使污斑泛白、泛灰（乳化所致），最终水分的蒸发使织物类建筑物装饰材料上留下一个由固体污垢（多为水溶性碱或盐）组成的白圈，例如墙布上形成的白圈。同样，油性污垢中的油也会挥发，留下分子质量较大的油性污垢，再多次吸附固体污垢，使污斑变硬、变光，一直到它的光滑表面不能留住固体污垢为止，这时的污斑类似干性油或油漆表面。这种污斑实际上已经牢固地与织物类建筑物装饰材料的纤维、纱线、布纹黏合，污垢与建筑物装饰材料间的连接已不仅靠范德华引力、库仑力和化学键力，而由松散连接变为结合体。建筑物装饰材料的纤维如同加强筋，固体污垢如同填充物，油性污垢为黏结剂，使污斑相当于一种复合体，成为最顽固的污垢结合，清洁保养起来也最困难。

在纤维和织物类建筑物装饰材料中，也常碰到使基质变色的污垢。这时的建筑物装饰材料污垢间连接方式，不管最初靠何种引力将污垢吸附到织物表面，最终都是靠化学键合力将污垢牢固地吸附到织物的深层，达到与纤维的分子结合，造成建筑物装饰材料外层的化学反应，改变了建筑物装饰材料的色泽。在这种情况下，建筑物装饰材料很难恢复本来面目。

三、硬表面建筑物装饰材料与污垢的连接

建筑物清洁保养中，硬表面是最常见的建筑物装饰材料。硬表面建筑物装饰材料都是由某种单质或化合物制成的有一定规则和硬度的表面。硬表面与软表面（纤维或织物类建筑物装饰材料）在吸附污垢方面有一定区别。

硬表面建筑物装饰材料上的污垢，一般情况下并不是及时清洁保养或经常清洁保养的，大都采用阶段式建筑物清洁保养工艺，即视硬表面建筑物装饰材料上污垢的积累情况及建筑物清洁保养工艺要求进行清洁保养。这是因为硬表面建筑物清洁保养并不像家庭织物清洗来得容易。

建筑物清洁保养大都属于强力洗涤，建筑物清洁保养过程会对硬表面建筑物装饰材料造成一定程度的损伤，但污垢的去除率也较高。

金属表面生锈是最常见的硬表面建筑物装饰材料结垢类型。一般来说，生锈属于电化学腐蚀过程，空气中的水分和氧起着很重要的作用。最终的锈垢都是以金属氧化物形式存在的。除高温下在金属表面生成的厚厚的氧化皮外，常温下金属表面生锈是一种渐进过程和加速过程。由于单纯的金属锈蚀过程是在金属表面进行的，所以在金属表面总有新生的金属氧化物，一层一层向外拱，这就造成了单纯的锈蚀物与金属表面的连接是松散的，只有新生锈与金属表面的连接比较紧密。因此，用酸来溶解锈蚀物是比较容易的。

金属表面结水垢也是最常见的硬表面结垢类型之一。水垢主要是水中的溶解物质由于水的流速减慢、水分的蒸发、温度的下降等原因，造成可溶物的析出（溶解度下降），日久就会在金属表面沉积成一定厚度的垢层。大部分金属表面结水垢过程伴随着无机物的结晶，水垢与金属表面的结合力种类很多，结合力也较强。

另一个特点是垢层的生长与生锈过程正好相反，水垢是从垢层最外部开始积累的，新生层在垢层的最外面，而锈垢的新生层在垢层的最里面。在某些情况下，金属内表面生锈和沉积水垢是同时发生的，形成混合垢层：靠近金属的一面呈暗红色，主要是锈垢，远离金属的一面呈白色或灰色，主要是水垢。

金属表面附着油垢也是一种常见的硬表面结垢类型。家用厨具及食品工业用灶具、烤具表面附着动植物油是最常见的。金属表面附着油污的过程是亲水硬表面被憎水污垢污染的过程，其结合力相对较弱，也比较单一。但是，油性污垢又容易吸附固体污垢，在金属表面形成污斑，尤其是被挥发性不饱和油脂污染后，易形成干性油斑，像深色油漆一样，牢固地附着在金属表面。最常见的如金属灶具、炊具上的干性油斑，不靠机械力是很难去掉的。

非金属硬表面大部分属于憎水性非极性表面，很容易被油性污垢和固体污垢污染。例如，塑料、橡胶、油漆表面、玻璃表面、墙壁、大理石、瓷器等硬表面。这些表面越光滑则越不易附着污垢，越干净越不易附着污垢。但是，这类表面容易聚集静电，所以很容易被灰尘污染，使得表面不光滑，一旦有其他污染源则很快发生连锁性污染，附着的污垢更加复杂。人们经常看到高层建筑的窗玻璃和屋顶玻璃，开始时只是一层细小的灰尘，雨后还会留下波纹状条迹，随后空气中的油气及其他有机气体会在玻璃上吸附并扩散、铺展形成晕环，这时再想清洗掉是很难的。

硬表面建筑物装饰材料与污垢的连接虽然比软质表面建筑物装饰材料与污垢的连接简单，但它所处的环境多种多样，污垢的种类也各异，着垢条件比较恶劣，如高温、潮湿、时间长等，因此，硬表面建筑物装饰材料表面的清洁保养也绝非单一的建筑物清洁保养材料和工艺就能解决的。

第四节 建筑物装饰材料表面的清洁保养

建筑物清洁保养即对携带污垢的建筑物装饰材料表面进行清洁保养。如纤维和织物类建筑物装饰材料表面（有不规则表面）、金属和非金属类建筑物装饰材料表面（具有规则的硬表面）。一般情况下，不包括液体和气体。

污垢是建筑物装饰材料表面上携带的污染物质或与建筑物装饰材料表面不相溶的物质。例如，金属类建筑物装饰材料表面上的锈蚀物，纤维或织物类建筑物装饰材料表面上的油污、浮色，墙壁表面上的灰尘等。

清洁保养就是从建筑物装饰材料表面上去除污垢、保材质的工艺过程。去除污垢、保材质过程的要素是建筑物装饰材料、污垢、清洁保养设备、建筑物清洁保养材料和建筑物清洁保养工艺。在清洁保养设备中，将建筑物装饰材料连同污垢置于清洁保养材料（例如配成清洗液）之中，通过一定的温度、压力、流速进行清洁保养操作，使污垢转移到清洁保养材料中排走，起到清洁保养建筑物装饰材料表面的作用。

从上述描述中可以了解，建筑物装饰材料表面与污垢的连接是去除污垢、保材质的关键，必须充分了解建筑物装饰材料的性质，了解污垢的种类，才能确定建筑物装饰材料表面与污垢的结合程度，选择相应的建筑物清洁保养材料和清洁保养工艺。对于清洁保养过程，还要了解建筑物清洁保养材料的性质。针对不同污垢种类和性质选择相应的建筑物清洁保养材料和清洁保养工艺。

实际上，建筑物清洁保养的去污机理是一个非常复杂的物理化学过程，目前还没有完全探索清楚。相应的去污效果也只能用一相对值表示（去污指数），无法给出一个单一的、独立的定量数值。去污机理仍处在描述阶段。

一、建筑物清洁保养的过程

1. 建筑物清洁保养的机理表述

建筑物清洁保养的过程是一种复杂的物理、化学过程。或者说，建筑物清洁保养的过程是将吸附在建筑物装饰材料表面上的污垢解析下来，使建筑物装饰材料表面原有材质受到保护的过程。建筑物清洁保养过程常常表现为复杂的系统工程，例如，建筑物外墙面清洗、室内地板的清洗打蜡、地毯的除渍清洗等，包括去污机理、水基清洗、溶剂清洗、化学清洗及材质保护等过程。

由于建筑物装饰材料的材质保护、污垢以及二者连接方式的复杂性，影响因素过多，从理论上研究建筑物清洁保养机理存在着一定的困难，缺乏相应的研究。目前只能将建筑物清洁保养过程作为一个封闭系统，对具体的建筑物清洁保养环节，从理论上加以分析。

对于吸附了各种污垢的建筑物装饰材料表面，使用建筑物清洁保养材料并施以机械外力，达到削弱污垢在建筑物装饰材料表面上的黏附力，将污垢从建筑物装饰材料表面去除，使清洁保养后的建筑物装饰材料表面不遭破坏并得到保护，恢复建筑物装饰材料原有的色泽和质感。

2. 建筑物清洁保养关系式

建筑物清洁保养可以用关系式表示（见图 2—1）。

被污染的建筑物装饰材料表面 →	1　建筑物清洁保养材料 2　溶剂介质 3　机械外力 4　漂洗、干燥、吸尘	→	1　削弱污垢在建筑物装饰材料表面的黏附力 2　去除建筑物装饰材料表面污垢 3　建筑物装饰材料表面不遭破坏并得到保护 4　恢复建筑物装饰材料原有的色泽和质感

图 2—1　建筑物清洁保养关系式

在建筑物清洁保养过程中，黏附着各种污垢的建筑物装饰材料表面，浸泡在建筑物清洁保养材料的溶液中，一般情况使用水溶液，有时使用有机溶剂。建筑物清洁保养材料中的材料组分可以溶解，吸附建筑物装饰材料表面上的污垢并将污垢带入溶液（水）中，同时，建筑物清洁保养材料和溶液也会吸附到建筑物装饰材料表面上。建筑物清洁保养过程是可逆的，建筑物清洁保养作用越强，建筑物清洁保养工艺越先进（包括适宜的机械力、温度、时间等），建筑物清洁保养过程正向进行，污垢从建筑物装饰材料表面上被去除的就干净、彻底，建筑物装饰材料表面上所带的建筑物清洁保养材料也越少，溶剂（如水）的消耗也越少。

在关系式中，建筑物清洁保养材料、溶剂介质的作用不容忽视，被建筑物清洁保养材料包裹的建筑物装饰材料表面，可以有效地防止已经洗脱的污垢再次沉积到建筑物装饰材料表面。其中，削弱污垢的黏附力、去除污垢，则表明了被建筑物清洁保养材料包裹着的污垢是以分散、悬浮的方式形成的稳定的乳状液，经过漂洗只要排掉建筑物清洁保养材料，污垢就会被一起带走，也可经过干燥、吸尘，将污垢吸去。可见建筑物清洁保养过程中清洁保养材料是非常关键的，它不但有能力将污垢从建筑物装饰材料表面上解析下来，还能将污垢分散、乳化在建筑物清洁保养材料中，建筑物清洁保养材料是去污的关键成分。

在漂洗过程中，用大量的水（溶剂）将建筑物装饰材料表面上的废建筑物清洁保养材料液体冲稀并排走，漂洗的关键是使已经洗脱的污垢彻底与建筑物装饰材料表面分离。有时加入漂洗剂可以中和组分，并对部分建筑物装饰材料表面起保护作用，使建筑物清洁保养中的保养部分显现出来。

干燥过程比较简单，它是通过干风、烘烤等方式将建筑物装饰材料表面上的水（或其他溶剂）烘干，得到清洁保养后，恢复建筑物装饰材料原有的色泽和质感。

3. 建筑物清洁保养的分解途径

上述对建筑物清洁保养的去污机理的描述，还可以分解为如下几个途径加以分析：

（1）建筑物清洁保养材料对建筑物装饰材料表面和污垢的润湿过程。

（2）建筑物清洁保养材料向建筑物装饰材料表面和污垢界面的渗透过程。

(3) 建筑物清洁保养材料使油性污垢卷脱、乳化和增溶过程。

(4) 建筑物清洁保养材料使固体污垢脱落、解胶和分散过程。

(5) 防止乳化、分散后的污垢在建筑物装饰材料表面再沉积过程。

(6) 将污垢从建筑物清洁保养系统中排除过程。

(7) 从建筑物装饰材料表面上彻底去掉建筑物清洁保养材料的过程。

二、表面活性剂与建筑物装饰材料表面的污垢

1. 建筑物清洁保养材料对建筑物装饰材料表面和污垢的润湿和渗透

专用的稀释的建筑物清洁保养材料在通常意义上是由建筑物清洁保养材料为主配制的溶液，其中建筑物清洁保养材料可能是固体，也可以是液体；溶剂主要是水，也可能是有机溶剂。

专用的稀释的建筑物清洁保养材料＝建筑物清洁保养材料＋水（或有机溶剂）

当建筑物清洁保养材料为零时，建筑物清洁保养材料就是水（如高压水冲洗过程）或有机溶剂（非水系溶剂洗涤过程）；当水为零时，称为干洗建筑物清洁保养过程；当有机溶剂为零时，称为水基建筑物清洁保养。建筑物清洁保养材料、水和有机溶剂都有去污作用，同时还具有将机械力和热力传递给建筑物装饰材料表面的作用。建筑物清洁保养材料最基本的性质是胶体化学性质，不同的建筑物清洁保养材料间差别很大。在建筑物清洁保养材料中，完成清洁保养的过程可以概括绝大多数的建筑物清洁保养工艺。

建筑物清洁保养的第一步就是建筑物清洁保养材料润湿建筑物装饰材料的表面及污垢，并渗透到建筑物装饰材料表面和污垢之间的界面中。为了叙述方便，设定建筑物清洁保养材料为B，建筑物装饰材料表面为S，污垢表面为P，空气界面为A；则SA为建筑物装饰材料表面和空气界面；SB为建筑物装饰材料表面和建筑物清洁保养材料；PA为污垢表面和空气界面；PB为污垢表面和建筑物清洁保养材料；AB为建筑物清洁保养材料和空气界面。当用N表示扩散系数、γ表示表面张力时，可用如下表达式：

$$N_{BS}=\gamma_{SA}-\gamma_{SB}-\gamma_{AB}$$

$$N_{BP}=\gamma_{PA}-\gamma_{PB}-\gamma_{AB}$$

N_{BS}为建筑物清洁保养材料B扩散到建筑物装饰材料表面S的速度。N_{BP}为建筑物清洁保养材料B扩散到污垢表面P的速度。当N值为正值时，表示该表面可以自然润湿；为负值时，表示不能自然将建筑物装饰材料全部润湿，必须依靠外施机械力的作用。在一般情况下，建筑物清洁保养材料的表面张力比水的表面张力要小，而建筑物装饰材料表面和污垢与空气间的表面张力不变。当N_{BS}、N_{BP}值增大时，润湿基质、润湿污垢表面的倾向就会增加。在技术上采取施加一定的机械力是必要的，增加建筑物清洁保养材料的表面活性（如增加建筑物清洁保养材料的浓度、选用强润湿作用成分）也是可行的。

各种不同的界面性质直接影响N的数值。例如，亲水的建筑物装饰材料表面有利于建筑物清洁保养材料的扩散，建筑物装饰材料的极性表面有利于水的扩散，建筑物装饰材料的非极性表面和建筑物装饰材料疏水表面有利于有机溶剂的扩散。

建筑物清洁保养材料的吸附功能有利于建筑物装饰材料与污垢间界面性质的变化，这里涉及到建筑物清洁保养材料的渗透作用。这是因为当建筑物清洁保养材料渗透到基质和污垢的界面后，使建筑物装饰材料表面/污垢界面变成建筑物装饰材料表面/建筑物清洁保养材料及污垢/建筑物清洁保养材料的界面，这时吸附在建筑物装饰材料表面和污垢两界面中的表面活性剂（或其他成分）减少了从建筑物装饰材料表面上去除污垢的功，表示为 W：

$$W=\gamma_{SB}+\gamma_{PB}-\gamma_{SP}$$

式中的 γ_{SP} 为一不变值，使用表面活性剂和助剂后经充分渗透，γ_{SB}、γ_{PB} 同时减少，这就降低了去污时所需要的功。这种表面活性剂在建筑物装饰材料表面/污垢界面上的吸附引起电荷效应，对去污也起着重要作用。当表面活性剂吸附在建筑物装饰材料表面/污垢上的时候，形成的胶束亲水基朝建筑物清洁保养材料定向排列，由于亲水基水合作用，使得范德华引力减弱，同时也伴随着离子吸附，在建筑物装饰材料的表面和污垢的周围形成双电层。这种吸附使建筑物装饰材料表面/污垢界面上的同种电荷增加，建筑物装饰材料表面/污垢间的斥力变大，使污垢脱离基质所需要的功进一步减少；同时，污垢再返回建筑物装饰材料表面的能量也会增加。从双电层理论上可知，建筑物清洁保养材料中使用多价离子的表面活性剂和助剂的优越性。

对于纤维织物类软质建筑物装饰材料表面，当它吸附建筑物清洁保养材料后，造成建筑物装饰材料表面的膨胀，使建筑物装饰材料表面与污垢间的距离加大，一些附着力弱的污垢很容易脱落。另外，膨胀后的建筑物装饰材料表面积增大也有利于清洁保养。

表面活性剂在建筑物装饰材料表面/污垢上的吸附还可以进一步解释为：建筑物装饰材料表面/污垢间的表面活性剂吸附层铺展压增大，相当于污垢脱离建筑物装饰材料表面的拆开压增大，有利于污垢的脱离。多价离子建筑物清洁保养材料的另一种间接效应是对污垢的溶解和对钙离子的螯合，其结果是造成污垢结构的松散。但是，界面性质对去污作用具有重要意义，见表 2—1。

表 2—1　对建筑物清洁保养具有重要意义的各种界面性质

固—液界面	液—液界面	液—空气界面	多组分体系内的界面
拆开压	界面张力	表面张力	润湿
悬浮体	乳状液	泡沫形成	卷离
电荷	电荷	单分子层弹性	
	物质的透过	单分子层黏度	

2. 污垢的乳化、分散、溶解和抗再沉积

建筑物清洁保养材料作用于污垢和建筑物装饰材料表面并将污垢带入建筑物清洁保养

材料中，建筑物清洁保养过程并不算完结，因为污垢随时随地都可能重新返回建筑物装饰材料表面，造成污垢再沉积。

对于油性液体污垢，建筑物清洁保养材料中的表面活性剂以胶束形式，包裹着被洗脱下来的油污颗粒，使其与建筑物清洁保养材料间的界面张力显著降低，只需很小的机械外力就可以将油污颗粒分散在建筑物清洁保养材料中，形成稳定的乳化体。作为分散相的油污由于表面活性剂的吸附，在乳化粒子表面形成双电层。由于双电层的存在，乳化粒子即使在机械力作用下相碰撞，也很少发生凝聚并返回建筑物装饰材料表面。对于非离子表面活性剂制成的洗涤液，虽然不能依靠电斥力防止乳化体破坏，但它所形成的胶束中聚氧乙烯链朝向建筑物清洁保养材料，吸附在污垢表面，使作用于污垢之间的范德华引力减少，同时，聚氧乙烯链形成空间位阻作用，也避免污垢粒子的凝集。

建筑物清洁保养材料中表面活性剂的浓度在一般情况下都远高于临界胶束浓度，更高于乳化全部油性污垢所需要的乳化剂数量。也就是说，利用表面活性剂的增溶作用去污，是水基建筑物清洁保养材料去污机理的重要部分。尤其是将少量油污从建筑物清洁保养材料硬表面上去除时更为有效。有时选用临界胶束浓度低的阴离子表面活性剂和非离子表面活性剂配制基建筑物清洁保养材料，常常显示出更好的去污力，主要是由于增溶污垢的结果。对于大部分新结合的软性污垢，利用增溶作用去污比润湿滚卷去污更有效。局部油斑的去污就是根据增溶原理。

对于固体污垢质点，被表面活性剂润湿后靠基建筑物清洁保养材料冲刷力带入基建筑物清洁保养材料中，在流动状态会很容易地分散悬浮在建筑物清洁保养材料中。由于污垢外层表面活性剂的作用，不会凝集也很难返回建筑物装饰材料表面，其状态类似于乳化体。对于较大颗粒的污垢可能在进入低流速（层流以下）范围时会沉积在建筑物装饰材料表面上，漂洗时加大水冲刷力带走，通过吸水/吸尘机的吸力，将污水吸去。

抗再沉积是建筑物装饰材料的重要技术指标之一。已经从建筑物装饰材料表面上去除的油性污垢和固体污垢，不返回或很少返回建筑物装饰材料表面，保持建筑物清洁保养后的建筑物装饰材料表面上不泛灰，是由以下几个因素保证的：

（1）建筑物清洁保养过程中，建筑物清洁保养材料同时润湿了建筑物装饰材料表面并吸附在建筑物装饰材料表面，无论是双电层的电斥力还是空间位阻，都在建筑物装饰材料表面上形成一个保护屏蔽，阻止污垢的进入。

（2）被润湿并去除的污垢质点（乳化后的油污粒子或分散在建筑物清洁保养材料中的固体污垢）吸附了一定量表面活性剂，在其表面形成双电层或产生空间位阻，它们不易接近建筑物装饰材料表面，也就难以返回建筑物装饰材料表面。即使有的质点碰撞到建筑物装饰材料表面也不会产生牢固的附着，很快又被建筑物清洁保养材料带走。这样，一个平衡过程在建筑物清洁保养材料通过吸水/吸尘机的吸力，将污水吸去净后就结束了。

（3）以表面活性剂增溶原理洗涤或有机溶剂干洗、用酸溶解水垢或锈蚀物、用水溶解无机盐或碱等，都是将污垢溶解在建筑物清洁保养材料中。建筑物清洁保养中，作为建筑物清洁保养材料溶质的污垢与建筑物清洁保养材料形成类似的理想溶液，由于建筑物清洁保养材料中添加的润湿剂包裹着建筑物装饰材料表面，去除下来的污垢不会析出返回到建筑物装饰材料表面。

三、建筑物装饰材料表面的去污

1. 建筑物装饰材料表面液体油性污垢的去除

油性污垢是建筑物清洁保养中常见污垢之一，也是难以去除的污垢。液体油性污垢的去除过程，必须遵循建筑物清洁保养材料对建筑物装饰材料表面、污垢表面的润湿和建筑物装饰材料表面/污垢界面的渗透机理。但是，更多的研究者使用滚卷（Rolltack）机理加以解释。即从液体油性污垢从铺展成膜的初始状态，在建筑物清洁保养材料的作用下，以滚卷的方式脱离建筑物装饰材料表面进入建筑物清洁保养材料，然后被除去。

对于不同性质的建筑物装饰材料表面，靠滚卷作用实现完全去污目的几乎是不可能的，因为任何润湿过程都可能达到平衡状态，尤其是在疏水表面。对光滑度不高的建筑物装饰材料表面，这一现象称为“接触角滞后现象”。

在实际的建筑物清洁保养过程中，外加机械力和建筑物清洁保养材料对油性污垢的乳化作用、增溶作用是非常重要的。因为外力和乳化（包括增溶）不受建筑物装饰材料表面特性的影响。在强力搅拌下，反复多次的乳化作用使油性污垢在建筑物清洁保养材料中形成稳定的乳化体，阻止分散后的油滴返回建筑物装饰材料表面重新污染。

严格地说，以表面活性剂为主配制的建筑物清洁保养材料的表面张力和界面张力只随表面活性剂浓度升高而下降，直到临界胶束浓度为止。去除油污的作用曲线也遵循这一规律。但是较高的表面活性剂浓度（高于临界胶束浓度）可以通过增溶作用协助去污，并防止污垢再污染。

液体油性污垢的清洗，除上述使用表面活性剂为主的水基清洗工艺外，往往采用碱洗工艺和溶剂清洗工艺。后两种清洗方法是通过碱的皂化、碱溶原理、溶解去污原理实现去污的。这种清洗工艺中也需要加入表面活性剂，主要起润湿、渗透作用，同样可用润湿角理论加以解释。

2. 建筑物装饰材料表面固体污垢的去除

固体污垢的去污机理与液体油污的去污机理有所不同，这是因为两种污垢在建筑物装饰材料表面黏附性质不同。液体油污在固体建筑物装饰材料表面上的黏附强度可以清楚地定量表示为固/液界面上的黏附自由能。而固体污垢在固体建筑物装饰材料表面上的黏附要复杂得多。一般认为固体污垢在固体建筑物装饰材料表面的吸附主要靠范德华引力，而静电引力只会加速固体污垢在建筑物装饰材料表面的黏附，而不会增加黏附强度。

固体污垢质点在固体建筑物装饰材料表面的黏附强度，一般随接触时间增长而增强，污染时间越长越不容易去除。在潮湿空气中（在水介质中正相反）的黏附强度高于在干燥空气中的黏附强度。

对于固体污垢的去除，主要靠表面活性剂对固体污垢及建筑物装饰材料表面的吸附。首先是建筑物清洁保养材料对污垢质点的润湿和建筑物装饰材料表面的润湿。在水介质中，建筑物清洁保养材料渗透到建筑物装饰材料表面/污垢界面（固/固界面），形成扩散双电层，污垢质点与建筑物装饰材料表面带有同一电荷，相斥力使原有黏附力下降，有利于去污。

建筑物清洁保养材料能否润湿污垢质点及建筑物装饰材料表面，可以从固体建筑物装饰材料表面的铺展（或浸湿）与否来考虑。设铺展系数为 M，浸湿功为 W_i，γ 为界面张力，γ_S为固体界面张力（包括固体污垢质点或固体建筑物装饰材料表面），γ_{SW}为固体/水的界面张力，γ_W为水的表面张力，有如下表达式：

$$M_{W/S}=\gamma_S-\gamma_{SW}-\gamma_W$$

$$W_i=\gamma_S-\gamma_{SW}$$

当 $M_{W/S}>0$ 或 $W_i>0$，则建筑物清洁保养材料即能在固体污垢质点及建筑物装饰材料表面上铺展或浸湿，只要能够铺展，则必能完全浸湿。实际上，已经沾污的建筑物装饰材料表面不易被纯净的水润湿，因为 γ_S值相当低，而 γ_{SW}和 γ_W则高，致使 $M_{W/S}<0$ 或负值。当建筑物清洁保养材料中有表面活性剂时，建筑物清洁保养材料在固/液界面发生吸附，使 γ_{SW}和 γ_W大为下降，可能使 $M_{W/S}$变得大于 0，实现固体污垢与建筑物装饰材料表面的完全润湿。对于这种固体污垢 S_1，在固体建筑物装饰材料表面 S_2上的黏附功 W_a存在于建筑物清洁保养材料中的表达式为：

$$W_a=\gamma_{S1W}+\gamma_{S2W}-\gamma_{S1S2}$$

式中　γ_{S1W}——固体污垢和建筑物清洁保养材料间的界面张力；

γ_{S2W}——固体建筑物装饰材料表面和洗涤液间的界面张力；

γ_{S1S2}——固体污垢与固体建筑物装饰材料表面间的界面张力。

由于建筑物清洁保养材料中的表面活性剂在污垢/建筑物装饰材料表面上的吸附，使 γ_{S1W}和 γ_{S2W}降低。这种附着功降低，污垢质点就容易从建筑物装饰材料表面上除去。

由于建筑物清洁保养材料中表面活性剂的吸附，不但使污垢/建筑物装饰材料表面间的黏附功降低，同时还增加了污垢/建筑物装饰材料表面间的表面电势（特别是使用离子型表面活性剂），升高了的电斥力使固体污垢质点更容易除去。这就是选用阴离子表面活性剂更有利于去污的道理。

对于非离子表面活性剂而言，一方面，由于其润湿力、渗透力较强，吸附在有非离子表面活性剂的表面时能形成较好的空间障碍，有利于防止污垢再沉积。对于固体污垢而言，加入一定的机械外力对去污效果同样是有利的。这对于较大的污垢质点尤其有效。无论理论还是实践，都证明较大的固体污垢颗粒比细小污垢颗粒更容易去除，小于 0.1 μm 的超微细固体污垢质点几乎不能从纤维或织物类建筑物装饰材料表面上除去，这是因为细小污垢质点已经钻进纤维的缝隙中去，依靠范德华引力牢固地与建筑物装饰材料表面结合在一起。建筑物清洁保养材料几乎无法渗透到污垢质点与建筑物装饰材料表面间的接触表面。另一方面，因为固体污垢颗粒不像流体，建筑物清洁保养材料只有依靠机械力产生一定的冲击力，才有可能向固体污垢质点与建筑物装饰材料表面的间隙中渗透。污垢质点越大，承受外界机械力的接触面也越大，受到的冲击力就大，更容易被建筑物清洁保养材料搬动。从建筑物清洁保养材料的情况分析，建筑物清洁保养材料的流速越靠近建筑物装饰材料表面越小，在建筑物装饰材料表面为零；而越远离建筑物装饰材料表面，建筑物清洁保养材料流速越大，造成体积大的污垢颗粒受到的冲击力更大。这就是固体污垢的去除效果与污垢大小成正比，与建筑物清洁保养材料流速成正比的道理，也是细小的污垢质点不易去除的原因。

3. 漂洗和干燥

漂洗和干燥是建筑物清洁保养过程中最后两道工序，也是必不可少的工序。

无论采用何种建筑物清洁保养材料和建筑物清洁保养工艺，在建筑物清洁保养施工中，被吸水/吸尘机等设备、工具吸取的建筑物清洁保养材料及去除的污垢，也就是所谓的污水，或者使用刮擦、冲洗、流淌的方式，使污水流出，恢复了建筑物装饰材料的原有色泽、质感。但是，污水不可能被全部、彻底地吸取或流出，在经过清洁保养的建筑物装饰材料上还会吸附着一部分的污水，包括建筑物清洁保养材料成分、水、溶剂和污垢。在冲洗、流淌污水时，建筑物装饰材料表面也会残留些已经去除的污垢。

在建筑物装饰材料表面上残留一些建筑物清洁保养材料是必要的（防止污垢再沉积），也是不可避免的。但是从建筑物装饰材料表面本身的要求而言，绝不能长期保留这部分建筑物清洁保养材料残留物，这对建筑物清洁保养来说，是非常重要的。例如，经过清洗后的石材地板需要打蜡保养，但是石材表面吸附着表面活性剂是无法保证蜡涂层的牢度；清洗后的玻璃如果不冲净，表面会留下一层灰雾，影响透光和美观，因此，漂洗是必要的。漂洗的目的就是用清洁水将附着在建筑物装饰材料表面上的残留物（建筑物清洁保养材料、污垢等）去除干净，恢复建筑物装饰材料表面的原貌。

漂洗时，返回到漂洗液中的表面活性剂已经很少，远低于表面活性剂的临界胶束浓度，也就是说漂洗液的表面活性很低。为了将原来建筑物清洁保养材料中夹带的污垢完全返回到漂洗液中，施加充分的机械力（擦地机、吸水/吸尘机等）是必要的，建筑物外墙面漂洗可用高压水冲洗。随着漂洗次数的增加，漂洗液中的表面活性剂或其他建筑物清洁保养材料成分越来越少，所含游离状的污垢粒子也越来越少。当漂洗液变得清澈、透明时，才算漂洗工作的结束。

严格说来，漂洗过程也是去污过程的补充。因为漂洗过程可以将残留在建筑物装饰材料表面上的少量污垢（主要是已被建筑物清洁保养材料洗脱并吸附有表面活性剂）去除。换句话说，漂洗过程对未从建筑物装饰材料表面上去除的污垢是无能为力的。漂洗过程主要是将吸附在建筑物装饰材料表面的建筑物清洁保养材料去除，它对建筑物装饰材料表面来说，相当于新增加的“污垢”。为了使漂洗更彻底，有时还加入漂清剂。漂清剂的首要作用是针对建筑物装饰材料表面上吸附的表面活性剂，使其更容易去除，减少漂洗次数，节约漂洗用水；第二个作用是可提高漂洗质量；第三个作用是使建筑物装饰材料表面增加新的功能。例如漂清剂可以起到消泡作用，因为泡沫是建筑物清洁保养材料中表面活性剂含量的指示剂，漂清剂可以起到中和作用。

漂清时用水应有所讲究，如果使用硬度较大的自然水，在漂清过程就会带入新的污垢，使基质表面沉积钙垢，也加速污垢再沉积。这时就更应考虑在水中加入漂清剂，减少漂洗水对基质的污染。

漂清后的建筑物装饰材料表面上，还可能含有部分漂洗水，只有将水分从建筑物装饰材料表面上除去，才能恢复建筑物装饰材料表面的本来面目。对于织物类建筑物装饰材料是这样，对于硬质表面类建筑物装饰材料也是这样。可以使用自然干燥方法除水，如建筑物外墙面的干燥；可以使用加热吹风方法，如地毯清洗后的干燥、地板打蜡后的蜡面硬化。

4. 溶剂干洗

在建筑物清洁保养中大量采用干洗工艺。如地毯清洗、办公室用品清洗和口香糖胶的去除等。

有机溶剂的干洗过程对油溶性污垢、水溶性污垢和固体污垢都有很好的去污作用。这是因为油溶性污垢可以溶解于相应的干洗剂中与溶剂一起被除去；水溶性污垢可以溶解在干洗剂中的少量水中，然后被增溶并进入溶剂中被除去；对于不溶性的固体污垢，一般是被干洗剂中的表面活性剂润湿、吸附，分散在溶剂中被除去。如果选择溶解力很强的溶剂，可以对沥青、干性油污和顽固污斑进行溶解，如建筑物开荒工程中的沥青污渍、水泥浆渍的清除。

实际上，干洗剂中选择的有机溶剂并不一定使用溶解力很强的有机化合物，因为溶解力和去污力并非是一致的。选择溶解力高的溶剂可能使建筑物装饰材料变形、褪色。所以，干洗剂中的溶剂主要发挥活性物载体作用，而去污有赖于溶剂中表面活性剂的机能。

在干洗过程中，表面活性剂在溶解中使溶解了水溶性污垢的水进一步增溶，将水溶性污垢带进溶剂中除去；油溶性污垢被表面性剂吸附后也很容易进入溶剂中。与此同时，表面活性剂吸附于建筑物装饰材料表面的固体污垢表面，使固体污垢发生排斥，与建筑物装饰材料间也产生排斥，这样就很容易进入溶剂中成分散状态，防止污垢再沉积。这时的表面活性剂在溶剂中形成反胶束，疏水基朝向溶剂，亲水基朝向可溶化水或污垢。由于干洗溶剂的介电常数很小，不存在着静电排斥作用，而只有亲油基分子间的空间位阻作用。

在干洗工艺中，增溶理论得到充分利用。由于干洗溶液中水被表面活性剂的反胶束增溶，这种反胶束比水中的胶束小，胶束不是球状，而呈层状结构。阴离子表面活性剂在干洗溶剂中增溶水是极性键和氢键起作用。非离子表面活性剂增溶水时，胶束的中心由聚氧乙烯键构成，是由其醚键和水分子之间的氢键作用增溶的。可见水对表面活性剂非水溶液的增溶量取决于溶剂的种类、表面活性剂的种类、浓度和温度。

干洗剂中加入的水量相当于表面活性剂临界胶束溶液的当量水，实际操作时水量约为表面活性剂量的 5%。过高的水分含量将失去干洗的意义。溶剂清洗不完善，取决于建筑物装饰材料和污垢的种类及具体清洗技术要求，在多数情况下可以用水基清洗剂代替。

本节较系统地对基质、污垢、结垢过程和污垢的附着力进行了描述。首先是结垢过程的复杂性，造成去污过程发生的机理并不十分清晰，也无法用一种模型来概括结垢过程和去污过程。总之，去污机理在实际去污过程中只能是解释性的，还要靠实践去完善和修正。

第五节　建筑物清洁保养材料配方

建筑物清洁保养材料包括一些专用原料，如专用表面活性剂，适合于硬表面洗涤用助剂等。以建筑物清洁保养为目的，清洁保养材料使用的表面活性剂以阴离子表面活性剂为主，除烷基苯磺酸钠外，使用量大的还有烷基磺酸钠。除发挥其去污脱脂性能外，主要从经济性考虑。非离子表面活性剂主要作为渗透、润湿等助剂使用。建筑物清洁保养材料品种很多，实际使用的表面活性剂种类也很多。

由于建筑物清洁保养材料涉及面很广，工艺要求严格，所以使用的助剂品种繁多，有很多品种都是家用洗涤剂不曾使用的。为了提高建筑物清洁保养效率，很多建筑物清洁保养材料品种使用了去污增强助剂。

一、建筑物外墙面清洁保养材料配方

1. 建筑物外墙面清洁保养材料配方的要求

建筑物靠外墙面、屋顶和门窗阻拦了自然环境对建筑物内部的影响和侵蚀，而建筑物外墙面却饱受侵蚀，受损严重。

由于污垢种类不同，结合力和结合方式不同，在建筑物外墙面上沉积时间不同，所以清洁保养起来有很大差别，这就对建筑物外墙面清洁保养材料提出一系列技术要求：

(1) 能有效地清洁保养建筑物外墙面，去除建筑物外墙面上的各种污垢，不留下痕迹，不对外墙材质造成损伤。

(2) 适合清洗机械的使用，在短时间、低浓度下有良好的清洗效果。

(3) 清洁保养材料对外墙玻璃应有一定的洗涤作用，至少不会对门、窗和玻璃等材料造成损伤。

（4）清洁保养材料成本较低，清洁保养费用不高。

（5）清洁保养过程及清洁保养后不会对周围环境造成污染，清洁保养材料废液不用处理即可达到排放标准。

为达到上述要求，建筑物外墙清洗剂一般都由表面活性剂和助剂配制成水基洗涤剂，使用时冲稀到一定浓度（临界胶束浓度附近）。对于外墙上特殊污垢的清洗，可按一般硬表面重垢污斑清洗剂设计配方，可以考虑加入有机溶剂、无机或有机磨料，或者配成酸性洗涤剂，用来擦洗沥青污斑、黏附物污垢和局部锈蚀等。一般应在建筑物整体清洗前先进行局部清洗。

2. 建筑物外墙面清洁保养材料具体配方

配方 1：混凝土和钢筋混凝土结构表面处理剂（见表 2—2）。

适用于水泥抹面的建筑物外墙的保养。新建或清洁后的建筑物外墙用本处理剂保养后，其防水能力可以达到 0.9～1.1 MPa，耐寒性为 250～300 周期。产品的主要成分为抗静电组分和憎水性组分。

表 2—2　混凝土和钢筋混凝土结构表面处理剂配方

原料	%
聚乙基氢硅氧烷液	0.5～1.5
脂肪羧酸氨基酰胺盐	18.0～22.0
脂肪羧酸咪唑啉盐	28.0～32.0
煤油	余量

配方 2：建筑物外墙、地面黏附物清洁保养剂（见表 2—3）。

配方以有机溶剂和具有渗透作用的表面活性剂为主体，既可配成液体洗涤剂，也可以制成气雾剂型产品。可以从建筑物墙体、柱子、道路、砖瓦或者衣物上除去所黏附的橡胶、黏结剂、口香糖等。除去黏附物的效果很好。

表 2—3　建筑物外墙、地面黏附清洁保养剂配方

原料	%
油酸钠	6.0
苎烯	50.0
C_9APE	13.0
甲醇	2.0
水	余量

配方 3：白色等浅色建筑外墙的清洁保养剂（见表 2—4）。

该配方物属于漂白洗涤产品，无刺激性气味，对于建筑物外墙洗后可以提高白度，尤其适合白色等浅色建筑外墙的洗涤。

表 2—4　白色等浅色建筑外墙的清洁保养剂配方

原料	%
过碳酸钠	10.0
丁二酸酐	10.0
癸基聚葡糖苷	2.0
对甲苯磺酸盐	5.0
水	余量

配方 4：金属结构的建筑物清洁保养剂（见表 2—5）。

以水和乙醇为主要成分的硬表面洗涤剂，去污力强，对环境安全，可洗涤金属结构的建筑物以及其他金属零件的表面。

表 2—5　金属结构的建筑物清洁保养剂配方

原料	%
天然多糖刺槐豆胶	0.3
碱性杀菌剂聚（六亚甲基双胍）盐酸化物	0.3
乙醇	30.0
水	余量

配方 5：混凝土清洁保养剂（见表 2—6）。

本配方产品专门用来清洁保养混凝土建筑物表面，可有效地抑制泡沫，对混凝土表面上的油污和地下车库地面的清洁保养有效果。

表 2—6　混凝土清洁保养剂配方

原料	%
C_{12}LAB	10
APE（HLB=4）	1.0
NaOH	3.0
偏硅酸钠	2.0
水	余量

配方 6：沥青清洗剂（见表 2—7）。

含有机溶剂的水基洗涤剂经简单混合即为液体产品，pH 值为 9。配方中也可以用 APE 替代一半椰油酸二乙醇酰胺。它可以有效地除去建筑物等硬表面上的沥青等污垢。

表 2—7　沥青清洗剂配方

原料	%
异丙醇	4.0
椰油酸二醇酰胺	20.0
STPP	1.0
色料、香料	适量
水	余量

二、建筑物玻璃装饰表面清洁保养材料配方

1. 建筑物玻璃装饰表面清洁保养材料配方的要求

建筑物靠玻璃（门、窗、屋顶等）采光，靠玻璃装饰。几乎所有建筑物都使用玻璃材料。建筑物玻璃必须经常清洁保养。

过去，玻璃以采光为主，现代玻璃将转向以装饰为主，大量采用彩色玻璃、异型玻璃，整栋楼宇外墙都采用幕墙玻璃装饰，可见玻璃材料在建筑业中的重要地位。

玻璃表面是非极性憎水表面，清洁保养时首先应考虑表面的润湿，选择润湿性好的表面活性剂或有机溶剂。其次是清洁保养后应能恢复其憎水特性。使用一些憎水性强，具有透光增亮作用的化学成分，清洁保养后在玻璃表面不留痕迹（如膜、斑、纹），不损害玻璃本身及框架。这样可以提出对建筑物玻璃清洁保养材料的主要技术要求：

（1）对玻璃外表面的清洁保养具有良好的效果，不留痕迹，对玻璃及镀膜无伤害。

（2）功能性玻璃清洁保养材料应使清洁保养后的玻璃光亮，憎水性好，防雾性好。

（3）玻璃屋顶清洁保养应有效去除沉积的灰尘，垂直玻璃表面清洁保养在瞬间可润湿并除去污垢。

（4）清洁保养成本低，不污染周围环境，清洁保养材料对人体无害。

2. 建筑物玻璃装饰表面清洁保养材料具体配方

配方 1： 玻璃光亮清洁保养剂（见表 2—8）。

在 25℃下依次混合配制而成。使用时将其稀释 100 倍，可用于清洗玻璃、陶瓷、聚合材料、涂料表面的油污。洗后的硬表面只需风干，即能长期保持光亮。

表 2—8　　玻璃光亮清洁保养剂配方

原料	质量份
$C_{10}\sim C_{20}AE_{10\sim20}$	144
EP 型聚醚	36
乙醇	39
尿素	50
二氯乙烷	30
SNTA	13
25%氨水	10

配方 2： 气雾剂型水基玻璃清洁保养剂（见表 2—9）。

主要用于清洁保养建筑物上的玻璃。该清洁保养剂组分在容器中占 25%容积，不堵塞阀门，不腐蚀容器。如果用 CO_2 代替 N_2O 则易堵塞阀门，同时腐蚀容器。该清洁保养剂的黏附性好，在 10℃以上喷雾性优良。

表 2—9　气雾剂型水基玻璃清洁保养剂配方

原料	%
$C_{12}AES-Na$	1.0
$C_{12}AE$（HLB=14）	0.2
Tween－20	0.5
香精	0.1
液化石油气	5.0
N_2O	1.2
水	余量

配方 3：硬表面清洁保养剂（见表 2—10）。

这是一种含有阳离子表面活性剂和单乙醇胺或 β－氨基烷醇的硬表面清洁保养材料。用该清洁保养材料原液擦拭玻璃不留斑痕，光亮，抗静电好。

表 2—10　硬表面清洁保养剂配方

原料	%
十二烷基二甲基丙磺酸内铵	0.2
MEA	0.5
丙二醇单丁醚	3.0
异丙醇	3.0
水	余量

配方 4：玻璃表面清洁保养剂（见表 2—11）。

本配方为清洁保养玻璃等硬表面的复配物，含有 C_6 链烷醇醚或 C_3～C_{24} 亚烷基二醇醚等表面活性剂、缓冲化合物（如铵、碱土金属甲氨酸盐）、胍衍生物、烷氧基烷基胺、亚烷基胺和水。用该复配物清洁窗户玻璃、镜子时，不会留下可见的残余物或几乎没有残余物。

表 2—11　玻璃表面清洁保养剂配方

原料	%
异丙醇	5.9
丙二醇叔丁基醚	3.2
月桂基硫酸钠	0.005
1－十二－2－吡咯烷酮	0.012
可可基酰胺甜菜碱	0.20
甲氨酸铵	0.25
香料	0.125
NH_4	0.05
水	余量

配方 5：酸性玻璃清洁保养剂（见表 2—12）。

酸性玻璃清洁保养剂可清除掉玻璃上的一般脏物及硬水斑痕。配方中的溶剂和表面活性剂的比例可使酸性玻璃清洁保养剂达到均衡的洗涤效果，甚至在炎热的夏季，也不会出现洗后斑纹。由于配方中使用了 AES－Na，在酸性溶液中也具有较高的表面活性，并有较高的油脂溶解能力。所以，酸性玻璃清洁保养剂对油脂污垢、手汗污垢等，都有较好的清洗能力。

表 2—12　　酸性玻璃清洁保养剂配方

原料	%
丁基溶纤剂	10.0
C_{12}AES－Na（60%）	0.3
色料	适量
醋酸（调 pH 值至 3.5～4.0）	适量
水	余量

制法：将丁基溶纤剂、C_{12}AES－Na 加入大部分水，将色料溶解在剩余的水中后，再加到上述混合物中，搅匀后用醋酸调 pH 值至 3.5～4.0，即为该产品。

配方 6：玻璃屋顶清洁保养剂（见表 2—13）。

玻璃屋顶清洁保养剂主要用来清洗建筑物的玻璃屋顶，也可以用来清洗建筑物正面、卫生设备等。它具有两个突出特点：其一，玻璃屋顶清洁保养剂黏度为 2×10^{-6} Pa·s，所以它能较长时间黏附于竖直平面或倾斜平面上，有足够时间对表面上的污垢进行润湿、渗透，直到剥离。其二，对于倾斜 60°的屋顶玻璃上沉积的碳酸钙清洁保养后残留率只有 6.4%。

表 2—13　　玻璃屋顶清洁保养剂配方

原料	%
油醇基（EO）$_8$ 醚	0.6
C_{16}～C_{18}脂肪胺	1.4
磷酸	25.0
水	余量

配方 7：高效玻璃清洁剂（见表 2—14）。

高效玻璃清洁剂特点：外观为带色透明液体，去污力强，能较好地清洗被风吹雨淋和厨房的油烟所污染的玻璃；对金属窗框无腐蚀；对人体皮肤温和、无刺激。

主要成分是表面活性剂、溶剂及其他辅助成分。表面活性剂起润湿、乳化和分散作用。有机溶剂可降低溶液的冻点和增加其透明度，氨水能调节溶液的酸碱度。

原料说明：

脂肪醇聚氧乙烯醚，别名 AE07、乳化剂 MOA-7，黄色液体，溶于水，有良好的润湿力、发泡力、分散力、去污力和乳化力，也有较高的去脂性能和降低水表面张力及耐硬水性能。

聚氧乙烯椰子油酰乙醇胺，淡黄色胶状物，溶于水，与各种含盐类的水溶液掺和时，

表 2—14　　高效玻璃清洁剂配方

配方	%
脂肪醇聚氧乙烯醚	0.3
聚氧乙烯椰子油酰乙醇胺	3.0
乙醇	3.0
氨水（28%）	2.5
染料	适量
香精	0.01
乙二醇单丁醚	3.0
蒸馏水	余量

互溶性好，清洗力强，而且具有耐硬水和防污垢的分散性能。对刺激有一定的保护效果。

乙醇，无色透明，易燃易挥发液体。有酒的气味和刺激性辛辣味，灭菌能力最强。

氨水，无色透明液体，有强烈的刺激性气味，易挥发溢出，具有弱碱性，调节 pH 值。

乙二醇单丁醚，别名丁基溶纤剂。无色透明液体，具有低的蒸发速度，优异的溶解性能和高稀释比。

三、地板表面清洁保养材料配方

1. 地板表面清洁保养材料配方的要求

地板的材料多种多样，有木质、石材、塑料、陶瓷釉面、橡胶等，同一种地板的材质差别也很大，如木质地板有实木地板和复合地板等。不同材料、材质的地板的清洁保养工艺、程序和材料大不相同，清洁保养存在着一定困难。

地板表面清洁保养材料配方的要求是：

（1）对地板表面的清洁保养具有良好的效果，对地板材质无伤害。

（2）功能性地板清洁保养材料应使清洁保养后的地板光亮，质感好，憎水性好。

（3）地板清洁保养材料具有防滑功能。

（4）清洁保养成本低，不污染周围环境，清洁保养材料对人体无害。

2. 地板表面清洁保养材料具体配方

配方 1：打蜡地板专用清洁保养剂（见表 2—15）。

打蜡地板专用清洁保养剂，以除去沾污等污垢后的地板蜡为主要清洁保养对象。所以，复配物是各种溶剂的组合：C_7～C_{13}全氟烷基磷酸酯、1∶1～1∶5 酚－环氧乙烷加合物，和一种或几种下述溶剂：乙二醇－丁基醚或甲基醚、3－甲基－3－甲氧基丁醇、单或二丙二醇－甲基醚和 $(CH_3)_2CHOH$ 等。

表 2—15　打蜡地板专用清洁保养剂

原料	质量份
全氟烷基磷酸酯	0.5
1∶$2C_6H_5OH$—环氧乙烷加合物	5
3—甲基—3—甲氧基丁醇	20

配方 2：具有保护和防腐作用的地板清洁保养剂（见表 2—16）。

属于酸性地板清洁保养剂的复配物，主要用来清洁保养地板瓷砖。清洁保养后对瓷砖表面具有保护釉面以及防腐作用。它能提高地板的静摩擦因数，不易被尘垢污染，可显著改善地板瓷砖的外观。

表 2—16　具有保护和防腐作用的地板清洁保养剂配方

原料	%
柠檬酸	12.0
85%磷酸	2.0
磷酸二氢钠	20.0
酸性焦磷酸钠	0.5
40%二甲苯磺酸钠	4.8
壬基酚聚氧乙烯（9.5）醚	1.0
三聚磷酸钠	0.5
氯化钠	4.0
水	余量

配方 3：耐久性打蜡地板清洁保养剂（见表 2—17）。

地板打蜡是为了保护地板并光亮美观。有的高级地板使用耐久的丙烯酸与聚脲烷合成蜡，使用一段时间后，地板上残存的耐久性蜡的清除就变得困难。使用上述以环已胺乙氧基化物和丙二醇单甲醚为溶剂的清洁保养剂可以很好地去除这类污垢，而不损伤地板本身。

表 2—17　耐久性打蜡地板清洁保养剂配方

原料	%
环已胺乙氧基（2）化物	18.0
丙二醇单甲醚	3.0
偏硅酸钠	6.0
壬基酚聚氧乙烯醚	3.0
对甲苯磺酸钠	1.0
乙二胺四乙酸四钠	0.5
水	余量

配方 4：地板蜡（见表 2—18）。

地板蜡特点：保护石材表面，起到光亮、洁净的作用。

表 2—18　　地板蜡配方

配方	%
表面活性剂（25%）	0.09
防腐剂	0.03
二乙二醇乙醚	6.98
邻苯二甲酸二丁酯	1.96
基料	45.27
流平剂	2.20
蜡乳液	2.80
消泡剂	0.05
碱溶性树脂	1.02
去离子水	余量
香精	适量

主要用于大理石、PVC、木地板的打蜡。

原料说明：

表面活性剂、成膜助剂、流平剂、基料、增塑剂、树脂、乳液。

四、地毯清洁保养材料配方

1. 地毯清洁保养材料配方的要求

随着人民生活水平的提高，地毯已经进入普通家庭，地毯的清洁保养就成了一项由专业清洁保养人员承担的社会化服务。针对地毯的不同材质和清洁保养要求，选用不同的地毯清洁保养工艺和地毯清洁保养材料，定期对地毯清洁保养。

由于地毯面积大、厚实，绒毛纤维内留存着大量污垢、霉菌和寄生虫，需要专门的地毯清洁保养材料，以及相应的配套清洁保养设备。地毯清洁保养后应恢复地毯的原有色泽、质感、弹性和舒适度。因此，对地毯清洁保养材料配方有以下要求：

（1）对地毯的清洁保养具有良好的效果，对地毯材质无伤害。

（2）地毯清洁保养材料应使清洁保养后的地毯恢复地毯的原有色泽、质感、弹性和舒适度。

（3）地毯清洁保养材料具有深层去污、消毒功能。

（4）清洁保养成本低，不污染周围环境，地毯清洁保养材料对人体无害。

2. 地毯清洁保养材料具体配方

配方 1：粉状地毯清洁保养材料（见表 2—19）。

粉状地毯清洁保养材料是将有机溶剂和各有效组分吸附在有机载体上，将制成的粉状香波洒在地毯的清洗部位，用机械或手工方法将粉状香波在地毯表面揉搓，地毯上的脏物即被吸附在粉粒上，然后用吸尘器将粉末吸净，地毯也就被洗净。

表 2—19　　粉状地毯清洁保养材料

原料	%
HCHO—尿素树脂颗粒载体	13.0
异丙醇	10.0
氨水（25%）	0.6
十二烷基硫酸铵	0.25
烷基磷酸酯盐抗静电剂	0.1
2，4—二氯苯甲醇杀菌剂	0.025
2—溴—2—硝基—1，3—丙二醇	0.01
香料	0.1
硅酮消泡剂	0.2
水	余量

配方 2：水基地毯清洁保养剂（见表 2—20）。

水基地毯清洁保养剂用于水洗地毯工艺，主要去污成分是发泡性很强的十二烷基硫酸钠及有机溶剂。

表 2—20　　水基地毯清洁保养剂

原料	%
水	79.7
Tinopal CBS	0.05
十二烷基硫酸钠	12.6
异丙醇	3.0
丙氧基甲基醚	2.0
乙酸戊酯	0.25
KH_2PO_4	0.9
戊二醛杀菌剂	1.5

配方 3：浅色地毯清洁保养剂（见表 2—21）。

浅色地毯清洁保养剂以乙酸纤维素为粒状吸附载体，十二烷基硫酸钠为洗涤去污组分。可以用它洗涤白色尼龙簇绒地毯，洗后不会引起色变和损坏地毯。这种洗涤剂去污力强，润湿力高，洗后干燥时间短。

表 2—21　　浅色地毯清洁保养剂

原料	%
100 μm 乙酸纤维素	50.0
十二烷基硫酸钠	3.0
水	46.0
硅藻土	1.0

配方 4：地毯干洗清洁保养剂（见表 2—22）。

地毯干洗清洁保养剂专门用来干洗各种长度纤维制的毯类。不但对清洗毯的表面有效，还可以清除地毯内部的污垢。去污力强，洗后残留物少。

表 2—22 地毯干洗清洁保养剂配方

原料	质量份
复合载体（有机短纤维 20 份和氨基酸树脂 80 份）	70
10～25 μm 氨基醛树脂粉	25
十二烷基硫酸钠	1.5
壬基酚聚氧乙烯醚	1.5
三聚磷酸钠	2
EDTA 4Na	0.2
石油烃类（初沸点 174℃，干点 207℃）	5
荧光染料	0.05
蛋白酶	0.1
2，4，4’－三氯－2’－羟基－二苯醚（杀菌剂）	0.02
水	90

配方 5：溶胶型地毯清洁保养剂（见表 2—23）。

将溶胶型地毯清洁保养剂喷到地毯的毛面上，通过乳化和分离污垢粒子，当溶液挥发时将再次起泡，即可将污垢带到地毯表面，然后很方便地用吸尘器吸除。

表 2—23 溶胶型地毯清洁保养剂配方

原料	%
十二烷基硫酸钠	4.0
Kasil I	6.0
己烷	26.0
喷射剂 A70（混合烃）	20.0
水	余量

配方 6：聚酯（化纤）地毯局部污斑去除剂（见表 2—24）。

聚酯（化纤）地毯局部污斑去除剂对地毯上沾污的咖啡、饮料、番茄汁等色渍有很好的去除能力。

表 2—24 聚酯（化纤）地毯局部污斑去除剂配方

原料	%
氢氧化钠	5.0
十二烷基硫酸钠	2.0
十二醇聚氧乙烯醚	2.0
1，3－二甲基－2－咪唑啉酮	10.0
水	余量

配方 7：地毯清洁保养剂（见表 2—25）。

地毯清洁保养剂特点：透明液体（有色），弱碱性；具有润湿性、渗透性、发泡性和去污性；能有效去除地毯上的灰尘、油污等脏物，使地毯恢复原有的色泽和质感，并能留下幽雅的香味。

表 2—25　　地毯清洁保养剂配方

配方	%
十二醇硫酸钠（29%）	20.0
N—月桂酰肌氨酸钠（30%）	15.0
硅酸铝镁	1.0
黄原胶	0.3
苯乙烯马来纤共聚物（M=1900）	1.0
氨水（28%）	0.25
去离子水	62.45
香料、色料	适量

地毯清洁保养剂是根据地毯的特殊性质，利用表面活性剂泡沫去污作用的清洁保养剂。地毯清洁保养是以表面活性剂水溶液的泡沫将污垢包裹进去的清洁保养方式，利用机械作用完成。

原料说明：

十二醇硫酸钠，别名椰油酸或月桂醇、硫酸钠、K12。白色粉状、针状，淡黄色液体，具有去污、乳化和优异的发泡力。

N—月桂酰肌氨酸钠，别名十二酰甲氨、乙酸钠，属于阳离子表面活性剂，是一种很好的除垢剂和发泡剂。

黄原胶，浅黄色至浅棕色粉末。主要用作稳定剂、增稠剂、悬浮剂、泡沫增强剂。

硅酸铝镁，是复合的胶状物质，主要用作增稠剂。

五、卫生间装饰材料表面及设施清洁保养材料配方

1. 卫生间装饰材料表面及设施清洁保养材料配方的要求

卫生间包括沐浴、洗漱、大小便、化妆等功能。卫生间设施表面和卫生间装饰材料表面大多以陶瓷釉面材料为主。卫生间环境相对潮湿，很容易滋生霉菌。残余排泄物和易生物降解的有机物（如洗涤剂残留物），都是细菌和霉菌的营养源。污垢以碱性水垢和霉斑、细菌为主。因此对卫生设施清洁保养材料配方有以下要求：

（1）对卫生间装饰材料表面及设施的清洁保养具有良好的效果，对卫生间装饰材料表面及设施材质无伤害。

（2）卫生间装饰材料表面及设施清洁保养材料应使清洁保养后的卫生间装饰材料表面及设施恢复其原有色泽、质感。

（3）卫生间装饰材料表面及设施清洁保养材料具有深层去污、消毒功能。

（4）清洁保养成本低，不污染周围环境，卫生间装饰材料表面及设施清洁保养材料对人体无害。

2. 卫生间装饰材料表面及设施清洁保养材料具体配方

配方 1：卫生间设施杀菌清洁保养剂（见表 2—26）。

卫生间设施杀菌清洁保养剂配方以阴离子表面活性剂为主要洗涤去污组分，非离子表面活性剂为稳泡和增稠组分，阳离子表面活性剂为杀菌组分。得到的产品去污和消毒杀菌性俱佳，尤其适合洗涤垂直表面。

表 2—26　卫生间设施杀菌清洁保养剂配方

原料	%
烷基磺酸钠或油酰基甲基牛磺酸钠	37.5～50.0
C_{10}～C_{16}脂肪酸单乙醇酰胺	15.0～22.0
烷基苄基二甲基氯化铵	2.0～5.0
尿素	4.0～6.0
染料	2.0～6.0
香料	12.0～18.0
水	余量

配方 2：气溶胶卫生间瓷砖清洁保养剂（见表 2—27）。

将气溶胶卫生间瓷砖清洁保养剂喷到卫生间瓷砖表面上，黏附性好，停留时间长，对瓷砖表面有良好的清洗和去垢作用。

表 2—27　气溶胶卫生间瓷砖清洁保养剂配方

原料	%
天然绿陶土（触变胶）	15.0
聚电解质分散剂水溶液（25%）	2.0
辛基酚（EO)$_{12}$～（EO)$_{13}$醚	5.0
C_{12}ABS－Na（85%）	5.0
松油	5.0
无水硅酸铝	5.0
促进剂、防腐剂	适量

配方 3：卫生间防滑地砖清洁保养剂（见表 2—28）。

这是一种成本低、性能优良的卫生间地砖清洁保养剂，它可以增加被清洁保养地砖表面的防滑性，又具有良好的清洁保养效果。

表 2—28　卫生间防滑地砖清洁保养剂配方

原料	%
以妥尔油为主的肥皂	20.0
十二烷基苯磺酸钾	5.0
壬基酚聚氧乙烯（10）醚	2.0
丁基萘磺酸钠	2.0
水	余量

配方4：可溶解的块状抽水马桶清洁保养剂（见表2—29）。

可溶解的块状抽水马桶清洁保养剂用n－SAA中的反应性羟基去酯化乙烯基甲基醚、马来酸酐共聚物作为固形载体。色素的主要作用是缓释指示剂。

表2—29　可溶解的块状抽水马桶清洁保养剂配方

原料	%
n－SAA（分子中至少有一个反应性羟基）	50.0～99.0
乙烯基甲基醚、马来酸酐共聚物	1.0～25.0
助剂	0～45.0
色素	0～25.0
香料	少量

配方5：浴盆清洁保养剂（见表2—30）。

浴盆清洁保养剂特点：去污力强，清洁保养效果好；泡沫不多，对人体皮肤无损害，对被清洁保养物表面无不良影响；污垢易于清除，不残留痕迹。

表2—30　浴盆清洁保养剂配方

原料	%
醇醚硫酸钠	6.0
十二烷基苯磺酸钠	12.0
烷基酚聚氧乙烯醚	4.0
脂肪醇聚氧乙烯醚	0.3
十二醇硫酸钠	0.3
柠檬酸钠	1.6
无水硫酸钠	4.2
酒石酸	0.4
白垩	0.3
草酸	0.4
香精	适量
水	余量

饭店、宾馆以及住宅的卫生间不仅散发出令人不快的气味，而且一般的清洁保养剂难以去除污垢，需要用专用清洁保养剂。

原料说明：

醇醚硫酸钠，别名AES、醇醚硫酸盐，白色或淡黄色凝胶状膏体，是一种性能优良的阴离子表面活性剂，具有良好的去污、乳化和发泡性能，生物降解度较强。

十二烷基苯磺酸钠，别名石油磺酸钠，外观为白色或微黄色浆状物。具有优良的去污、润湿、分散、乳化和发泡性能，生物降解度较强。

烷基酚聚氧乙烯醚，别名TX－10，淡黄色液体或黏稠状物质，具有很好的去污、润湿、分散、乳化和抗静电性能，抗硬水性能较好。

脂肪醇聚氧乙烯醚，别名 AE07 乳化剂、MOA－7。淡黄色液体，具有很好的去污、润湿、分散、乳化和发泡性能，有较高的去脂和降低水表面张力及耐硬水性能。

柠檬酸钠，别名枸橼酸钠。白色晶体或粒状粉末。能起到络合洗涤液中钙镁离子的作用，增加去污力。

无水硫酸钠，别名元明粉，白色均匀颗粒粉末，用作合成洗涤剂的助剂。

酒石酸，别名二徉基丁二酸、二徉基琥珀酸。无色透明晶体或白色结晶粉末。用作抗氧化剂、增效剂、鳌合剂、药剂。

白垩，由方解石碎屑组成的沉积岩。白色至灰白色，在此作摩擦剂。

草酸，学名乙二酸。无色透明晶体，主要用作添加剂。

六、其他装饰材料表面及设施表面清洁保养材料配方

配方 1：建筑物装饰铝材表面专用酸性清洁保养剂（见表 2—31）。

建筑物装饰铝材表面专用酸性清洁保养剂可从铝合金门窗表面除去煤烟及其他污垢，但不侵蚀铝合金材料。配方中的丙二醇对表面活性剂的稳定性有很好的作用。例如在 75℃下，72 h 后表面活性剂的分解率只有 15％，如果没有丙二醇，分解率则高达 40％。

表 2—31　　建筑物装饰铝材表面专用酸性清洁保养剂配方

原料	用量（g/L）
磷酸	6
硫酸	9
硝酸	1
三价铁离子 Fe^{3+}	0.05
硫酸根 $SO_4{}^{2-}$	0.13
双氧水	0.2
丙二醇	0.5
非离子表面活性剂	2

配方 2：建筑物装饰塑料表面清洁保养剂（见表 2—32）。

建筑物装饰塑料表面清洁保养剂主要用于塑料表面的净洗和擦亮，尤其适合大面积的建筑用塑料表面，对塑料本身无损伤。

表 2—32　　建筑物装饰塑料表面清洁保养剂配方

原料	％
硬脂酸	4.0
鲸蜡醇	0.75
甘油单硬脂酸酯	1.25
抗静电剂 SN 50	0.75

续表

原料	%
异丙醇	1.8
三乙醇胺	1.0
磨料 Kaopolite SFO	6.0
丙烯酸填料 BL1	0.25
Dowtcil 200	0.05
水	余量

配方 3：电梯扶栏橡胶清洁保养剂（见表 2—33）。

电梯扶栏橡胶清洁保养剂可以清洗各种颜色的电梯扶栏橡胶。较普通洗涤剂清洗效果好，对扶栏无伤害，洗后具有一定的抗静电和防尘效果。

表 2—33　电梯扶栏橡胶清洁保养剂配方

原料		%
AOS—Na		10.0
二甲基烷基胺氧化物		2.5
2—烷基—N—（羧甲基）—N—（羟乙基）咪唑啉甜菜碱		2.5
羟乙基纤维素—2—羟丙基三甲基氯化铵醚		2.5
PEG（$\bar{n}$=180～220）	25%（体积分数）	余量
乙醇	25%（体积分数）	余量
水	50%（体积分数）	余量

配方 4：建筑物装饰橡胶清洁保养剂（见表 2—34）。

建筑物装饰橡胶清洁保养剂不会损伤装饰橡胶表面。用于清洗载人电梯的橡胶扶栏时，可在 30s 内擦洗干净，并可恢复原有光泽。

表 2—34　建筑物装饰橡胶清洁保养剂配方

原料	%
二甲基硅酮油（25℃黏度为 800～1 200）	20.0～30.0
脂肪酰乙氧基化物	2.0～6.0
LAS—Na	4.0～8.0
羟基甜菜碱	1.0～3.0
水	余量

配方 5：壁纸专用清洁保养剂（见表 2—35）。

使用年久的壁纸，会明显失去原有表面涂层的色彩和光泽，再经过吸附一些灰尘、烟熏以及手汗的污染，变得很难看，并有恶臭。用壁纸专用清洁保养剂进行擦拭，即可去掉污垢，恢复原有光彩。

表 2—35　　壁纸专用清洁保养剂配方

原料	%
碳化钙粉	66.5
烧制氧化镁粉	13.4
酸性白土	13.4
粉末轻石	4.7
柠檬油	2.0

配方 6：油漆表面清洁保养剂（见表 2—36）。

刷漆或喷漆的装饰墙面清洁保养时，主要困难是清洁保养剂由于挂壁时间短，不容易使光滑表面的污垢去除干净。而油漆表面清洁保养剂由于不易从垂直光滑表面落下，可延长与污垢的接触时间，冲洗后即可显现干净美观的油漆表面。该清洁保养剂也可用于清洁保养其他油漆表面。

表 2—36　　油漆表面清洁保养剂配方

原料	%
氮川三乙酸	8.0
二乙醇胺	9.5
三乙醇胺	18.0
辛基酚聚氧乙烯（4）醚	5.0
40％异丙基苯磺酸钠	5.0
水	余量

配方 7：灶具清洁保养剂（油污重垢）（见表 2—37）。

灶具清洁保养剂（油污重垢）特点：有较强的去污力、脱脂力，能很好地去除油污。

表 2—37　　灶具清洁保养剂配方

原料	%
乙二醇单丁醚	5.0
聚氧乙烯油醇醚	2.0
单乙醇氨	4.0
水	89.0

灶具主要指厨房所用的煤气灶、排风扇、吸排油烟机、排风道等。它们所沾染的污垢是油污和碳化的有机物混合而成的重垢。

原料说明：

聚氧乙烯油醇醚，别名油酰醇醚—5、油酰醇醚—10，白色、淡黄色液体，具有强乳化能力的乳化剂。

单乙醇氨，别名2—氨基乙醇，无色透明黏稠液体，主要用作乳化剂的基质，也可用作渗透剂。

第六节　新型建筑物清洁保养材料

一、纳米胶体硅分散剂在表面清洁洗涤剂中的应用

纳米胶体硅分散剂是一种基于水性的纳米级功能添加剂，能显著提高洗涤体系的去污性、自清洁性、环保性。纳米胶体硅分散剂是一种处于稳定的不团聚的硅胶颗粒水性溶液。纳米胶体硅分散剂有着广泛的用途，其中纳米胶体硅分散剂成功地应用于表面清洁洗涤剂中（见表2—38），成为目前清洁洗涤行业的热点。

纳米胶体硅分散剂在清洁配方中的使用，显著提高了清洁剂配方的亲水能力，并且提高去污和抗污性能，同时利于提高水性体系的展开以及对油的漂净能力。

表2—38　应用于表面清洁洗涤剂中的纳胶体硅分散剂

型号	纳米胶体固含量（wt%）	pH	密度（g/cm^3）	黏度（Pa·s）	平均颗粒大小（nm）	外观
Bindzil 30/360	30	10.0	1.1	<8	7	透明液体
Bindzil 257/360FG	25	10.0	1.2	<7	7	透明液体
Bindzil CC30	29	8.0	1.2	<7	7	透明液体

在表面清洁洗涤剂中添加纳米胶体硅分散剂后，易在被清洗物面产生较好的亲水性。当有水滴到物面后，由于纳米胶体硅颗粒特殊的表面性能导致在物面形成一层水膜。当水膜移动时，由于表面张力的作用导致物面的污染物随之除去，从而达到“自除污物性能”。

纳米胶体硅分散剂在表面清洁洗涤剂体系中的性能：纳米胶体硅分散剂非常适用于对玻璃和陶瓷为物面的表面清洁洗涤剂体系，对以金属为物面的表面清洁也有较好的效果。物面的表面亲水性提高了物面的抗油性能。此外，用纳米胶体硅分散剂对纤维的处理也能在纤维表面获得相似的效果，因此，纳米胶体硅分散剂适用于对纺织等物品清洁洗涤剂体系中。

Bindzil30/360适用于很多稀释的碱性清洁剂体系中，尤其适用于pH值为8～11的玻璃清洁剂体系；Bindzil257/360适用于较低pH值和高表面活性剂浓度体系，如通用清洁剂（APC）；BindzilCC 30适用于高浓度、低pH值体系，如厨房和浴室的清洁剂，也同样适用于硬质表面清洁剂，包括两性的或阳离子的表面活性剂或者“高级醇”中。Bindzil纳米胶体硅分散剂在每个表面活性剂体系中都必须被评估，以期获得清洁效果的合理参数，同时确保具有较好的稳定性和兼容性，此外，BindzilCC 30也可用于其他类型

的清洁剂配方中。

纳米胶体硅分散剂应和其他添加剂分别加入到清洁洗涤剂配方中，同时需要在搅动中加入。添加量和添加次序对最终产品的性能有较大影响。

通常需要通过实验室的试验评估来决定固含量的最佳水平。因此，在确定纳米胶体硅分散剂最佳添加量以前，需要评估以下参数：清洁效果、除油效果、稳定性、兼溶性等。典型的纳米胶体硅分散剂固含量水平可以是在原有的清洁洗涤剂配方中添加的固含量的0.3%～1.0%。在浓缩液中的含量水平可以更高些，典型含量水平通常在固含量为0.6%～3.0%的范围内，当然，还取决于浓缩液用水稀释的比例。

下面是硬质表面清洁剂的典型配方，所有的产品组分都是基于质量并且按照下面给出的添加次序配制。

玻璃清洁剂的建议配方：

玻璃清洁剂：100 份

Bindzil30/360：1～2 份

通用清洁剂建议配方（APC）：

通用清洁剂：100 份

Bindzil257/360：1～2 份

二、酶类建筑物清洁保养材料

1. 酶的概念

酶是由活细胞生成的一种具有“活性”的高分子量的蛋白质。酶是一种生物催化剂，能在温和的条件下加快化学反应，例如，朊水解酶能将蛋白质全部或部分地转化为氨基酸，使不易溶解于水的蛋白质，转化成易溶解的氨基酸，从而提高洗涤效果。

酶是由数以万计的氨基酸组成的大分子，该分子中只有一小部分参与催化生化反应，这一部分称为活性部位。这就是酶的作用对象，具有专一性，酶的三维结构决定活性部位的所在。活性部位的形状与所需作用的底物形状相吻合，它们可以像钥匙与锁一样互相匹配，只有形状吻合的底物才能被作用，即只对某种或某类底物起作用。

另外一个特点是它们以重复作用的方式起作用，即当酶分解掉一底物后还能够从底物上分离下来去作用另一个底物，因此，只需要很少的酶就能达到明显的效果。酶的活性部位决定了其作用于什么样的底物。

2. 酶的种类

目前，在建筑物清洁保养材料中使用的酶共有 4 种：蛋白酶、脂肪酶、淀粉酶、纤维素酶。它们有着对污垢的特殊去除能力，使洗涤效果明显提高。

（1）蛋白酶。可将蛋白质水解，变成可溶性的氨基酸的酶。如血、奶、蛋、果汁、汗渍、可可、咖啡等蛋白质是建筑物装饰材料表面上最普遍存在的污垢，而且是最难被表面活性剂和其他助洗剂所去除的。蛋白酶能把蛋白质先分解成可溶性的肽键，然后再分解成氨基酸，从而很容易被洗去。

（2）脂肪酶。脂肪酶是继蛋白酶之后，第二个应用于洗涤剂行业中的酶制剂。它的显著特点是使洗涤剂在低温时也能达到对脂肪的优良去除能力，并且具有效果累积功能，其去污能力可以随着洗涤次数的增加而表现得更加明显。

（3）淀粉酶。淀粉酶和脂肪酶之间具有很好的协同作用。实际污垢中的成分极其复杂，如蛋白质类、脂肪类、淀粉类可能共存，所以利用几种酶制剂的复配，可以大大提高去污效果。

（4）纤维素。有增白效果。

3. 建筑物清洁保养材料中的酶与其他化学材料的关系

有科学家对于酶在粉状的洗涤剂的各种组分存在下，酶的配伍和作用方面做了大量试验。这些试验是用对酶特别敏感的血、牛奶和墨水等人工污染的污布进行的。虽然所得的结果不能与家庭的洗涤条件直接联系起来，但却指出了大致的趋向。

（1）洗涤剂与市售的各种碱性蛋白酶，相互之间虽然略有差异，但其性能是大致相同的。

（2）直链烷基苯磺酸钠的浓度，直到20％都能稍微提高酶的活性。脂肪醇聚氧乙烯醚，浓度在5％～20％之间都不影响酶的活性。环氧乙烷和环氧丙烷的嵌段聚醚、肥皂和烷基醇酰胺对酶的影响也有同样的效果。阳离子表面活性剂会非常迅速地降低酶的活性。因此，加酶粉切忌与柔软剂或柔软洗涤剂混用，因为柔软剂以阳离子偏多。

（3）配方中三聚磷酸钠含量达到30％前，对酶的去污功能都有促进作用，超过此限，酶的作用便略有下降。

（4）配方中次氮基三乙酸也能提高酶的去污效能，但程度不如三聚磷酸钠。如果将两者各一半混合，并不严重影响酶的活性。

（5）1 mg/kg 的有效氯几乎可使酶完全失活。因此，含有酶制剂的加酶粉不能与含有次氯酸钠类含氯漂白剂的彩漂洗衣粉合用。

（6）消毒洗涤剂中常用的消毒剂，如三溴水杨酰苯胺、三氯碳酰苯胺、六氯苯等抑菌剂的浓度达0.25％时，对酶活性有轻微的影响。

（7）对于浓度超过20％的三聚磷酸钠或109/6 的直链烷基苯磺酸钠，如果酶与洗涤剂混合物在溶液中留存2 h，或在衣物投入前有如此过程，酶的活性便显著下降。与此不同，脂肪醇聚氧乙烯醚则会对溶液中的酶产生稳定作用。

值得指出的是，随着加酶洗涤剂的发展，市场上出现了一些高品质的酶制剂，其稳定性已大大提高，如液体酶，可在液体洗涤剂中长期稳定。

三、微生物建筑物清洁保养材料

1. 微生物建筑物清洁保养材料概述

溅撒的污垢并非只沾污可见的建筑物装饰材料表面，还会渗透到建筑物装饰材料的裂缝、缝隙和表面的微孔中，经过一段时间后，建筑物装饰材料表面会显得灰暗和肮脏，残留的有机物还会产生异味。许多化学建筑物清洁保养材料可用作建筑物装饰材料表面的清洁保养。微生物建筑物清洁保养材料能够同时提供化学建筑物清洁保养材料以及清洁保养后由微生物作用产生的长效清洁保养效果。微生物建筑物清洁保养材料中的微生物渗入污垢溅撒和油脂积聚的裂缝、缝隙和表面的微孔中，将油脂和有机物作为食物来源，去除它们，提供深度清洁保养效果。通过渗入多孔的地板表面降解并消除长期积累的脂类和其他有机物，达到建筑物清洁保养效果。

与强力地板清洗剂相比较，化学建筑物清洁保养材料提供立即的、表面的清洁保养；微生物建筑物清洁保养材料则通过去除残留在孔、裂、角落和缝隙内的有机物提供长期的、深度的清洁保养。

典型的油脂分子是由链接在甘油主链、链长可变化的 3 个脂肪酸所组成。很多微生物能产生从甘油断裂脂肪酸的酶，但不能产生降解脂肪酸的酶。脂肪酸降解菌株能够产生所需的降解脂肪酸的酶，如图 2—2 所示。

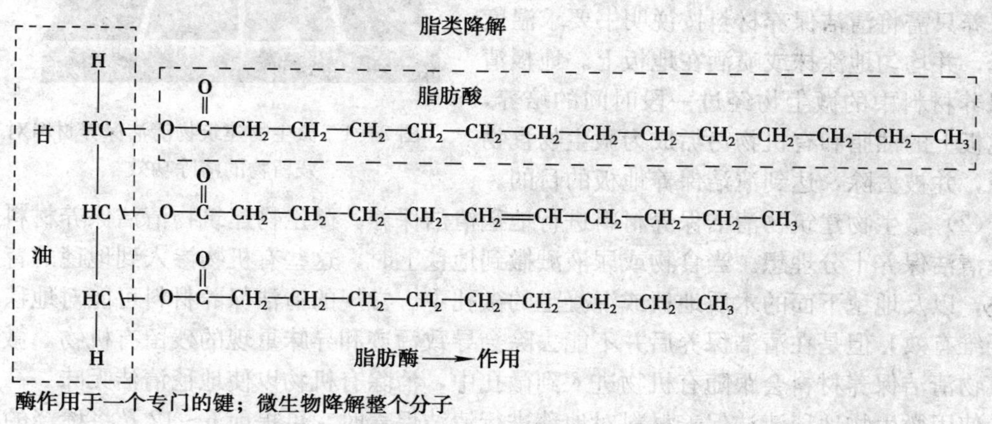

图 2—2　脂肪酸降解菌株能够产生所需的降解脂肪酸的酶

建筑物清洁保养材料具有高度活性的微生物，通过降解污垢中的油脂和有机物污垢后，在建筑物装饰材料表面上持续地生长。通过这一过程产生的新微生物持续地消除油脂和有机物污垢。不断发展的这一活性薄膜微生物还在建筑物装饰材料中增殖，成为高活性的建筑物清洁保养系统，如图 2—3 所示。

2. 微生物建筑物清洁保养材料进行建筑物清洁保养

（1）微生物建筑物清洁保养材料进行地板清洁保养。许多化学建筑物清洁保养材料能够清洁保养地板表面，但它们无法提供微生物建筑物清洁保养材料对残留物的清除功效，如图 2—4 所示。微生物建筑物清洁保养材料于最初清洁保养后开始发挥此种功效。它渗入到地板的裂缝和缝隙中，降解和消化溅撒物、油脂和其他积聚物，使地板更加清洁。其他的益处还包括清除地板泥浆缝中的有机物质，以使地板看起来更干

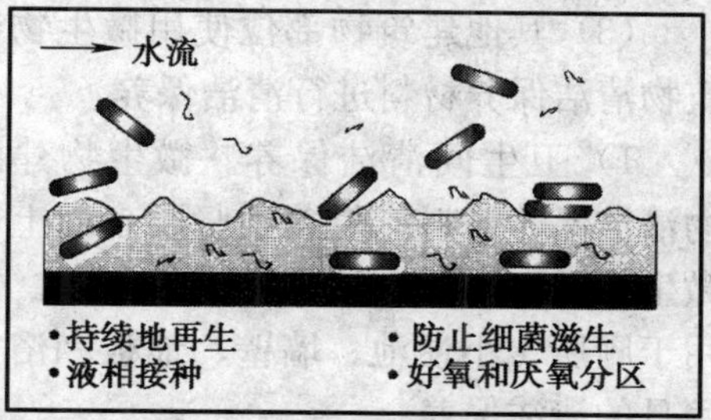

水流
•持续地再生　•防止细菌滋生
•液相接种　•好氧和厌氧分区

微生物在排水管道和隔油器的内壁表面形成一层活性的生物薄膜，降解油脂和其他有机物

图 2—3　高活性的建筑物清洁保养系统

净，并消除积聚的油脂，避免滑倒。湿气是一种限制因素积聚的有机物，可能不会在清洗一次后被完全去除。但随着日常的清洁，在每次使用后效果都会有所增强，直到地板得到真正深度的清洁。同时，环境中不受欢迎的微生物也可能会被更安全的建筑物清洁保养材料中的微生物所取代。

微生物建筑物清洁保养材料进行建筑物清洁保养的效果需要一段时间才能显现，因此，使用微生物建筑物清洁保养材料进行地板清洁保养需提供 12 h 的施工时间。

使用微生物地板清洁保养材料进行地板清洁保养只需将清洁保养材料按说明书要求温度稀释，并均匀地涂抹或喷洒在地板上。地板清洁保养材料中的微生物经过一段时间的培养，使地板上的油脂和有机物污垢成为微生物食物来源，并被去除，达到清洁保养地板的目的。

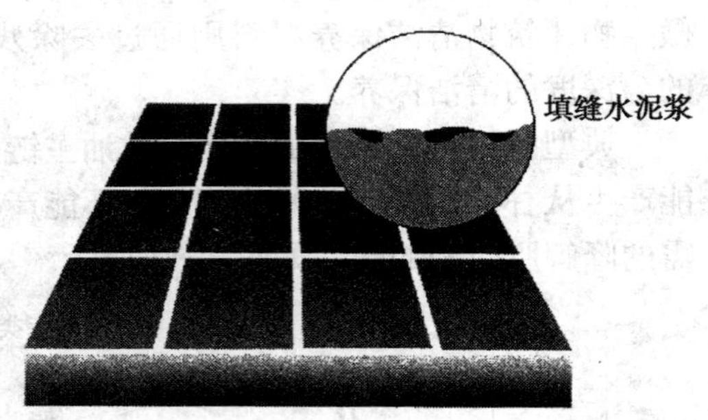

图 2—4　微生物建筑物清洁保养材料对残留物的清除功效

（2）微生物建筑物清洁保养材料进行地毯清洁保养。微生物建筑物清洁保养材料用于地毯清洁保养十分理想。当食物或尿液溅撒到地毯上时，这些有机物渗入到地毯的背衬和衬垫，以及地毯下面的木质地板或混凝土的微孔中。常规的清洁保养材料可能对地毯表面的纤维有效，但是在清洁保养后并不能去除会导致污迹和异味重现的残留有机物。微生物建筑物清洁保养材料会跟随有机物进入到微孔中，消除有机物以使地毯清洁无味。

使用微生物地毯清洁保养材料对地毯进行清洁保养时，可提前 6～12 h 将稀释的微生物地毯清洁保养材料涂抹或喷洒在地毯表面，如图 2—5 所示，对地毯表面的明显污渍处增加用量。地毯表面涂抹或喷洒微生物地毯清洁保养材料 6～12 h 后，对地毯再进行常规的地毯清洁保养工艺，可达到非常好的清洁保养效果。

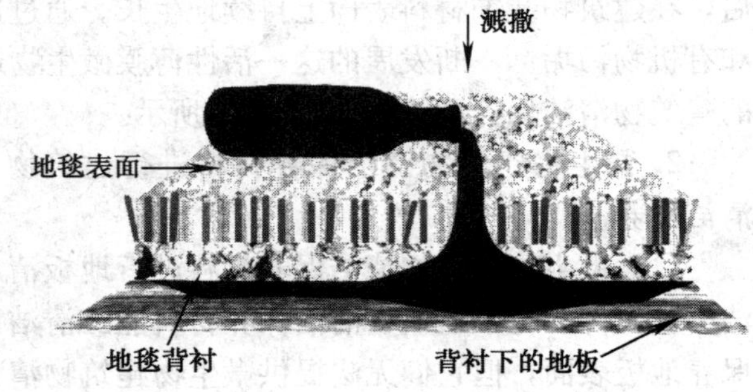

图 2—5　微生物地毯清洁保养材料涂抹或喷洒在地毯表面

（3）其他建筑物部位使用微生物建筑物清洁保养材料进行清洁保养

1）卫生间清洁保养。微生物建筑物清洁保养材料能附着到坚硬表面上使微生物降解附着和沾染的有机物质。可用于厕所、小便池、墙壁、地板和浴室用具的清洁保养。

2）混凝土和车道清洁保养。特别的生物配方可用于混凝土人行道、车库地面、车道的汽车油迹油脂和重度污秽的去除。这些环保的清洁剂在污物被去除后继续进行着降解工作。

3）宠物圈养区清洁。安全、高效的微生物建筑物清洁保养材料能够去除令人尴尬和烦恼的宠物沾污和异味。生物产品非常适用于狗舍、动物园或家庭用的宠物垫、宠物笼舍，以及存在宠物沾污和异味问题的诸如混凝土、砖块或木地板等坚硬表面。

单元测试题

简答题

1. 简述建筑物清洁保养材料的分类。
2. 试说建筑物清洁保养材料的发展前景。
3. 什么是基质？简述基质的分类。
4. 建筑物装饰材料表面的混合污垢有哪些？
5. 简述建筑物装饰材料表面与污垢间的结合力。
6. 对建筑物清洁保养的机理表述是什么？
7. 简述建筑物玻璃装饰表面清洁保养材料配方的要求。
8. 简述纳米胶体硅分散剂在表面清洁洗涤剂中的应用。
9. 简述微生物建筑物清洁保养材料的种类。

单元测试题答案

简答题

1. 答：（1）以建筑物清洁保养材料主体配方分类

1）酸性建筑物清洁保养材料。

2）碱性建筑物清洁保养材料。

3）水基建筑物清洁保养材料。

4）溶剂建筑物清洁保养材料。

5）建筑物清洁保养中摩擦清洁保养材料。

6）建筑物清洁保养中漂白清洁保养材料。

7）建筑物清洁保养中消毒杀菌清洁保养材料。

（2）以建筑物清洁保养材料 pH 值分类

1）酸性洗涤剂。

2）中性建筑物清洁保养材料。

3）碱性建筑物清洁保养材料。

（3）以建筑物清洁保养材料产品外形分类

1）粉状建筑物清洁保养材料。

2）液体建筑物清洁保养材料。

3）块状建筑物清洁保养材料。

4）气溶胶建筑物清洁保养材料。

2. 答：随着建筑物清洁深层化，家庭清洁社会化，建筑物清洁保养材料也将发生飞跃性变化。建筑物清洁保养材料用于人类社会环境的清洁美容，建筑物清洁保养材料中建筑物清洗剂、建筑物装饰材料表面保养剂、公用卫生设施消毒洗涤剂、办公设施洗涤剂等将成为重点发展的品种。建筑物清洁保养材料必须超前地发展，才能满足建筑物清洁保养的需要，只有这样才能体现建筑物清洁保养材料的服务功能。建筑物清洁保养材料将更加突出专用化、功能性，而不提倡通用性。未来几十年间，这类产品将发展到10%。在发达国家，建筑物清洁保养材料用表面活性剂用量约占表面活性剂生产总量的20%。

3. 答：建筑物装饰材料，也就是建筑物清洁保养的对象被定义为基质。携带污垢的基质表面需要清洁保养。携带污垢的基质有规则表面的称为硬表面，携带污垢的基质无规则表面的称为软表面。携带污垢的基质表面还可分为极性表面（极性基质）或非极性表面（非极性基质），光滑表面或不光滑表面。由于这些区别，造成基质与污垢连接方式不同，结合牢度不同，携污方式也有差别。

基质的分类如下：

（1）纤维及织物类建筑物装饰材料。

（2）金属类建筑物装饰材料。

（3）非金属类建筑物装饰材料。

4. 答：在实际的建筑物清洁保养中，遇到的污垢都属于混合污垢，即油性污垢、水溶性污垢、固体污垢混合在一起。或者基质的某一部分是以某种污垢为主，另一部分又以另一种污垢为主，在采用同一种建筑物清洁保养材料和相同建筑物清洁保养工艺时，都要兼顾这些污垢的不同组成和存在方式。

以油性污垢为主的混合污垢，首先是液体或膏状油污吸附在建筑物装饰材料表面，然后在其上又吸附大量固体污垢（如灰尘），成为黏浊的油斑，色泽变深。当油污挥发到一定程度（主要是挥发性油），黏性油与固体污垢就变成有一定韧性和一定厚度的硬污斑，进而变成干性油斑，具有坚硬、光滑的表面，类似于油漆表面。

以水溶性污垢为主的混合污垢，会随着水分的挥发变成浆状或固体状。它也容易吸附其他固体污垢，形成混合固体污垢。当有油性污垢附着时，多数情况下与水溶性污垢在建筑物装饰材料表面上先形成乳化层，表面泛白。随着水和油的蒸发，垢层变得透明或变成深色，最后仍然形成油性污斑。

以固体污垢为主的混合污垢，大都是在尘埃层上落下油性污垢或水溶性污垢，使松散的粉尘垢层变成膏状，增强了与建筑物装饰材料表面的附着力。当液体污垢挥发后，留下的是一层有一定硬度和密度的板实的垢层。

5. 答：建筑物装饰材料表面能附着一些污垢，主要是存在着一定的结合力。这种力是由建筑物装饰材料表面和污垢共同形成的。由于结合力的种类不同，污垢在建筑物装饰材料表面附着方式也不同，清洁保养时的难易程度也就不同。主要的结合力有：

（1）范德华引力。

（2）库仑力。

（3）重力。

（4）润湿力。

（5）化学力。

6. 答：对于吸附了各种污垢的建筑物装饰材料表面，使用建筑物清洁保养材料并施以机械外力，达到削弱污垢在建筑物装饰材料表面上的黏附力，将污垢从建筑物装饰材料表面去除，使清洁保养后的建筑物装饰材料表面不遭破坏并得到保护，恢复建筑物装饰材料原有的色泽和质感。

建筑物清洁保养的过程是一种复杂的物理、化学过程。或者说，建筑物清洁保养的过程是将吸附在建筑物装饰材料表面上的污垢解析下来，使建筑物装饰材料表面原有材质受到保护的过程。建筑物清洁保养过程常常表现为复杂的系统工程，例如，建筑物外墙面清洗、室内地板的清洗打蜡、地毯的除渍清洗等，包括去污机理、水基清洗、溶剂清洗、化学清洗及材质保护等过程。

7. 答：对建筑物玻璃清洁保养材料的主要技术要求：

（1）对玻璃外表面的清洁保养具有良好的效果，不留痕迹，对玻璃及镀膜无伤害。

（2）功能性玻璃清洁保养材料应使清洁保养后的玻璃光亮，憎水性好，防雾性好。

（3）玻璃屋顶清洁保养应有效去除沉积的灰尘，垂直玻璃表面清洁保养在瞬间可润湿并除去污垢。

（4）清洁保养成本低，不污染周围环境，清洁保养材料对人体无害。

8. 答：纳米胶体硅分散剂是一种基于水性的纳米级功能添加剂，能显著提高洗涤体系的去污性、自清洁性、环保性。纳米胶体硅分散剂是一种处于稳定的不团聚的硅胶颗粒水性溶液，其颗粒直径一般在 3～150 nm。纳米胶体硅分散剂有着广泛的用途。

在表面清洁洗涤剂中添加纳米胶体硅分散剂后，易在被清洗物面产生较好的亲水性。

（1）当有水滴到物面后，由于纳米胶体硅颗粒特殊的表面性能导致在物面形成一层水膜。

（2）当水膜移动时，由于表面张力的作用导致物面的污染物随之除去，从而达到“自除污物性能”。纳米胶体硅分散剂非常适用于玻璃和陶瓷为物面的表面清洁洗涤剂体系，对以金属为物面的表面清洁也有较好的效果。

9. 答：溅撒的污垢并非只沾污可见的建筑物装饰材料表面，还会渗透到建筑物装饰材料的裂缝、缝隙和表面的微孔中。经过一段时间后，建筑物装饰材料表面会显得灰暗和肮脏，残留的有机物还会产生异味。许多化学建筑物清洁保养材料可以作为建筑物装饰材料表面的清洁保养用途。微生物建筑物清洁保养材料能够同时提供化学建筑物清洁保养材料以及清洁保养后由微生物作用产生的长效清洁保养效果。微生物建筑物清洁保养材料中的微生物渗入污垢溅撒和油脂积聚的裂缝、缝隙和表面的微孔中，将油脂和有机物作为食物来源且被去除，提供深度清洁保养效果。

与强力地板清洗剂相比较，化学建筑物清洁保养材料提供立即的、表面的清洁保养；微生物建筑物清洁保养材则通过去除残留在孔、裂、角落和缝隙内的有机物，提供长期的、深度的清洁保养。

微生物建筑物清洁保养材料适于进行地板、地毯、卫生间、混凝土和车道、宠物圈养区的清洁保养。

第三单元　建筑物清洁保养设备与工具

第一节　建筑物清洁保养设备与工具的发展概述

设备是工具发展到一定程度的产物。无论工具和设备，都给人类带来更大、更快的发展和进步。了解建筑物清洁保养设备与工具的发展方向，对建筑物清洁保养施工选择适用的设备、工具能提供必要的帮助。

一、建筑物清洁保养设备的发展

建筑物清洁保养设备的初创和演变已无从考证，近 10 年来，随着我国建筑物清洁保养行业的发展，建筑物清洁保养设备的发展从无到有、从简单到复杂、从进口到国产，有了一个比较清晰的发展脉络。

1. 建筑物清洁保养设备朝着多用途方向发展

建筑物清洁保养常用设备是多功能擦地机、吸水/吸尘机、高速抛光机。在这三种设备的基础上又演变发展出有更多用途的建筑物清洁保养设备。

(1) 多功能擦地机原有的多功能是指清洗地板、清洗地毯，现在可增加大理石镜面处理、石材翻新等新功能。

对重型、大功率的多功能擦地机（见图 3—1）增加行星磨盘（见图 3—2）、加热盘（见图 3—3）、防溅圈（见图 3—4）、钻石碟片（见图 3—5）等附件，这就增加了石材翻新功能。

重型、大功率的多功能擦地机的清洗垫驱动器下放置钢丝棉垫（见图 3—6），就增加了大理石镜面处理功能。由于大理石镜面处理施工时产生的热使温度升高，加快塑料制成的清洗垫驱动器上凸起的针棘的磨损。

图 3—1　重型、大功率的多功能擦地机

图 3—2　行星磨盘正反面

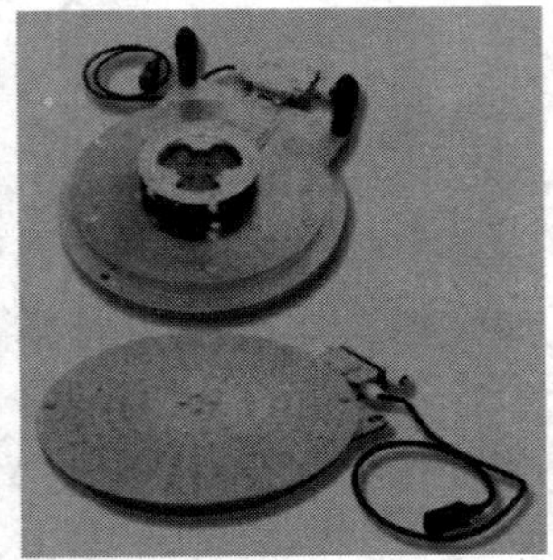

图 3—3　加热盘正反面

图 3—4　防溅圈

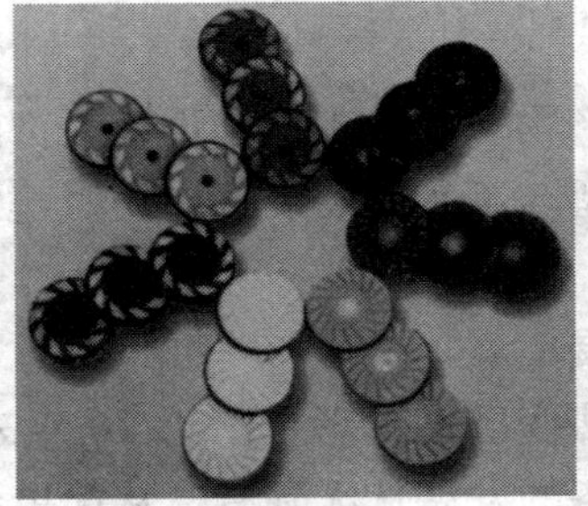

图 3—5　各类钻石碟片

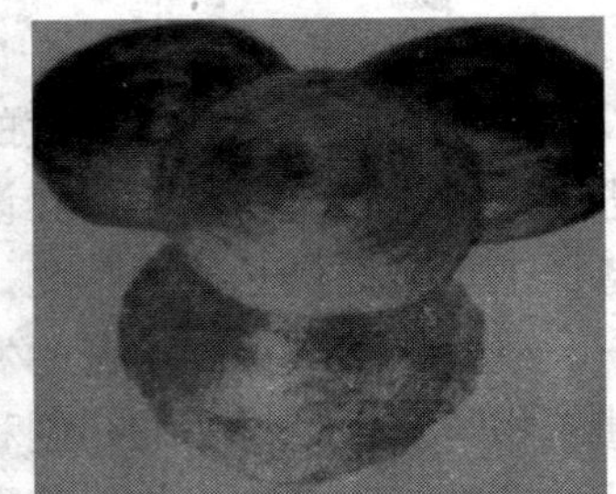

图 3—6　钢丝棉垫

（2）吸水/吸尘机从吸尘机（见图 3—7）演变到吸水机（见图 3—8）和吸水/吸尘机（见图 3—9），又形成了地毯梳理机（见图 3—10）和吹吸机（见图 3—11）。

（3）高压清洗从单纯的清洗建筑物的外墙表面、外围环境地面，发展到封闭式清洗（见图 3—12），高压清洗机（见图 3—13）的高压喷头能喷出各种角度的水柱（见图 3—14）。

2. 建筑物清洁保养设备朝着专业化方向发展

（1）石材翻新研磨机。石材翻新研磨机是从多功能擦地机演变而来的专用机械（见图 3—15）。石材翻新研磨机不再需用大量附件的配合，就可进行石材翻新施工。石材翻新研

图 3—7 吸尘机

图 3—8 吸水机

图 3—9 吸水/吸尘机

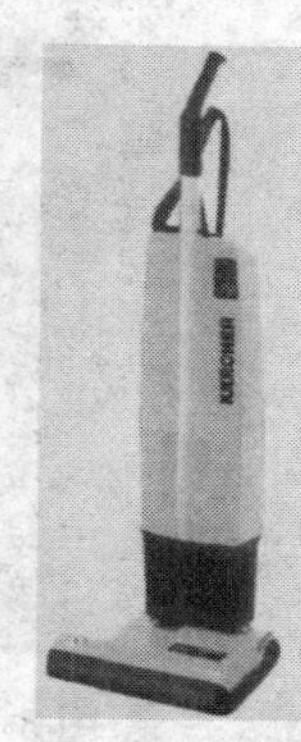

图 3—10 地毯梳理机

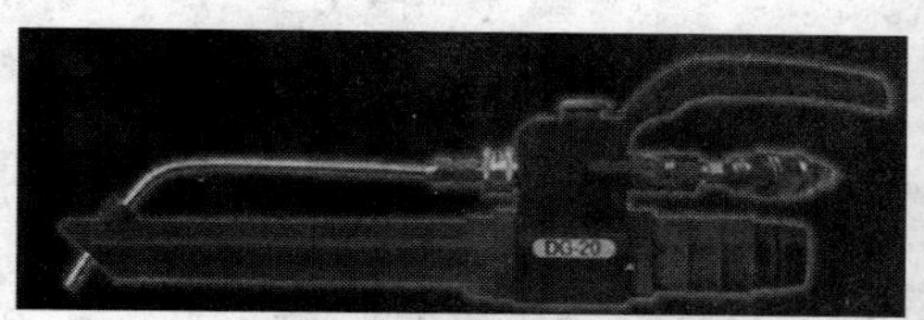

图 3—11 吹吸机的吹吸枪

图 3—12 高压清洗机封闭式清洗

图 3—13 高压清洗机

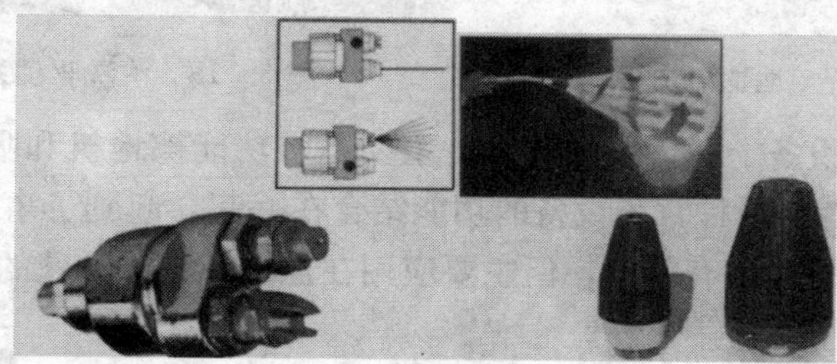

图 3—14 高压清洗机的高压喷头

磨机将电源开关、水量控制、水平调整集中在手柄部分，成为集中控制系统。它通过双磨头和研磨头（见图 3—16）的特别设计，可处理石材的剪口、翻新、平整一次到位，对边缘死角的研磨也更为方便。

（2）地毯清洗机。地毯清洗机是从多功能擦地机演变而来的专用地毯清洗机（见图 3—17)，外形上与多功能擦地机较为相似，但清洗驱动系统与多功能擦地机差异很大。地毯清洗机通过下部清洗盘中的 5 个热水喷头和 5 个吸杆（见图 3—18)，在旋转中蠕动地毯绒毛至地毯绒毛根部，使地毯得到较为彻底的清洁。

图 3—15　石材翻新研磨机

图 3—16　研磨头

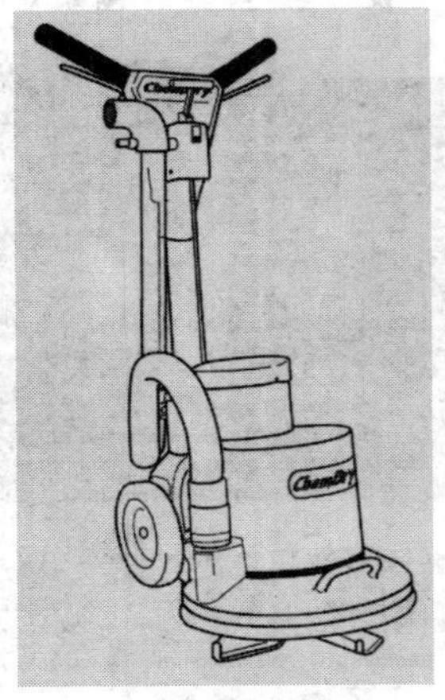

图 3—17　地毯清洗机

图 3—18　清洗驱动系统

（3）一体式清洗设备。一体式清洗设备主要是多功能擦地机和吸水/吸尘机的复合体（见图 3—19），设计者将两种常用设备的功能结合在一起，起到了事半功倍的效果。在此基础上一体式清洗设备又各有特点，但主要应用在擦地和清洗地毯的施工上。

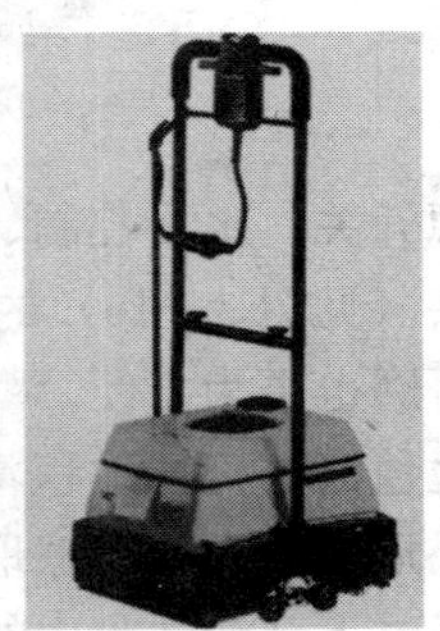

图 3—19　各种一体式清洗设备

3. 建筑物清洁保养设备朝着系列化方向发展

随着建筑物的造型、房形、结构、装饰材料的变化，建筑物清洁保养设备也在不断变化中，逐渐形成了不同的系列：

（1）以机械功率大小形成不同的系列。

（2）以设备外型大小形成不同的系列。

（3）以针对施工场地的特殊需要形成不同的系列。

（4）以设备功能不同形成不同的系列。

4. 建筑物清洁保养设备朝着智能化方向发展

智能化是建筑物清洁保养设备的发展方向，目前的智能化建筑物清洁保养设备有两种类型。

（1）程序调节记忆型。智能化建筑物清洁保养设备内安装有 PC 单片机，存储有一定的程序。操作员工在操作时，根据施工环境的不同，调节不同的传感器，使智能化建筑物清洁保养设备完成清洁保养施工。如一体化地毯清洗机（见图 3—20）在使用时，操作员工按下地毯清洗刷调节按钮（见图 3—21），使地毯清洗刷在接触到地毯绒面后，根据传感器传出的数据，按程序进行操作。

图 3—20　一体化地毯清洗机

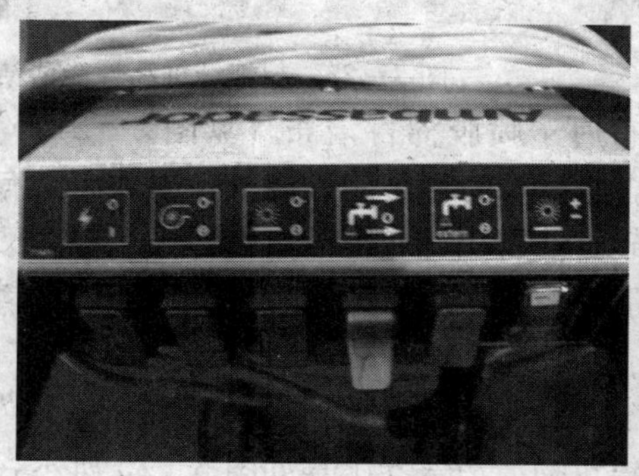

图 3—21　地毯清洗刷调节按钮

（2）程序控制型。智能化建筑物清洁保养设备内安装有 PC 单片机，存储有一定的程序。只需操作员工将智能化建筑物清洁保养设备放置在规定的施工位置，按启动按钮，智能化建筑物清洁保养设备就自动操作，无需操作员操作。图 3—22 所示的是一种外形像一个圆饼的新型清洁机器人，带有真空吸尘装置，能自动在房间内行走，吸走脏物。新型清洁机器人在开始工作时可首先对需要清洁的房间面积进行测算，得出清洁工作所需时间；在发现较严重的污处后，能停下来采用强力清洁模式进行重点清洁；能发现像胡椒粉末一样微小的脏物，并将其清除；在完成清洁任务后，能自动返回基座，进行充电，为执行下一次清洁任务做好准备。

二、建筑物清洁保养工具的发展

建筑物清洁保养工具是从家庭清洁工具演变而来的，近 10 年来，随着我国建筑物迅速增长和家庭住房的改善，清洁保养行业迅速崛起，建筑物清洁保养工具从类别、品种、功能、材料等方面均得到全面的发展。

图 3—22　外形像一个圆饼的新型清洁机器人

1. 建筑物清洁保养工具朝着新技术应用的方向发展

（1）超细纤维是近年来发展迅速的差别化纤维的一种，被称为新一代的合成纤维，是一种高品质、高技术的纺织原料，是化学纤维向高技术方向发展的新合成纤维的典型代表，也是建筑物清洁保养擦抹工具制作中的优选材料（见图 3—23）。

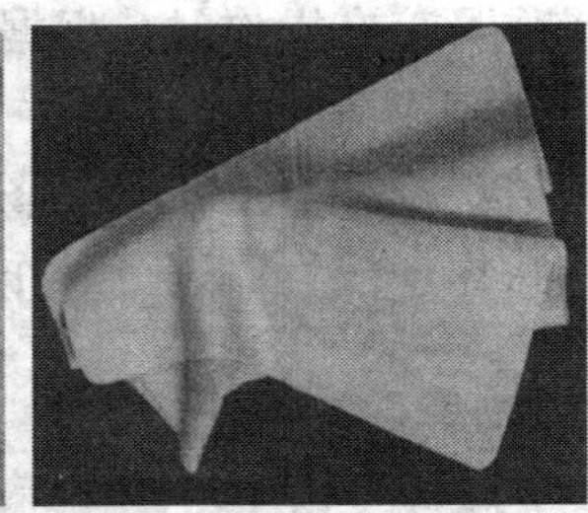

图 3—23　超细纤维高性能清洁布

（2）含砂百洁布属于喷胶棉百洁布（见图 3—24），由复合化纤和高弹性黏合剂配合特种金刚砂制成，柔软而富有摩擦力，贴服性好。含砂百洁布比普通百洁布去污快 4 倍，又不会在不锈钢等镜面留下刮痕，适用于不同的建筑物装饰材料表面清洁保养需求。

图 3—24　含砂百洁布

2. 建筑物清洁保养工具朝着复合式、多用途的方向发展

（1）复合式的建筑物清洁保养工具如图 3—25 所示，包括刮水器与抹水器的组合、板刷与海绵块的组合、喷胶棉百洁布与海绵块的组合、推水器与板刷的组合。复合式的建筑物清洁保养工具加快了施工的效率，提高了施工质量。

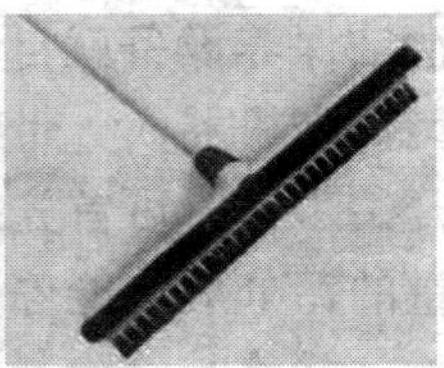

图 3—25　复合式的建筑物清洁保养工具

（2）推水器原是推积水的工具（见图 3—26），在建筑物清洁保养施工中，将推水器应用在地板打蜡的施工工艺中，提高了地板打蜡的效率和质量，使推水器有了新的用途。

图 3—26　推水器

3. 建筑物清洁保养工具朝着多规格的方向发展

建筑物清洁保养施工环境、场地、要求等各有不同，使建筑物清洁保养工具朝着多规格的方向发展。如不同规格的伸缩杆、不同规格的百洁布握把（见图 3—27）。

4. 建筑物清洁保养工具朝着机械化控制的方向发展

加装了储液箱的尘推和抹水器在施工中使用起来更方便，储液箱的流量阀门采用了电磁阀和活塞式拉动阀，清洁剂流量得到有效控制（见图 3—28）。

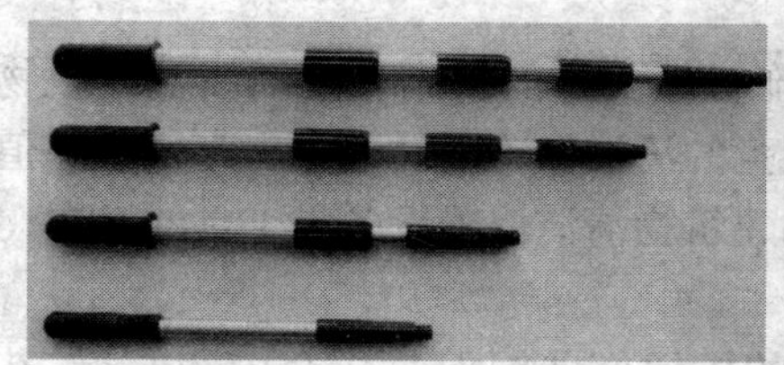

图 3—27　多规格的建筑物清洁保养工具

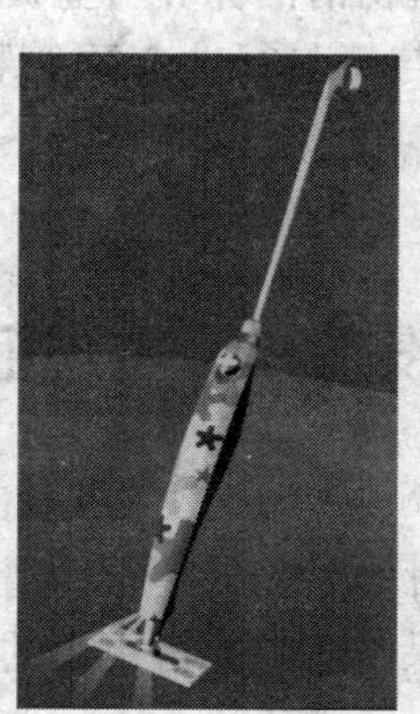
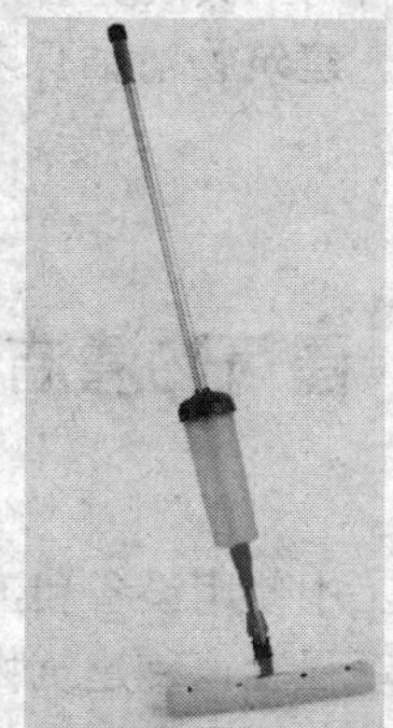

图 3—28　机械化控制的建筑物清洁保养工具

三、设备与工具的发展概述

建筑物清洁保养施工中设备、工具是必不可少的。建筑物清洁保养设备、工具的发展对建筑物清洁保养行业的发展有着非常重要的作用，二者是一种互补的关系。

1. 建筑物清洁保养设备与工具的发展建立在建筑物装饰材料发展的基础上

据不完全统计，一个大型的建材大卖场有 50 000 种以上的装饰材料品种，每年约有 20％的淘汰率。建筑物清洁保养行业主要面对建筑物表面装饰材料的清洁保养，淘汰率按 1％计算，每年约有 500 种以上的表面装饰材料品种被淘汰，同时也有 500 种以上新的表面装饰材料品种被应用。建筑物清洁保养行业要对这500种以上新的表面装饰材料品种进行清洁保养，就必须提供相应的新型建筑物清洁保养设备、工具。

2. 建筑物清洁保养设备与工具的发展建立在建筑物陈旧变化的基础上

截至2003年底，全国实有房屋建筑面积140.9亿平方米，全国实有住宅建筑面积89.1亿平方米。房屋建筑面积和住宅建筑面积，2003年比2002年均增长8亿平方米以上。从上面的数字得出一个结论，新房子增加不少，同时也说明一个问题，大量的建筑物逐渐陈旧。建筑物清洁保养行业主要面对建筑物表面装饰材料，使用期一般在10年以内，每年约有8亿平方米的建筑物表面装饰材料需要更新或翻新。因此，建筑物清洁保养施工设备、工具必须紧跟建筑物的陈旧变化。

3. 建筑物清洁保养设备与工具的发展建立在建筑物业主对建筑物清洁保养观念改变的基础上

20年中建筑物的剧增，建筑物业主对建筑物装饰材料要求的提高，逐渐改变建筑物业主对建筑物清洁保养观念，使之认识到建筑物进行规范的清洁保养是对业主房产增值保值的有效手段。建筑物清洁保养行业业务量的增加，推动建筑物清洁保养设备与工具的发展。

4. 建筑物清洁保养设备与工具行业自身的发展

建筑物清洁保养设备与工具行业不能算一个大的机械产业。但每年全国约有近10次大型建筑物清洁保养设备与工具展览会，为建筑物清洁保养行业提供新型、适用、能产生经济效益的机械、工具。建筑物清洁保养设备与工具行业与建筑物清洁保养行业相互促进、共同发展。

第二节　建筑物清洁保养设备、工具规范化使用

建筑物清洁保养施工中使用设备和工具的目的是提高建筑物清洁保养施工的质量和效率，减轻操作员工的劳动强度，使建筑物清洁保养施工取得更大的经济效益。

一、设备、工具规范化使用原则

1. 设备、工具安全使用。
2. 设备、工具使用符合技术要求。
3. 设备、工具使用符合人体的生理、心理特征。
4. 设备、工具使用符合建筑物清洁保养施工要求。

二、建筑物清洁保养设备安全操作规程的制定方法

1. 必须详细了解建筑物清洁保养设备的性能

（1）建筑物清洁保养设备动力源。

（2）建筑物清洁保养设备动力的配置方式。

(3) 建筑物清洁保养设备机械传动的方式。

(4) 建筑物清洁保养设备外形尺寸。

(5) 建筑物清洁保养设备附件的配置。

(6) 建筑物清洁保养设备附件的各项性能和用途。

(7) 建筑物清洁保养设备使用环境。

(8) 建筑物清洁保养设备功能。

2. 建筑物清洁保养设备安全操作规程的内容

(1) 对动力源的规定

1) 外接电源检查

①检查电源线。

②检查电源插头、插座。

③检查电源接地线。

④检查设备的电源开关。

2) 充电电池检查

①检查充电电池的储电量。

②检查充电电池槽的最低水位。

③检查充电电池与设备的连接。

④检查设备的电源开关。

3) 发动机动力检查

①检查油箱内油的储量。

②检查油管畅通。

③检查滤油网干净。

(2) 传动、变速机构的检查

1) 传动带传动、变速检查

①检查传动带的松紧度。

②检查传动带的磨损程度。

③检查传动带与传动带轮摩擦度。

2) 钢制齿轮传动、变速检查

①检查钢制齿轮的磨损程度。

②检查钢制齿轮间的润滑情况。

③检查钢制齿轮有无裂纹。

3) 塑料制齿轮传动、变速检查

①检查塑料制齿轮的磨损程度。

②检查塑料制齿轮有无裂纹。

③检查塑料制齿轮齿尖有无变形。

（3）建筑物清洁保养环境的察看及处理

1）污染源及建筑物装饰表面受污染情况。

2）建筑物清洁保养环境内有无易燃易爆物品、气体。

3）建筑物清洁保养环境内有无损害操作员工及其他人员的因素存在。

4）建筑物清洁保养环境内有无损害设备的因素存在。

5）建筑物清洁保养环境内有无损害被清洁保养的建筑物装饰表面的因素存在。

6）建筑物清洁保养环境内有无电源、水源及排污口。

7）建筑物清洁保养环境内人流情况。

8）建筑物清洁保养环境内的业态。

（4）建筑物清洁保养设备安全规范操作

1）设立隔离的操作施工区域。

2）安装设备相应的附件。

3）设定开启设备的步骤或程序。

4）设定关闭设备的步骤或程序。

（5）建筑物清洁保养设备安全规范操作善后工作

1）检查动力源系统。

2）擦拭设备。

3）妥善保存。

3. 对操作设备员工的要求

（1）年龄、性别、身高要求。

（2）文化程度。

（3）接受培训要求。

（4）按规定着装。

（5）按规定检查设备、环境等情况。

（6）按规定操作设备。

（7）做好善后工作。

（8）其他应注意的事项。

4. 建筑物清洁保养设备安全操作规程范例

以《多功能擦地机安全操作规程》为例，以下简称为《安全操作规程》。

（1）多功能擦地机的安全使用

1）多功能擦地机使用前检查

①使用机器以前，必须阅读和理解擦地机的《安全操作规程》。

②检查电源线有无磨损或损坏。

③电源线必须插在有接地线的插座上。

2）安装清洗垫驱动器和清洗垫

①将机器靠在轮子上，手杆向后直到手杆靠到地上。

②将清洗垫驱动器（清洗刷）放置在擦洗头的驱动器凸耳上，逆时针方向旋紧。

③将清洗垫放在已安装好的清洗垫驱动器上，用手拍紧。

④装好清洗垫或清洗刷后，将机器恢复到直立的位置。

3）调节操作杆高度

①将操作杆调至合适高度（不同牌号、型号的多功能擦地机的操作杆调节机构可能在其不同部位）。操作杆的合适高度一般应该为操作者的双臂微屈，操作杆手柄与操作者的身体有 5 cm 的距离。

②操作杆高度锁定。

4）起动机器

①将电源线背在操作者的左肩上。

②按下安全锁定按钮。

③将开关扭转柄向前扭转（有些多功能擦地机的开关为捏紧型的，只要用手掌捏紧多功能擦地机的开关手柄即可）。

④当机器起动后，松开安全锁定钮（不同型号的多功能擦地机安全锁定钮的位置不同）。

5）多功能擦地机的操作方法

①轻按手杆，擦地机转向左。

②轻抬手杆，擦地机转向右。

6）停止工作

①将擦地机扭转柄向后转（有些多功能擦地机的开关为捏紧型的，只要把手掌松开即可）。

②安全锁定钮会停止机器运转。在负荷过大时，断路器会断开。若断路，15 s 后按下手柄边电路断路器按钮。断路器复位，恢复正常操作。

（2）多功能擦地机的保养

1）使用结束后，必须卸下清洗垫驱动器或清洗刷，以防止损坏擦地机及附件。

2）使用结束后，将清洗垫、清洗刷清洗干净，晾干待用。

3）电源线在使用结束后，应绕在操作杆挂钩上，不得将电源线松散地挂在操作杆上。

4）检查电源线有无磨损或损坏。若有损伤，立即更换。电源线上的污垢应及时擦拭。

5）传动系统和电动机在出厂时已加过润滑油，使用时不必再加。

（3）多功能擦地机安全注意事项

1）发现以下情况，不得使用多功能擦地机

①操作者未受过专业培训。

②操作者未学习过《安全操作规程》。

③多功能擦地机运转处于不正常的条件下。

2）多功能擦地机使用前应对环境做以下检查

①清除地板、地毯上的松散物。松散物若粘在旋转的清洗垫或清洗刷上，会变成危险的抛射物。

②检查被清洗的环境内有无易燃液体或气体。若有，应采取安全措施。

③检查电源线和电源插座、插头有无损坏。

3）多功能擦地机使用时的注意事项

①操作者的手和脚要远离旋转的擦地头。

②操作时不得踩住电源线，或将电源线缠入擦地头内。

③操作者必须安全着装。

④工作区域不得超过电源线的长度。

⑤操作时不得擅自将操作手柄脱手。

⑥机器使用结束后，必须将电源线从插座上拔下。

⑦更换清洗垫或清洗刷时一定要切断电源，待擦地头停止旋转后方可更换。

三、建筑物清洁保养工具规范化操作程序的制定方法

建筑物清洁保养工具种类繁多，使用的功能、制作的材料、设计的结构各不相同，差异很大。因此，制定建筑物清洁保养工具规范化操作程序无太多的规律可言。

1. 必须详细了解工具的性能

（1）工具的使用功能。

（2）工具的制作材料。

（3）工具的设计结构。

（4）工具的使用环境。

2. 工具规范化操作程序的制定

（1）工具承载清洁保养材料的方式和承载清洁保养材料的含量。

（2）工具对建筑物装饰材料清洁保养的方式（去污方式）。

（3）工具对建筑物装饰材料表面不同污垢清洁保养的方式。

（4）提高工具对建筑物装饰材料清洁保养利用率，降低建筑物清洁保养施工成本。

（5）减轻操作员工的劳动强度。

（6）不能对操作员工的肢体有损伤。

（7）对工具的维护和清洗。

（8）工具的存放。

3. 对工具操作员工的要求

（1）接受培训要求。

（2）按规定着装。

（3）按规定检查工具的使用环境。

（4）按工具规范化操作程序操作。

（5）做好善后工作。

(6) 其他应注意的事项。

4. 工具规范化操作程序的范例

以《百洁布在清洁保养中的操作程序》为例。

(1) 将百洁布浸入稀释的清洁保养剂溶液中，使其空隙中饱含溶液。

(2) 用手将百洁布轻轻团紧，使百洁布空隙中所含的溶液含有量达到欲滴未滴的状态。

(3) 清除大面积的污垢，可用手掌将整块百洁布顶住，来回推拉擦拭。

(4) 清除顽固的污垢，可用手指顶住百洁布的局部擦拭，以增加百洁布的擦拭力。

(5) 对于小块凹坑内的污垢和角落位置的污垢，可将百洁布折叠，形成一个锥体，以其锥尖部分深入污垢处擦拭。

(6) 百洁布擦拭中应一面擦拭，一面浸入清洁保养剂溶液中，吸取清洁剂。

(7) 使用百洁布不应用力太大，以免使百洁布弹性纤维失去弹性，或损坏被清洁保养的建筑物装饰材料表面。

(8) 百洁布在清洁保养工作完毕后，应漂洗干净，以不拧干、自然滴水晾干为宜。这种方法可保持百洁布纤维的弹性和百洁布中密集的孔隙。

第三节 建筑物清洁保养设备、工具的规范化管理

建筑物清洁保养专业公司要取得较高的经济效益和长足的发展，做好设备、工具的规范化管理是管理工作的基础。

一、购置设备、工具的原则与程序

1. 购置设备、工具的原则

(1) 购置的设备、工具是建筑物清洁保养施工必需的。

(2) 购置的设备、工具有助于提高建筑物清洁保养施工的经济效益。

(3) 购置的设备、工具有助于减轻员工的劳动强度。

(4) 购置的设备、工具对建筑物清洁保养专业公司的发展有积极的影响。

(5) 购置的设备、工具有助于建筑物清洁保养行业的发展。

2. 购置设备、工具的程序

(1) 选型

1) 实用性强。购置的设备、工具必须实用，最佳的设备应该是一机多用；最佳的工具应该是通用的或多用途的。

2) 性价比高。购置的设备、工具是最新的型号、较多的功能、合理的价格。

3) 操作简便。选购的工具容易操作。

4) 维修有保证。生产厂家和供应商有良好的信誉，产品售后维修方便及时。

5）付款方式多样。有分期付款、赊销、租赁等付款方式。

（2）购置

1）填写《设备、工具购置申请单》（见表 3—1）。

表 3—1　　设备、工具购置申请单

设备、工具名称	型号	生产厂家	单价	购置量
设备、工具购置申请理由： 申请单位（人）： 年　月　日				
领导批示：				
备注：				

2）主管负责人、公司领导批示同意购置。

3）《设备、工具购置申请单》交采购部门购置。

（3）入库

1）填写《设备、工具购置入库单》（见表 3—2）。

表 3—2　　设备、工具购置入库单　　年　月　日

设备、工具名称	型号	生产厂家	单价	入库量
备注				

购置人：

2）购置的设备、工具凭发票及《设备、工具购置入库单》报账。

3）购置的设备、工具摊销"折旧费"。

二、设备、工具的使用

1. 领用

（1）确定设备的使用点和使用人。设备可以由使用点的负责人领用，也可以直接由设备使用人领用。

（2）工具一般由使用人领用。

（3）填写《设备、工具领用单》和《设备、工具个人使用卡》。

凡领用设备、工具必须填写《设备、工具领用单》（见表3—3）。《设备、工具领用单》应进入《设备、工具台账》。

表3—3　　设备、工具领用单　　年　月　日

设备、工具名称	型号	生产厂家	数量	备注

批准人：　　领用人：

《设备、工具个人使用卡》每位员工一卡，凡领用设备、工具必须填写《设备、工具个人使用卡》（表3—4）。《设备、工具个人使用卡》保存在设备、工具库房管理员处。

表3—4　　设备、工具个人使用卡

<table>
<tr><td colspan="2">姓名</td><td></td><td>部门</td><td></td><td>编号</td><td></td></tr>
<tr><td>序号</td><td>领用时间</td><td>设备、工具名称</td><td>型号</td><td>数量</td><td colspan="2">签名</td></tr>
<tr><td>1</td><td></td><td></td><td></td><td></td><td colspan="2"></td></tr>
<tr><td>2</td><td></td><td></td><td></td><td></td><td colspan="2"></td></tr>
<tr><td>3</td><td></td><td></td><td></td><td></td><td colspan="2"></td></tr>
<tr><td>4</td><td></td><td></td><td></td><td></td><td colspan="2"></td></tr>
<tr><td>5</td><td></td><td></td><td></td><td></td><td colspan="2"></td></tr>
<tr><td>6</td><td></td><td></td><td></td><td></td><td colspan="2"></td></tr>
<tr><td>7</td><td></td><td></td><td></td><td></td><td colspan="2"></td></tr>
<tr><td>8</td><td></td><td></td><td></td><td></td><td colspan="2"></td></tr>
<tr><td>9</td><td></td><td></td><td></td><td></td><td colspan="2"></td></tr>
<tr><td>10</td><td></td><td></td><td></td><td></td><td colspan="2"></td></tr>
</table>

2. 使用

（1）工具一般由个人领用、保管、使用。

（2）设备可以由使用点的负责人领用、集体使用，并确定保管人。

（3）设备可以由设备使用人领用，个人保管，个人使用。

（4）设备使用必须填写《设备使用日志》（见表3—5）。

《设备使用日志》由设备保管人如实填写、妥善保存。公司设备管理部门每月末收回

当月《设备使用日志》，发放下月《设备使用日志》。

公司统计部门每周调阅《设备使用日志》，从中了解设备的使用情况，统计设备使用的时间，测算设备利用率，以求得设备使用后的经济效益最大化。如发现《设备使用日志》中存在问题应及时向上级部门汇报，并及时处理。

表 3—5　　设备使用日志　　年　月　日

设备名称		设备编号		设备所在部门	
使用时间	使用地点		施工内容		设备运行情况

设备使用日志填写者签名：

（5）在设备明显处标有公司名称及设备编号。

（6）设备使用点或设备保管、存放点应有《设备安全操作规程》《设备管理要求》等管理文件。

三、设备、工具的保养与维护

正确的设备、工具保养与维修可以延长设备、工具的使用寿命，降低施工成本，提高经济效益。

1. 工具的保养与维护

（1）制定工具的保养与维护规范。

（2）工具的保养与维护由使用人负责。

2. 设备的保养与维护

（1）制定设备的保养与维护规范。

（2）设备的保养与维护由保管人负责。

四、设备的修理

1. 设备的修理应填写《设备修理申请单》（见表 3—6）。

表 3—6　　设备修理申请单

设备名称		设备编号		设备所在部门	

设备修理申请理由：

申请单位（人）：

年　月　日

领导批示：

备注：

2. 设备的修理应由专人负责。

3. 修理的设备在保修期内，应由设备负责部门联系修理事项或经济索赔事宜。

五、设备、工具报废的原则与程序

1. 设备、工具报废的原则

(1) 设备、工具在使用时会影响建筑物清洁保养工的安全。

(2) 设备、工具已经无法使用和修复。

(3) 设备、工具在使用时会影响建筑物清洁保养的施工质量。

2. 设备、工具报废的程序

(1) 填写《设备、工具报废申请单》(见表 3—7)。工具报废由工具使用人填写《设备、工具报废申请单》；设备报废由设备使用点的负责人或保管人、使用人填写《设备、工具报废申请单》。

表 3—7　　设备、工具报废申请单

设备、工具名称	型号	生产厂家	单价	报废量

设备、工具报废申请理由：

申请单位（人）：

年　月　日

领导批示：

备注：

（2）工具报废

1）工具达到使用期限，可以报废。

2）工具未达到使用期限，已无法使用，追究责任后，经主管负责人批准，可以报废。

（3）设备报废

1）设备达到使用期限，经主管负责人批准，可以报废。

2）设备未达到使用期限，已无法使用，追究责任后，经主管负责人批准、公司领导批示同意，可以报废。

（4）批准生效的《设备、工具报废申请单》交设备主管部门和财务部门。设备主管部门将报废设备账册注销。财务部门将未到折旧期报废设备的剩余折旧费在当月成本中全部摊销。

单元测试题

简答题

1. 简述建筑物清洁保养设备的发展方向。
2. 简单介绍程序控制型智能化建筑物清洁保养设备。
3. 举例说明建筑物清洁保养工具朝着复合式、多用途的方向发展。
4. 设备、工具规范化使用原则是什么？
5. 制定建筑物清洁保养工具规范化操作程序必须详细了解工具的哪些内容？
6. 购置工具的原则有哪些？
7. 设备报废的程序有哪些？

单元测试题答案

简答题

1. 答：（1）建筑物清洁保养设备朝着多用途方向发展。

（2）建筑物清洁保养设备朝着专业化方向发展。

（3）建筑物清洁保养设备朝着系列化方向发展。

（4）建筑物清洁保养设备朝着智能化方向发展。

2. 答：程序控制型智能化建筑物清洁保养设备内安装有 PC 单片机，存储有一定的程序。只需操作员工将智能化建筑物清洁保养设备放置在规定的施工位置，按动启动按钮，智能化建筑物清洁保养设备就自动操作，无需操作员工操作。一种外形像一个圆饼的新型清洁机器人，带有真空吸尘装置，能自动在房间内行走，吸走脏物。在开始工作时可首先对需要清洁的房间面积进行测算，得出清洁工作所需时间；在发现较严重的污处后，能停下来采用强力清洁模式进行重点清洁；能发现像胡椒粉末一样微小的脏物，并将其清除；

在完成清洁任务后，能自动返回基座，进行充电，为执行下一次清洁任务做好准备。

3. 答：（1）复合式的建筑物清洁保养工具包括刮水器与抹水器的组合、板刷与海绵块的组合、喷胶棉百洁布与海绵块的组合、推水器与板刷的组合，它加快了施工的效率，提高了施工质量。

（2）推水器原是推积水的工具，在建筑物清洁保养施工中，将推水器应用在地板打蜡的施工工艺中，提高了地板打蜡的效率和质量，使推水器有了新的用途。

4. 答：（1）设备、工具安全使用。

（2）设备、工具使用符合技术要求。

（3）设备、工具使用符合人体的生理、心理特征。

（4）设备、工具使用符合建筑物清洁保养施工要求。

5. 答：（1）工具的使用功能。

（2）工具的制作材料。

（3）工具的设计结构。

（4）工具的使用环境。

6. 答：（1）购置的设备、工具是建筑物清洁保养施工必需的。

（2）购置的设备、工具有助于提高建筑物清洁保养施工的经济效益。

（3）购置的设备、工具有助于减轻员工的劳动强度。

（4）购置的设备、工具对建筑物清洁保养专业公司的发展有积极的影响。

（5）购置的设备、工具有助于建筑物清洁保养行业的发展。

7. 答：（1）设备达到使用期限，经主管负责人批准，可以报废。

（2）设备已无法安全使用，经主管负责人批准，可以报废。

（3）设备未达到使用期限，已无法使用，追究责任后，经主管负责人批准，公司领导批示同意，可以报废。

（4）批准生效的《设备、工具报废申请单》交设备主管部门和财务部门。设备主管部门将报废设备账册注销。财务部门将未到折旧期报废设备的剩余折旧费在当月成本中全部摊销。

第四单元　建筑物清洁保养的气象环境

第一节　建筑物清洁保养的气象环境概述

一、建筑物清洁保养中的气象环境概述

自从人类有了栖身之地，建筑物就存在于大自然中，承受着自然界各种因素的侵蚀和破坏。随着建筑物向更高、更大、结构更复杂的方向发展，建筑物装饰材料表面与大气接触的面积越来越大，天气对建筑物装饰材料表面的影响也随之增加，受到大气中污染物的污染程度也越加严重。建筑物清洁保养的目的，就是清除建筑物装饰材料表面的污染物，使建筑物装饰材料得到保养，因此必须关注建筑物装饰表面在不同气象条件下的变化。

产业革命以来，工业飞速发展，人口急剧增长，消耗了大量的煤、石油、天然气等燃料，排出的二氧化硫、二氧化碳等大气污染物的数量日益增多。早在 1861 年就有学者指出，大气中二氧化碳含量增加，温室效应会增强，可能影响气候。到 20 世纪 50—60 年代，一些工业集中的地区和城市相继发生严重的大气污染事件，其原因之一是排入大气中的污染物数量大和浓度高；二是气象条件不利于大气污染物的扩散和迁移。为了控制和消除大气污染，一些国家开展了城市或区域性的大气污染物输送、扩散、迁移和转化规律的实验和研究，并在一些污染严重的地区开展了大气污染预报的研究。20 世纪 70 年代，在全球范围内出现了频繁的气候灾害，如非洲出现严重干旱等，人们把这些现象归因于大气污染。这样就推动了许多气象学者不仅进行气象因素对污染物扩散影响的研究，而且开展

了大气污染对天气、气候影响的研究，创立了污染气象学。要使建筑物得到合理、有效、完善的清洁保养，就必须关注污染气象学，因为各种不同的气象现象，都会对建筑物的装饰材料表面和建筑物清洁保养工艺产生不同的影响。

气候的变化，会使建筑物装饰材料表面的清洁保养受到影响。建筑物清洁保养是在局部气象环境中进行施工的工程，局部气象环境受到城市气象环境的影响，因此必须了解被清洁保养的建筑物周边的气象环境，研究大环境对局部、特有气象环境中建筑物装饰材料表面所产生的污染、污染的程度和对建筑物清洁保养的策略。

污染物在大气中的扩散和输送受风和温度的空间分布的制约，而大气湍流运动则引起污染物的稀释和再分配。风和温度的空间分布、大气湍流状况同水面、陆面、植被、城市及地形有密切关系。水面、陆面、植被、城市及地形状况不同，也会影响污染物的输送和扩散过程。污染物的输送和扩散过程就是建筑物装饰材料表面被迫接受污染物和受到腐蚀的过程。

城市热岛效应使城市温度的垂直分布在白天和夜晚都是递减的，形成城市混合层。污染物的垂直扩散受到限制，混合层内的污染物浓度趋于均匀。热岛效应形成热岛环流，还会增加辐合区的污染。辐合上升气流使高烟囱的烟气上升，减少了对城市的污染。由于城市对气流的扰动和城市大气的热对流造成的湍流比平原地区强，所以，城市大气扩散的能力比平原大得多。大气扩散能力的增强，又从另一方面使建筑物装饰材料表面的污垢得到了分离，使建筑物装饰材料表面清洁保养强度、难度降低。

在重力作用下，大气中一些颗粒物会沉降到地面，大气降水能冲洗大气中的污染物。雨雪在降落过程中通过碰撞而捕获大气中的颗粒物，捕获量同雨滴大小、颗粒物大小和密度有关。雪花比雨滴体积大、降落慢，同样的降水量，雪的冲刷能力比雨大。气态污染物是通过分子扩散被雨雪溶解的，气体的分子扩散系数越大，溶解度越大，清洗作用也就越大。因此，由于降水的冲刷作用使大气中的污染物浓度显著降低。城市污染源向大气中排放大量颗粒物，这些颗粒物作为凝结核把水汽凝聚成水滴，在热岛辐合上升气流的作用下形成降水。不同的降水方式，使建筑物装饰材料表面的污染程度产生了不确定性，但是较多的降水会使建筑物装饰材料表面，尤其是外墙清洁保养次数减少。

污染物在大气环境诸因素的影响下发生极为复杂的化学反应。这些反应可使污染物毒性增强、减弱、丧失，或者形成新的污染物。二氧化硫在日光照射下可氧化成三氧化硫。三氧化硫溶于大气中的水，形成硫酸雾。二氧化硫也可溶于水，形成亚硫酸，再氧化成硫酸。氮氧化物与臭氧化合溶于大气中的水，可形成硝酸。硫酸和硝酸可使雨水酸化，也可能与其他物质化合形成盐类。酸雨的形成，使建筑物装饰材料表面直接接触到腐蚀物质，增加了建筑物装饰材料表面清洁保养的难度。

建筑物清洁保养与气象环境、污染气象学的有机结合，形成了建筑物清洁保养对气象环境的认识，使建筑物清洁保养的理论研究上升到一个新的高度。大气的变化证明了人类本身也参与了气象过程，并且影响力越来越大，其中也包括对建筑物清洁保养的气象环境认识。

二、环境空气质量标准与建筑物清洁保养的关系

国家环境保护局 1996 年 1 月 18 日批准，1996 年 10 月 1 日实施的 GB 3095—1996 中华人民共和国《环境空气质量标准》，是根据《中华人民共和国环境保护法》和《中华人民共和国大气污染防治法》，为改善环境空气质量、防止生态破坏、创造清洁适宜的环境、保护人体健康制定的。

《环境空气质量标准》规定了环境空气质量功能划分、标准分级、污染物项目、取值时间、浓度限值、采样与分析方法及数据统计的有效性规定等。在《环境空气质量标准》中，与建筑物清洁保养有着密切关系的是环境空气（人群、植物、动物和建筑物所暴露的室外空气）和空气质量的总悬浮颗粒物（TSP）、可吸入颗粒物（PM_{10}）、二氧化硫（SO_2）、氮氧化物（NOx）。

总悬浮颗粒物指能悬浮在空气中、空气动力学当量直径≤100 μm 的颗粒物，记作 TSP，是大气质量评价中一个通用的重要污染指标。

总悬浮颗粒物的浓度以每立方米空气中总悬浮颗粒物的毫克数表示，用标准大容量颗粒采样器在采样效率接近 100%滤膜上采集已知体积的颗粒物，恒温恒湿条件下，称量采样前后采样膜质量来确定采集到的颗粒物质量，再除以采样体积，得到颗粒物的质量浓度。

可吸入颗粒物指悬浮在空气中、能进入人体的呼吸系统、空气动力学当量直径≤10 μm 的颗粒物，记做 PM_{10}。可吸入颗粒物的浓度以每立方米空气中可吸入颗粒物的毫克数表示。可吸入颗粒物也称为飘尘，颗粒物的直径越小，形成的固体污垢越难从建筑物装饰材料表面去除。

氮氧化物（NOx）指空气中主要以一氧化氮和二氧化氮形式存在的氮的氧化物。二氧化硫（SO_2）和氮氧化物（NOx）是造成雨水酸化最主要的污染物。

《环境空气质量标准》规定的是总悬浮颗粒物（TSP）和可吸入颗粒物（PM_{10}）的日平均浓度限值，见表 4—1。

表 4—1　总悬浮颗粒物（TSP）和可吸入颗粒物（PM_{10}）的日平均浓度限值

污染物名称	取值时间	浓度限值（mg/m³）		
		一级标准	二级标准	三级标准
总悬浮颗粒物 TSP	日平均	0.12	0.30	0.50
可吸入颗粒物 PM_{10}	日平均	0.05	0.15	0.25

环境空气质量标准分别对总悬浮颗粒物（TSP）和可吸入颗粒物（PM_{10}）规定了浓度限值，而建筑物清洁保养所面对的是总悬浮颗粒物（TSP）和可吸入颗粒物（PM_{10}）的总合——灰尘。因此，无论是环境空气质量标准中的一级标准，还是环境空气质量标准中的三级标准，灰尘总是存在的，只是存在的多少之分。

就直径≤100 μm大小的总悬浮颗粒物（TSP），《环境空气质量标准》规定的一级标准浓度限值0.12 mg/m³而言，其存在的形式是在相对的平面上，有轻微的可见灰尘。建筑物清洁保养的去污理论认为，灰尘的体积越小，去污越困难。以上说明，环境空气质量标准与建筑物清洁保养有着密切的关系，这种关系又与天气联系在一起，属于建筑物清洁保养中气象环境的一部分。

第二节　风与建筑物清洁保养

风就是流动的空气。空气加热后会膨胀，导致密度变小，空气上升；冷却后则会缩小，密度增大，空气下降，这是温度的变化所造成的空气流动。如果范围小，空气流动所形成的风也很小，不会有很明显的感觉；如果涉及范围较广，温度高低差又较大时，就会出现较强的风。

气压的变化也会使空气流动，空气被挤压之后使得气压升高，为了平衡，空气就要往气压比较低的地方流动，使气压改变产生了风。

大自然中，随时有温度、气压产生差异的现象，也就随时有风出现。人们不仅用这种规律来解释风的起因，还用这些规律来预测风的行踪。

一、风力等级与建筑物清洁保养的关系

1. 风力等级

风力等级与陆地地面物体现象见表4—2。

表4—2　风力等级与陆地地面物体现象

风力等级	陆地地面物体现象	相当风速	
		km/h	m/s
0	静，烟直上	小于1	0～0.2
1	烟能表示风向	1～5	0.3～1.5
2	感觉有风，树叶微动	6～11	1.6～3.3
3	树叶及微枝摇动不息，旌旗展开	12～19	3.4～5.4
4	能吹起地面灰尘和纸张，树的小枝摇动	20～28	5.5～7.9
5	有叶的小树摇摆，内陆的水面有小波	29～38	8.0～10.7
6	大树枝摇动，电线呼呼有声，举伞困难	39～49	10.8～13.8
7	全树动摇，迎风步行感觉不便	50～61	13.9～17.1
8	微枝折毁，人向前行感觉阻力甚大	62～74	17.2～20.7

续表

风力等级	陆地地面物体现象	相当风速	
		km/h	m/s
9	草房遭受破坏，大树枝可折断	75～88	20.8～24.4
10	树木可被吹倒，一般建筑物遭破坏	89～102	24.5～28.4
11	陆上少见，大树可被吹倒，一般建筑物遭严重破坏	103～117	28.5～32.6
12	陆上绝少，其摧毁力极大	118～133	32.7～36.9

2. 风力等级与污染源

(1) 风力 0～1 级，风速 0～1.5 m/s，基本上属于空气静止状态。颗粒物（污染物质）漂浮在空气中，空气中的颗粒物（污染物质）浓度又不断增加，空气品质就越来越差。建筑物外墙装饰材料表面在太阳辐射和静电作用下，空气中的颗粒物（污染物质）在重力的作用下，使空气中漂浮的颗粒物（污染物质）不断地向建筑物外墙装饰材料表面靠拢，吸附、沾染在建筑物表面。

(2) 风力 2～3 级，风速 1.6～5.4 m/s，微风。颗粒物（污染物质）漂荡在空气中，部分颗粒物（污染物质）在重力的作用下迅速下沉，降落在地面和建筑物上。但是由于2～3级风为较低的风速，风对建筑物外墙装饰材料表面产生不间断的轻拂，使建筑物外墙装饰材料表面与轻拂的风之间存在静电联系，将空气中的颗粒物（污染物质）不间断地吸附到建筑物外墙装饰材料表面，成为建筑物外墙装饰材料表面上的污垢。这种通过静电吸附到建筑物外墙装饰材料表面的污垢较难清除。

(3) 风力 4～5 级，风速 5.5～10.7 m/s，明显有风。风在各类建筑物之间形成切变，风力增大，颗粒物（污染物质）由于气流的流动而迅速地扩散，空气中的颗粒物（污染物质）无法在建筑物外墙装饰材料表面上留存。建筑物外墙装饰材料表面凹凸面和缝隙中灰尘等污垢在风的驱动下，从建筑物外墙装饰材料表面上去除。风起到了建筑物清洁保养的作用。

(4) 风力 6 级以上，风速 10.8 m/s 以上，大风至狂风。这类风大都伴随着其他的气象现象，如大雨、暴雨、沙尘暴、寒潮等。就风而言，6 级以上大风可以将浮在建筑物装饰材料表面的污垢吹掉。但是大风将地面的沙砾等大颗粒灰尘卷起，再次污染建筑物外墙装饰材料表面，建筑物室内的空气污染加剧，室内清洁保养的工作量增加。

二、沙尘污染严重影响建筑物的清洁保养

1. 沙尘天气概念

沙尘天气是指强风从地面卷起大量沙尘，使空气混浊、大气能见度极低的一种天气现象。它是北非、中东、美国南部、俄罗斯的中亚地区、我国西北和华北等干旱荒漠区特有的一种灾害性天气。沙尘天气的影响范围一般都在 100 万平方千米以上，发生在我国西北的强沙尘暴，其产生的沙尘，可影响到东南亚和日本等国家。

2. 沙尘天气的分类

沙尘天气可分为浮尘、扬沙、沙尘暴和强沙尘暴四类。

浮尘：尘土、细沙均匀地浮游在空中，使水平能见度小于 10 km 的天气现象。由于天空呈土黄色，俗称落黄沙。

扬沙：风将地面尘沙吹起，使空气相当混浊，水平能见度在 1～10 km 以内的天气现象。

沙尘暴：强风将地面大量尘沙吹起，使空气很混浊，水平能见度小于 1 km 的天气现象。

强沙尘暴：最大风力可达 12 级，风速大于 32.6 m/s，大风将地面尘沙吹起，使空气很混浊，水平能见度小于 500 m 的天气现象。水平能见度在 50 m 以下时俗称黑风。

沙尘暴严重污染环境，在沙尘暴源地和影响区，大气中的可吸入颗粒物（TSP）增加，大气污染加剧。以 1993 年“5・5”特强沙尘暴为例，甘肃省金昌市室外空气的 TSP 浓度达到 1 016 mg/m^3，室内为 80 mg/m^3，超过国家标准的 40 倍。2000 年 3—4 月，北京地区受沙尘暴的影响，空气污染指数达到 4 级以上的有 10 天，同时影响到我国东部许多城市。2000 年 3 月 24—30 日，南京、杭州等 18 个城市的日污染指数超过 4 级。上海南京路步行街上，光洁的大理石路面上被一层黄黄的泥沙覆盖，行人走过之处，留下了一行行清晰的脚印。停在道路两边的轿车，都变成了土黄色。可以想象，受到沙尘暴污染的建筑物，大大地增加了清洁保养的施工难度。

第三节　雨与建筑物清洁保养

一、雨量分级与建筑物清洁保养的关系

1. 降水量标准

在气象上通常用某一段时间内降水量的多少来划分降水强度。最常用的对降雨的分类方法是按降水量的多少来划分降雨的等级。根据我国气象部门规定的降水量标准，降雨可分为小雨、中雨、大雨、暴雨、大暴雨和特大暴雨 6 种，见表 4—3。

表 4—3　　**雨的降水量标准**　　mm

种类	24 h 降水量	12 h 降水量
小雨	小于 10.0	小于 5.0
中雨	10.0～24.9	5.0～14.9
大雨	25.0～49.9	15.0～29.9
暴雨	50.0～99.9	30.0～69.9
大暴雨	100.0～249.0	70.0～139.9
特大暴雨	250.0 以上	140.0 以上

降水量是用来衡量降水多少的一个概念，它是指雨水既不流走，也不渗透到地里，同时又不被蒸发掉而积聚起来的水的深度，通常以毫米（mm）为单位。

2. 降水量与污染源

（1）小雨。雨滴下降清晰可辨，地面全湿，但无积水或积水形成很慢。对建筑物外围地面环境的清洁保养十分有帮助，地面的沙砾等大颗粒污垢和灰尘均可去除。小雨将建筑物外墙面装饰材料表面的部分污垢去除，但由于雨水没有冲刷力，使得建筑物外墙面装饰材料表面留有明显的污垢痕迹。

（2）中雨。雨滴下降连续成线，雨滴四溅，可闻雨声，地面积水形成较快。对建筑物外围地面环境的清洁保养十分有帮助，不仅将地面的沙砾等大颗粒污垢和灰尘均去除，而且雨水冲刷了建筑物外围地面环境，起到了高压清洗机的作用。中雨对建筑物外墙面装饰材料表面有一定的冲刷力，能将建筑物外墙面装饰材料表面的部分污垢去除。如果中雨属于地形雨、锋面雨等长时间的降水，雨水中的腐蚀性物质就会侵入建筑物外墙装饰材料肌体深部，使建筑物外墙装饰材料从结构上受到损害，并使室内清洁保养受到阻碍。

（3）大雨。雨滴下降模糊成片，四溅很高，雨声激烈，地面积水形成很快。

（4）暴雨。雨如倾盆，雨声猛烈，开窗说话时，声音受雨声干扰而听不清楚，积水形成极快，下水道往往来不及排泄，常有外溢现象。

大雨、暴雨对建筑物外围地面环境的清洁保养十分有帮助，不仅将地面的沙砾等大颗粒污垢和灰尘均去除，而且冲刷了建筑物外围地面环境。由于在较短的时间内有较多的降水，如果建筑物外围地面环境的地面排水缓慢，将雨水冲刷下来的污垢就会沉积在地面上，形成再次污染。大雨、暴雨对建筑物外墙面装饰材料表面有较强的冲刷力，能将建筑物外墙面装饰材料表面的污垢迅速去除。

（5）连续性降水。雨连续不断地下，而且比较均匀，强度变化不大，一般下的时间长，范围广。因降水量较大，能将建筑物外墙面装饰材料表面的污垢去除。但降水时间长，降水强度小时，雨水中的腐蚀性物质易侵入到建筑物外墙装饰材料肌体深部，使建筑物外墙装饰材料从结构上受到损害；由于空气中的湿度大，使室内清洁保养受到阻碍。

（6）间断性降水。雨时下时停，或强度有明显变化，但是这个变化比较缓慢，下的时间时短时长。因为降水强度较大，对建筑物外墙面装饰材料表面有较强的冲刷力，能将建筑物外墙面装饰材料表面的污垢去除。但降水时间长，雨水中的腐蚀性物质易侵入到建筑物外墙装饰材料肌体深部，使建筑物外墙装饰材料从结构上受到损害；由于空气湿度较大，室内清洁保养也会受到阻碍。

（7）阵性降水。其特点是骤降骤停或强度变化很突然，下降速度快，强度大，但往往时间不长，范围也不大。对建筑物外围地面环境的清洁保养十分有帮助，不仅将地面的沙砾等大颗粒污垢和灰尘均去除，而且雨水冲刷了建筑物外围地面环境。对建筑物外墙面装饰材料表面有较强的冲刷力，能将建筑物外墙面装饰材料表面的污垢迅速去除，是建筑物清洁保养的好帮手。

二、酸雨和碱雨严重影响建筑物的清洁保养

1. 酸雨

（1）酸雨的概念。酸雨，正确的名称应为“酸性湿沉降”，由于大气中含有大量的 CO_2，故正常雨水本身略带酸性，pH 值约为 5.6，因此，一般将雨水中的 pH 值小于 5.6 的称为酸雨。造成雨水酸化的污染物很多，其污染来源大致可分为两类，其一为自然物质，其二为人为物质。前者如火山爆发喷出大量的硫化物及悬浮固体物，自然水域表面释放的硫化氢，动植物分解产生的有机酸，土壤微生物及海藻释放的硫化氢、二甲基硫及氮化物等，都会使雨水 pH 值降至 5.0 左右；后者则为燃料的大量使用，燃烧过程中产生 CO、HC、SO_2、NO_2 及悬浮固体物，排放至大气环境中，经光化学反应生成硫酸、硝酸等酸性物质使得雨水 pH 值降低，形成酸雨。

（2）酸雨严重污染环境。酸雨能使非金属建筑材料（混凝土、砂浆和灰砂砖）表面硬化、水泥溶解，出现空洞和裂缝，导致强度降低，从而使建筑物损坏。砂浆混凝土墙面经酸雨侵蚀后，出现“白霜”，这种“白霜”就是石膏（硫酸钙）。科学家曾收集许多被酸雨毁坏的石灰石和大理石建筑材料，分析发现该样品的碳酸盐的颗粒中总是嵌入硫酸钙晶体，认定与酸雨有关。

重庆市 1956 年建成的重庆体育馆水泥栏杆，由于酸雨腐蚀，石子外露深达 1 cm 之多，按时间估计，平均每年侵蚀 0.4 mm，数字十分惊人。这种水泥栏柱石子外露现象，在路旁电线杆上也经常发生。

建筑材料变脏、变黑，影响城市市容质量和城市景观，被人们称之为“黑壳”效应。天然汉白玉大理石，3～8 年之后，完全变色，失去光泽；酸雨使油漆泛白、褪色；受酸雨淋的酚醛磁漆及醇醛磁漆，大约两个月开始变色，失去光泽。

著名的杭州灵隐寺的“摩崖石刻”近年来经酸雨侵蚀（见图 4—1），佛像眼睛、鼻子、耳朵等剥蚀严重，面目皆非（见图 4—2），修补后，古迹不“古”。碑for、石刻大都由石灰岩雕成，遇到酸雨立即起化学反应，酸碱中和，即被腐蚀。

图 4—1　酸雨侵蚀的石刻

图 4—2　剥蚀严重的佛像

1994年重庆及其郊区下了数场黑雨，色如墨汁，且有强酸性。经化学分析，黑色物是煤屑，在锅炉内未充分燃烧，一些炭粒通过烟囱排向高空。黑雨是酸雨发展到某种极端情况。

酸雨给建筑物清洁保养提出了要求，只要在酸雨过后，立即对建筑物进行清洁保养，将建筑物装饰材料表面的酸性污垢彻底清洗掉，使建筑物装饰材料表面得到保养，便可免除建筑物装饰材料被酸雨腐蚀、污染。

同一场雨，广州电视台塔上雨水pH值3.84，地面为4.09；浙江建德市电视塔上雨水pH值是5.55，地面是6.26；上海大厦楼顶雨水pH值为5.08，地面为5.40；上海宾馆楼顶雨水pH值为4.79，地面为5.13。科学家测定同一场雨楼顶和地面pH值不同。对于仅有六层高的居民楼，pH值差别不明显。这种高层建筑物雨水pH值测定，为建筑物外墙面的清洁保养提供了依据。

2. 碱雨

科学家把pH值大于7.0的降水叫“碱雨”。20世纪80年代，我国著名的化工城市吉林收集到碱雨。该市有座合成氨化肥生产联合企业，由于管理不善，有相当量的氨气跑冒滴漏到大气中，被降水冲刷，形成碱雨。它发生在一地、一时间段，未造成明显灾害，比较易于控制。因此，从灾害角度而言，碱雨没有酸雨破坏性强。但从科学角度而言，二者形成的道理是一样的，都是降水在高空中冲刷酸碱物质的结果。

第四节　其他天气对建筑物清洁保养的影响

一、雾、霜、露的天气

1. 雾的成因

雾是由浮游在空气中的小水滴或冰晶组成的水汽凝结物。雾生成在大气的近地面层中，当饱和空气继续冷却，便会凝结。凝结的水滴如使水平能见度降低到1 km以内时，就形成雾。风力微和，大气层较稳定，并有大量的凝结核存在时，最容易生成雾。工业区和城市中心形成雾的机会较多，雾与建筑物外墙装饰材料表面直接接触。过大的风速和强烈的扰动不利于雾的生成。

2. 霜的成因

霜是一种白色的冰晶，多形成于夜间。夜间空气和建筑物外墙装饰材料表面之间有一个温度差。如果温度差主要是由建筑物外墙装饰材料表面辐射冷却造成的，当较暖的空气与较冷的建筑物外墙装饰材料表面相接触时空气就会冷却，水汽达到饱和的时候多余的水汽就会析出。在0℃以下，多余的水汽就在建筑物外墙装饰材料表面上凝结为冰晶，这就是霜。日出后不久霜就会融化。风影响霜的形成，当风速达到3级或3级以上时，霜就不容易形成。

3. 露的成因

露的形成原因和过程与霜一样，只不过它形成时的温度在0℃以上。在0℃以上，空气因冷却而达到水汽饱和时的温度叫做“露点温度”。在温暖季节里，夜间建筑物外墙装饰材料表面强烈辐射冷却的时候，与建筑物外墙装饰材料表面相接触的空气温度下降，当降到“露点”以后就有多余的水汽析出。因为这时温度在0℃以上，这些多余的水汽就凝结成水滴附着在建筑物外墙装饰材料表面上，这就是露。露和霜一样，也大都出现于无风或微风的夜晚。日出以后，温度升高，露便蒸发消失。

4. 雾、霜、露成因的分析

(1) 雾、霜、露成因的一致性

1) 都是空气中的小水滴或冰晶组成的水汽凝结物。

2) 水汽凝结物都凝结在建筑物外墙装饰材料表面上。

3) 无风或微风的情况下，才能形成雾、霜、露。

(2) 雾、霜、露成为污染源分析

1) 无风或微风的情况下，空气基本上属于相对静止状态，颗粒物（污染物质）漂浮在空气中，空气中的颗粒物（污染物质）浓度又不断地增加，因此形成雾、霜、露的水汽中存在大量的颗粒物（污染物质）。

2) 雾、霜、露都以水汽凝结物的形式凝结在建筑物外墙装饰材料表面上。因此水汽凝结物中大量的颗粒物（污染物质）就直接地黏附在建筑物外墙装饰材料表面上，污染建筑物外墙装饰材料表面。

3) 雾、霜、露天气现象后，一般都是晴天。存在大量颗粒物（污染物质）的雾、霜、露直接凝结在建筑物外墙装饰材料表面上，当太阳出来后，形成雾、霜、露的水汽蒸发，大量颗粒物（污染物质）就牢固地黏附在建筑物外墙装饰材料表面，成为建筑物外墙装饰材料表面的污垢。

4) 与风、雨等天气现象比较，雾、霜、露天气现象直接将空气中大量颗粒物（污染物质）牢固地黏附在建筑物外墙装饰材料表面。风、雨等天气现象在污染建筑物外墙装饰材料表面的同时，还会产生部分建筑物清洁保养的动力，将部分的污垢通过风力、雨水的冲刷力去除。雾、霜、露自身没有任何动力来去除黏附在建筑物外墙装饰材料表面的污垢。

5) 雾滴是尺度微细的漂浮在空中的水滴，极易吸附和吸收各种酸性气体和颗粒物，因此，雾滴所含污染物的浓度特别大，其总离子浓度最高值达到9.7 g/L，占雾滴质量的近1%，较同期雨水含量高出十余倍。

6) 雾的pH值小于5.65时叫酸雾。20世纪80年代，重庆市雾的pH平均值为4.39，市区最低值达到2.98，是典型的酸雾。西双版纳干季中每日晨起大雾，其郊区小镇雾水pH值有时高达8.34，一次测得的最高pH值竟达到9.15，雾水呈碱性。

二、水汽、湿度对建筑物清洁保养的影响

水是一种常见的液态物质，当它受热的时候，会变成气体散逸到空气中，这种透明的无色无味的气体叫做水汽。大气中水汽的含量虽然不多，却是大气中极其活跃的成分，在天气和气候中扮演着重要的角色。日常生活中人们最关心的是水汽压、绝对湿度和相对湿度。

湿度增高会使许多建筑物装饰材料受潮，湿度增高会明显降低建筑物装饰材料的机械强度，产生破坏性变形，有机材料还会腐朽，降低品质和耐久性。潮湿的地毯等纤维织物类软质建筑物装饰材料上容易繁殖霉菌，促使地毯等纤维织物类软质建筑物装饰材料变质；长时间的湿度增高，会使室内涂料墙面出现斑迹，影响美观，甚至使涂料表面层剥落损坏，增加清洁保养的施工难度。

湿度对建筑物石材地板的清洁保养施工有着直接影响，建筑物清洁保养中进行打蜡工序时，相对湿度最好在60％以下，使打蜡地板的涂蜡层迅速干燥，蜡面硬度、光洁度得到提高；如果相对湿度低于70％～80％，打蜡地板的涂蜡层干燥时间拉长，对蜡面硬度、光洁度不利；相对湿度低于90％，不得进行地板打蜡施工。天气预报中有“洗晒指数”公布，地板打蜡施工应在“可以洗晒”指数范围内。

三、太阳辐射对建筑物清洁保养的影响

对于任何建筑物装饰材料来说，日光的长期曝晒是造成污染和侵蚀的重要外界原因之一。紫外线等射线、太阳直射下的高温及四季温差又造成建筑物表面材料老化，失去光泽，易受污染。例如，金属材料的锈蚀和塑料合成材料的老化；水泥材料的开裂；外墙涂料的变色脱落。阳光的照射是建筑物外墙造成污染的直接原因。

阳光的照射是不可避免的，如何使建筑物装饰材料在清洁保养中得到防晒、防辐射的保护和处理是建筑物清洁保养中亟待研究、解决的问题。

单元测试题

简答题

1. 简述建筑物清洁保养与环境气象学的关系。
2. 简述0～1级风力和6级以上风力与污染源的关系。
3. 简述中雨与污染源的关系。
4. 简述严重影响建筑物清洁保养的酸雨。
5. 简述相对湿度与清洁保养的关系。

单元测试题答案

简答题

1. 答：任何天气和气候的变化，会使建筑物装饰材料表面的清洁保养受到影响。随

着建筑物向着高大、复杂的方向发展，建筑物装饰材料表面与大气接触的面积就越来越大，天气对建筑物装饰材料表面的影响也随之增加，受到大气中污染物的污染程度也越加严重。建筑物清洁保养的目的，就是清除建筑物装饰材料表面的污染物，使建筑物装饰材料得到保养，因此，必须关注建筑物装饰表面在不同气象、天气条件下的变化。

建筑物清洁保养是在局部气象环境中进行施工的工程，对大的气象环境如一个城市的气象环境，应该要了解被清洁保养的建筑物周边的气象环境，研究大环境对局部、特有的气象环境建筑物装饰材料表面所产生的污染、污染的程度和清洁保养的对策。

2. 答：(1) 风力 0～1 级，风速 0～1.5 m/s，基本上属于空气相对静止状态。颗粒物（污染物质）漂浮在空气中，空气中的颗粒物（污染物质）浓度不断地增加，空气品质越来越差。建筑物外墙装饰材料表面在太阳辐射和静电作用下，空气中的颗粒物（污染物质）在重力的作用下，使空气中漂浮的颗粒物（污染物质）不断向建筑物外墙装饰材料表面靠拢，吸附、沾染在建筑物外墙装饰材料表面，成为建筑物外墙装饰材料表面上的污垢。

(2) 风力 6 级以上，风速 10.8 m/s 以上，大风至狂风。这类风大都伴随着其他的气象现象，如大雨、暴雨、沙尘暴、寒潮等。就风而言，6 级以上大风可以使建筑物装饰材料表面的污垢吹掉。但是大风将地面的沙砾等大颗粒灰尘卷起，再次污染建筑物外墙装饰材料表面，由于任何建筑物都不是密封的，故 6 级以上大风使建筑物室内的空气污染增加，飘尘等颗粒物（污染物质）增加，使建筑物室内清洁保养增加了工作量。

3. 答：雨滴下降连续成线，雨滴四溅，可闻雨声，地面积水形成较快。对建筑物外围地面环境的清洁保养十分有帮助，不仅将地面的沙砾等大颗粒污垢和灰尘去除，而且雨水冲刷了建筑物外围地面环境，起到了高压清洗机的作用。中雨对建筑物外墙面装饰材料表面有一定的冲刷力，能将建筑物外墙面装饰材料表面的部分污垢去除。如果中雨属于地形雨、锋面雨等长时间的降水，雨水中的腐蚀性物质就会侵入建筑物外墙装饰材料肌体深部，使建筑物外墙装饰材料从结构上受到损害，并使室内清洁保养受到阻碍。

4. 答：酸雨，正确的名称应为"酸性湿沉降"，由于大气中含有大量的 CO_2，故正常雨水本身略带酸性，pH 值约为 5.6，因此，一般是以雨水中的 pH 值小于 5.6 的称为酸雨。造成雨水酸化的污染物很多，其污染来源大致可分为两类，其一为自然物质，其二为人为物质。前者如火山爆发喷出大量的硫化物及悬浮固体物，自然水域表面释放的硫化氢，动植物分解产生的有机酸，土壤微生物及海藻释放的硫化氢、二甲基硫及氮化物等，都会使雨水 pH 值降至 5.0 左右；后者则为燃料的大量使用，燃烧过程中产生 CO、HC、SO_2、NO_2 及悬浮固体物，排放至大气环境中，经光化学反应生成硫酸、硝酸等酸性物质使得雨水 pH 值降低，形成酸雨。

酸雨能使非金属建筑材料（混凝土、砂浆和灰砂砖）表面硬化、水泥溶解，出现空洞和裂缝，导致强度降低；天然大理石完全变色、失去光泽；使油漆泛白、褪色，从而使建筑物受损。

酸雨给建筑物清洁保养提出了要求，只要在酸雨过后，立即对建筑物进行清洁保养，将建筑物装饰材料表面的酸性污垢彻底清洗掉，使建筑物装饰材料表面得到保养，便可免除建筑物装饰材料被酸雨腐蚀、污染。

5. 答：相对湿度使许多建筑物装饰材料受潮，湿度增高会明显降低建筑物装饰材料的机械强度，产生破坏性变形，有机材料还会腐朽，降低品质和耐久性。潮湿的地毯等纤维织物类软质建筑物装饰材料上容易繁殖霉菌，促使地毯等纤维织物类软质建筑物装饰材料变质；长时间的湿度增高，会使室内涂料墙面出现斑迹，影响美观，甚至使涂料表面层剥落损坏，增加清洁保养的施工难度。

湿度对建筑物石材地板的清洁保养施工有着直接影响，建筑物清洁保养中进行打蜡工序时，相对湿度最好在60％以下，使打蜡地板的涂蜡层迅速干燥，蜡面硬度、光洁度得到提高；如果相对湿度低于70％～80％，打蜡地板的涂蜡层干燥时间拉长，对蜡面硬度、光洁度不利；相对湿度低于90％，不得进行地板打蜡施工。天气预报中有“洗晒指数”公布，地板打蜡施工应在“可以洗晒”指数范围内。

第五单元　常见建筑物装饰材料

建筑物清洁保养的直接对象是建筑物装饰材料的表面，我们在建筑物清洁保养施工前，首先应该对建筑物装饰材料进行认定。对常用的建筑物装饰材料的特征、性质、质感、色泽有较为详细的了解，是建筑物清洁保养高级工必须掌握的知识。

第一节　石　　材

在建筑物清洁保养施工中，清洁保养石材墙面、地面的较多。建筑物装饰用石材以花岗岩、大理石、人造石材居多。

一、石材的概述

1. 花岗石

花岗石主要由石英、长石、辉石、角闪石矿物组成，具有质坚耐腐蚀、抗压强度大、硬度高、耐磨性能好、化学稳定性强等优点，适用在经受风吹雨打及耐磨、力学性能要求高的场合，如建筑物的墙、客流量大的厅堂、楼梯踏步、台阶等处的装饰。颜色有淡灰、淡红、肉红、青灰、白、黑等（见图 5—1）。

花岗岩是应用历史最久、用途最广、使用最多的岩石，也是地壳中最常见的岩石，其普通耐用年限为 200 年。

花岗岩常常以岩基、岩株、岩块等形式产出，并受区域大地构造控制，一般规模都比较大，分布也比较广泛。在我国，花岗岩石材矿床除分布在褶皱带、地盾和陆台结晶基底地区外，还大量出现在我国东部中生带和燕山期陆台活化的广大地区。如广东、福建、江西、浙江等省都是很有名的花岗岩产地。

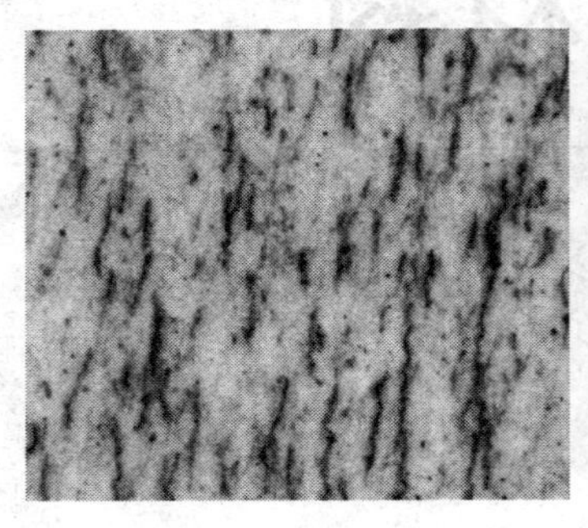
美国白麻

广西枫叶红

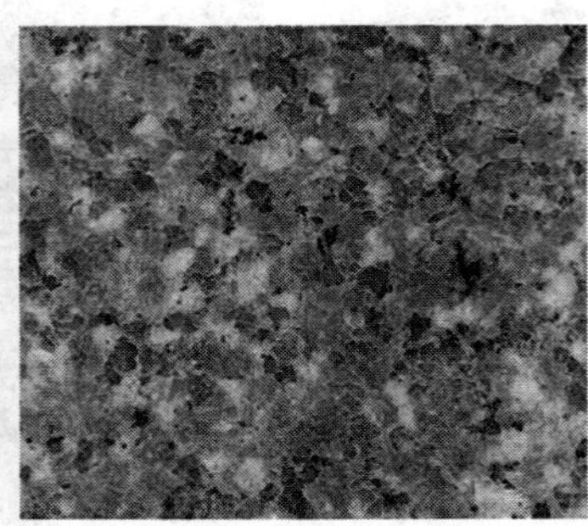
印度红

图 5—1　花岗石

2. 大理石

大理石主要由方解石、白云石、菱美石、蛇纹石矿物组成，其化学稳定性较差，不耐酸。空气中所含的酸性物质和盐类对大理石都有腐蚀作用，导致表面失去光泽，因此，大理石不适合做室外装饰。纯大理石常呈雪白色，含有杂质时，呈现黑、红、黄、绿等多种色彩，并形成各种花纹、斑点，形似山水，如花如玉，图案异常美丽，用于室内的墙面、柱身、门窗等装饰，高雅华贵，是一种高品位的装饰石材。其普通耐用年限为 150 年。

大理石是商品名称，并非岩石学定义。大理石是天然建筑装饰石材的一大门类，一般指具有装饰功能、可以加工成建筑石材的已变质或未变质的碳酸盐岩，经不同蚀变形成的夕卡岩石和大理岩等（见图 5—2）。

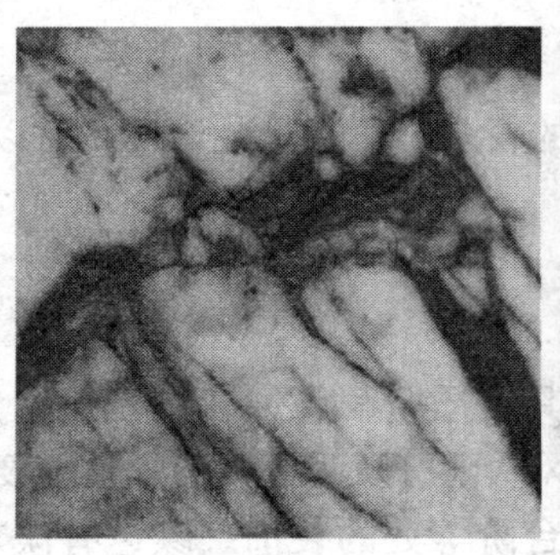

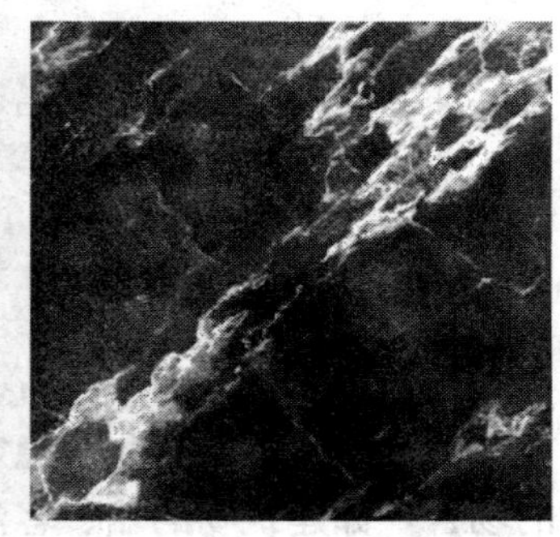

图 5—2　大理石

大理石主要用于加工成各种形材、板材，作建筑物的墙面、地面、台、柱，还常用于纪念性建筑物，如碑、塔、雕像等的材料。大理石地板具有纹理，有良好的光洁度，易清洗，并能给人富丽庄重之感，但大理石不吸声、不防滑，不适宜用于卫生间及厨房，且价格较昂贵。

大理石是以大理岩为代表的一类岩石，包括碳酸盐岩和有关的变质岩，相对花岗石来说，一般质地较软。大理石质感柔和、美观庄重、格调高雅、花色繁多，是装饰豪华建筑的理想材料。

3. 人造石材

人造石材是以不饱和聚酯树脂为黏结剂，配以天然大理石或方解石、白云石、硅砂、玻璃粉等无机物粉料，以及适量的阻燃剂、颜色等，经配料混合、浇铸、振动压缩、挤压等方法成型固化制成的。人造石材是人工根据实际使用中的问题而研究出来的，它在防潮、防酸、防碱、耐高温、拼凑性方面都有长足的进步。当然，人造的东西自然有人造的缺点，人造石的自然性显然不足。

水磨石是人们最早熟悉的人造石材。

聚酯混凝石是以有机不饱和树脂为黏结剂，和沙子、石粉等配料，依靠模具浇注成型的，适合生产形状复杂的产品。

真空大理石实际上是以不饱和树脂为黏结剂，将石材开采中的碎块废料结合在一起，采取抽真空的办法，减少气孔率，固化成大块人造石材，经切割、抛光后成为板材。产品强度高，极富装饰性。

人造玛瑙是在聚酯混凝土的基础上更为精细的深加工产品，其中主要材料是优质树脂加石粉和色料，是呈半透明状的人造玉石。

人造石材的色差小、机械强度高、可组合图案、制作成型后无缝隙等特性都是天然石材不可相比的。

二、花岗石与大理石的区别

天然石在日常使用中主要分为两种：大理石和花岗石。从广义上来说，凡是有纹理的，称为大理石，以显点斑结晶颗粒为主的称为花岗石。从狭义上来说，大理石指的是云南大理出产的石材。

两者也可以从地质概念来区分。花岗石是火成岩，也叫酸性结晶深成岩，是火成岩中分布最广的一种岩石，由长石、石英和云母组成，其成分以二氧化硅为主，约占 65%～75%，岩质坚硬密实。所谓的火成岩就是地下的岩浆或火山喷溢的熔岩冷凝结晶而成的岩石。火成岩中二氧化硅的含量、长石的性质及其含量决定了石材的性质。当二氧化硅的含量大于 65%，就属于酸性岩，这种岩石中正长石、斜长石、石英等基本矿物形成晶体时，呈粒状结构，就成为花岗岩。

大理石是地壳中原有的岩石经过地壳内高温高压作用形成的变质岩。质的变化是指原来岩石的结构、构造和矿物成分的改变，经过质变形成的新的岩石类型称为变质岩。大理石主要由方解石、石灰石、蛇纹石和白云石组成，其主要成分以碳酸钙为主，约占 50% 以上，其他还有碳酸镁、氧化钙、氧化锰及二氧化硅等。由于大理石一般都含有杂质，而且碳酸钙在大气中受二氧化碳、碳化物、水汽的作用，也容易风化和溶蚀，而使表面很快失去光泽。

因为天然石材表面有细孔，所以在耐污方面比较弱。一般在加工厂都会对其表面进行处理。在室内装修中，电视机台面、窗台台面、室内地面等适合使用大理石。而门槛、厨柜台面、室外地面就适合使用花岗石，其中厨柜台面最好使用深色的花岗石。

现在市面上销售的天然石材，部分色泽是经过人工处理的，这些石材一般使用半年到一年左右就会显露出其真实面孔。最明显的是现在市面上的“大花绿”，很多都是染色而成的，并非真正的“大花绿”。

饰面石材的色调也是影响选用的一个重要因素。它主要由基色、花色、花纹三部分构成。一般基色是岩石的基质或细粒、均粒部分的颜色，不同色彩的石材常常决定装饰效果及适用场合，如以钾长石为主要成分的红色色调的花岗石显示高贵、豪华、高雅；而以辉石、角闪石等暗色矿物为主要成分的黑色色调的花岗石则显示庄重、肃穆、优雅；混入蛇纹石、透辉石、阳起石等杂质矿物而导致呈现黄绿、绿色色调的大理石则充满生机。所有这些不同色调的石材均适用于不同的装饰场合。

在建筑物清洁保养施工中，正确辨认花岗岩、大理石有着十分重要的作用。因为花岗岩为酸性，大理石为碱性，如果辨认错误，会错误选择清洁保养材料，使建筑物装饰表面和结构受到损坏。

当无法确认花岗岩或大理石时，我们可以采用 pH 值辨认法。如果可以得到所需辨认的花岗岩或大理石的横断面，在石材横断面上浇纯水，待石材横断面被润湿后，用 pH 标准试纸测试，pH 值偏酸的为花岗岩，pH 值偏碱的为大理石。在无法得到所需辨认的花岗岩或大理石的横断面时，将所需辨认的石材表面清洗干净，在保持不被污染的情况下，3 天以后在所需辨认的石材表面浇上纯水，待石材表面被润湿后，用 pH 标准试纸测试。

三、石材的清洁保养

天然石材本身是不会发光的，由于天然石材的硬度较高，含有大量的矿物质，当天然石材被研磨到一定的光洁度，在光线的折射下，石材光洁的表面就会发出光泽。这种带有浑厚、凝重的光泽就是天然石材的质感。

人造石材的发光是由黏结剂和添加剂组合形成石材后的硬度、研磨后的光洁度及添加材料的光线折射形成的。人造石材所发的光泽相对较单一，光线直射，质感较差。

建筑物装饰石材表面的光泽、质感减弱有两种情况：第一种是石材表面到了清洁保养的周期；第二种是石材表面磨损，光洁度下降。石材表面到了清洁保养的周期，可采用石材表面清洗、石材表面打蜡、石材打蜡表面抛光、石材打蜡表面抛光后的不间断推尘保养等。

石材表面清洁保养的周期如下：

1. 外围环境石材表面清洁保养

(1) 石材表面清洗

1）石材室内地面清洗相隔时间 1～2 周。

2）石材室内墙面清洗相隔时间 8～12 周。

3）石材室外墙面清洗相隔时间 8～12 周。

（2）石材表面打蜡

1）石材室内地面打蜡相隔时间 1～2 周。

2）石材室内墙面打蜡相隔时间 8～12 周。

（3）石材打蜡表面抛光

1）石材室内地面打蜡抛光时间每天进行。

2）石材室内墙面打蜡抛光相隔时间 4～6 周。

（4）石材打蜡表面抛光后的不间断推尘保养。石材室内打蜡地面抛光后不间断地推尘保养应每天进行。

2. 人流较少，外围环境污染不严重区域石材表面清洁保养

（1）石材表面清洗

1）石材室内地面清洗相隔时间 3～4 周。

2）石材室内墙面清洗相隔时间 8～12 周。

3）石材室外墙面清洗相隔时间 8～12 周。

（2）石材表面打蜡

1）石材室内地面打蜡相隔时间 3～4 周。

2）石材室内墙面打蜡相隔时间 8～12 周。

（3）石材打蜡表面抛光

1）石材室内地面打蜡抛光每天进行。

2）石材室内墙面打蜡抛光相隔时间 4～6 周。

（4）石材打蜡表面抛光后保养

1）石材室内打蜡地面抛光后不间断推尘保养应每天进行。

2）石材表面磨损、光洁度下降属于石材表面质的改变，应该采用石材表面的修复和研磨。

3）石材表面的修复和研磨可采取石材表面镜面处理、石材表面护理、石材表面研磨修复。

第二节 木质地板

家庭居室装饰选择铺设不同种类的木质地板，已成为人们追求的时尚，其理由是：

美观自然：木材是天然的，其年轮、纹理往往能够构成一幅美丽画面，给人一种回归

自然、返璞归真的感觉，质感独树一帜，广受人们喜爱。

无污物质：木材是双绿色产品，本身没有污染源，有的木材有芳香酊，发出有益健康、安神的香气。

质轻而强：与金属建材、石材相比，松木的抗张力为钢铁的 3 倍、混凝土的 25 倍、大理石的 50 倍，抗压力为大理石的 4 倍。尤其是作为地面材料（木地板）就更能体现出其优点。

容易加工：木材可以任意锯、刨、削、切乃至于钉，所以在建材方面更能灵活运用，发挥其潜在作用。

保温性好：木材不易导热。混凝土的导热率非常高，钢铁的导热率为木材的 200 倍。

调节湿度：木材可以吸收和蒸发水分。人体在大气中最适合的湿度在 60%～70%之间，木材具有维持湿度在人舒适的范围内的特性。

不易结露：由于木材保湿、调湿的性能比金属、石材或混凝土强，所以当天气湿润或温度下降时，不会产生表面结成水珠似的出汗现象。这样，当木材作木地板的时候，不会因为地面滑而造成不必要的麻烦。

耐久性强：木材的抗震性与耐腐性经科学处理后不次于其他建筑材料。

缓和冲击：木材与人体的冲击、抗力都比其他建筑材料柔和、自然，有益于人体的健康，能保护老人和小孩的居住安全。

木材可以再生：煤炭、石油、钢材、木材均是人类重要资源，其中只有木材可以在相对较短时间内，通过种植再生。只要把树林保护好，可以取之不尽、用之不竭。

木地板的种类主要有：实木地板、实木复合地板、强化木地板、竹地板等。新品种有：采暖地板、软木地板、环保地板。

一、实木地板

实木地板是室内地面装修最常使用的材料之一。实木地板是用天然木材直接加工而成的地面装饰材料，加工成型后花纹质朴、自然高贵，可以营造出与人有最佳亲和度的高雅居室环境。实木地板弹性自然真实，脚感舒适；能调节室内温度和湿度，颇有冬暖夏凉之感；本身不散发有害气体，是真正的绿色环保家装材料，具有使用安全的特点，是卧室、客厅、书房等地面装修的理想材料。

实木地板的种类有：

平口实木地板：外形为长方体，四面光滑、直边，生产工艺较简单。

齐口实木地板（见图 5—3）：板面呈长方形，整片地板是一块单纯的木材，它有榫和槽，背面有抗变形槽，生产技术要求比较全面。

拼方、拼花实木地板（见图 5—4）：由多块小块地板按一定的图案拼接而成，呈方形，其图案有一定的艺术性或规律性。

指接地板：由相等宽度、不等长度的小地板条连接起来，开有槽和榫。一般与齐口实木地板结构相同，并且安装简单、自然美观、变形较小。

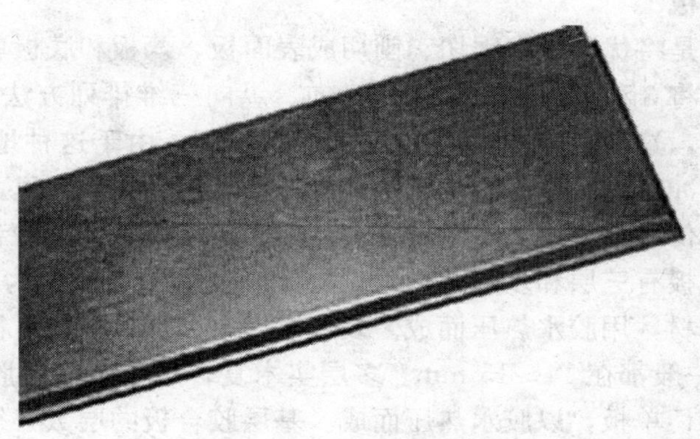

图 5—3　齐口实木地板

图 5—4　拼方、拼花实木地板

实木地板按表面加工的深度分为两类。一类是漆板，即木地板的表面已经涂了油漆，可以直接安装后使用；另一种是素板，即木地板的表面没有进行淋漆处理，在铺设后必须经过打磨、刷漆后才能使用，素板施工后表面平整度要比漆板好。素板难以办到六面封漆，防潮能力不及漆板。由于素板是安装以后再上油漆的，色差不易调整，致使素板往往产生比漆板大的色差。漆板在出厂时按自身材质色差变化可进行预选，安装时再作适当调整，色差会更自然一些。所以，人们已越来越多地选择漆板。漆板由工厂在流水线上制成，所用漆大多为 UV 漆，以紫外线快速固化，其硬度和耐磨性能均大大高于普通漆，但附着力略差。漆板的另一优点是整个地板由许多快漆面组成，因此不会随着地板的胀缩出现裂纹。

二、实木复合地板

实木复合地板，是将优质实木锯切、刨切成表面板、蕊板和底板单片，然后根据不同品种材料的力学原理将 3 种单片依照纵向、横向、纵向三维排列方法，用胶水粘贴起来，并在高温下压制成板，这就使木材的异向变化得到控制。由于这种地板表面涂膜光泽美观、耐磨、耐热、耐冲击、阻燃、防霉、防蛀等特点，铺设在房间里，不但使居室显得更协调、完善，而且其价格不比同类实木地板高，因而越来越受到消费者欢迎。

目前实木复合地板有三层和多层两种。三层实木复合地板表层为优质名贵木材薄片，中间和底层为速生木材，用胶水热压而成。表层厚度为 4 mm 左右，芯层 8～9 mm，底层 2 mm左右，总厚度一般都在 14～15 mm。多层实木复合地板以多层胶合板为基材，表层为硬木片镶拼板或刨切单板，以胶水热压而成。基层胶合板的层数必须是单数，通常为三层或五层，表层如为硬木片，厚度通常为 1.2 mm，刨切板为 0.2～0.8 mm，总厚度通常不超过 12 mm。实木复合地板的结构剖面图如图 5—5 所示。

实木复合地板具有实木地板木纹自然美观、脚感舒适、隔音保温等优点，同时又克服了实木地板易变形的缺点（每层木质纤维相互垂直，分散了变形量和应力）且规格大，铺设方便。缺点是如果胶合质量差会出现脱胶。此外因为表层较薄（尤其是多层），使用中必须重视维护保养。

三、强化复合地板（浸渍纸层压木质地板）

人造林分解成丝絮般的纤维与无毒的有机树脂发泡成强化复合地板的板芯。板芯生产工序上安装有现代化的高速印刷机，高速印刷机不仅将精美的图案印在板芯上，同时在印刷表面涂抹耐磨材料，形成耐磨层。

1. 强化复合地板的结构

强化复合地板的结构（见图 5—6）如下：

第一层：耐磨层。耐磨层主要由三氧化二铝等组成，有很强的耐磨性和硬度。

第二层：装饰层。装饰层是一层经密胺树脂浸渍的纸张，纸上印刷有仿珍贵树种的木纹或其他图案。

第三层：基层。基层是中密度或高密度的层压板，经高温、高压处理，有一定的防潮、阻燃性能，基本材料是木质纤维。

第四层：平衡层。平衡层是一层牛皮纸，有一定的强度和厚度，并浸以树脂，起到防潮、防地板变形的作用。

2. 强化复合地板优点

耐磨：约为普通漆饰地板的 10～30 倍以上。

美观：可用计算机仿真出各种木纹和图案、颜色。

稳定：彻底打散了原来木材的组织，破坏了各向异性及湿胀干缩的特性，尺寸极稳定。

除此之外，还有抗冲击、抗静电、耐污染、耐光照、耐香烟灼烧、安装方便、保养简

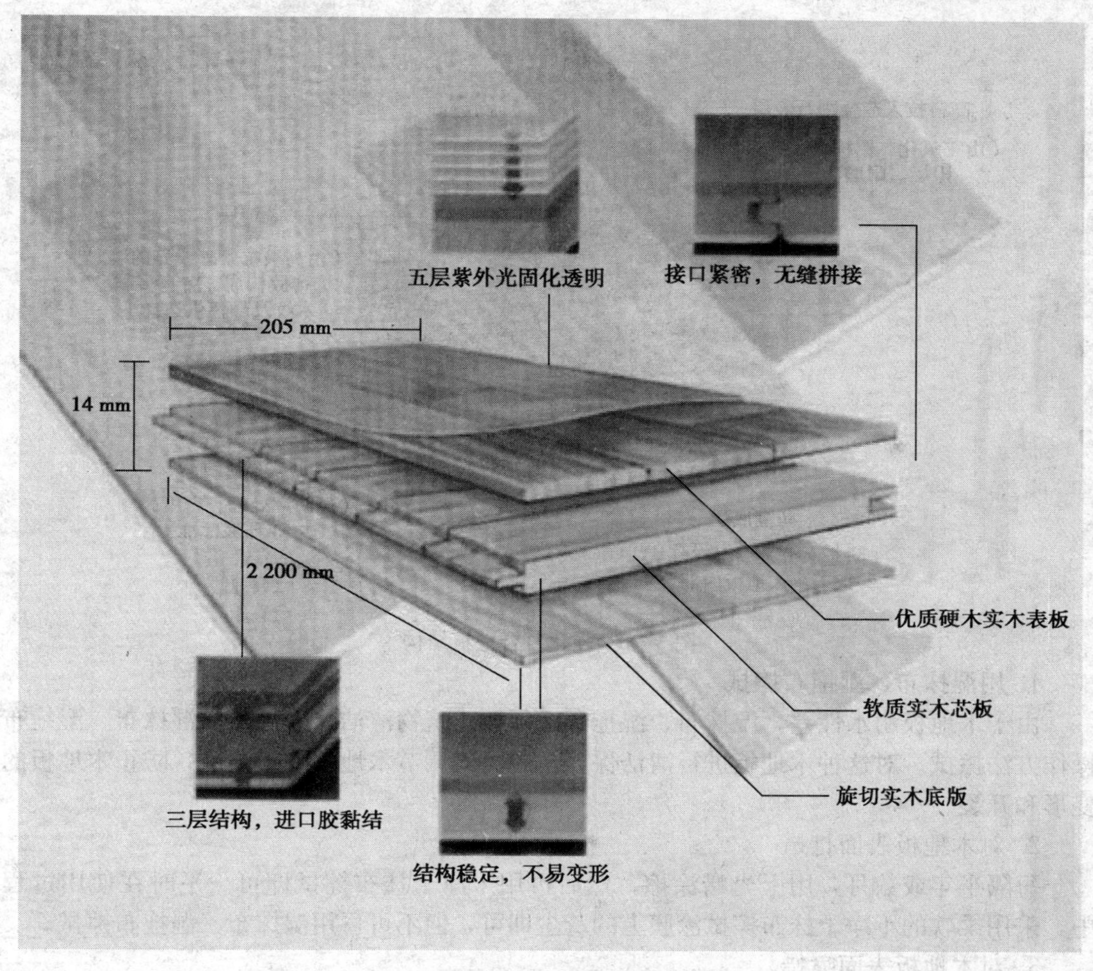

图 5—5　实木复合地板的结构剖面图

单等优点。

3. 强化复合地板缺点

水泡损坏后不可修复，脚感较差。特别要指出的是过去曾有经销商称强化复合地板是“防水地板”，这只是针对表面而言，实际上强化复合地板使用中唯一要忌的就是水泡。

四、竹地板

竹地板是近几年才发展起来的一种新型建筑装饰材料，它以天然优质竹子为原料，经过脱去竹子原浆汁，经高温高压拼压，再经过 3 层油漆，最后用红外线烘干而成。

竹地板首先以竹代木，具有木材的特色；并具有原木地板的自然美感和坚固耐用。

五、木地板的清洁保养

木地板的清洁保养必须维护好其表面的涂膜。具体方法如下：

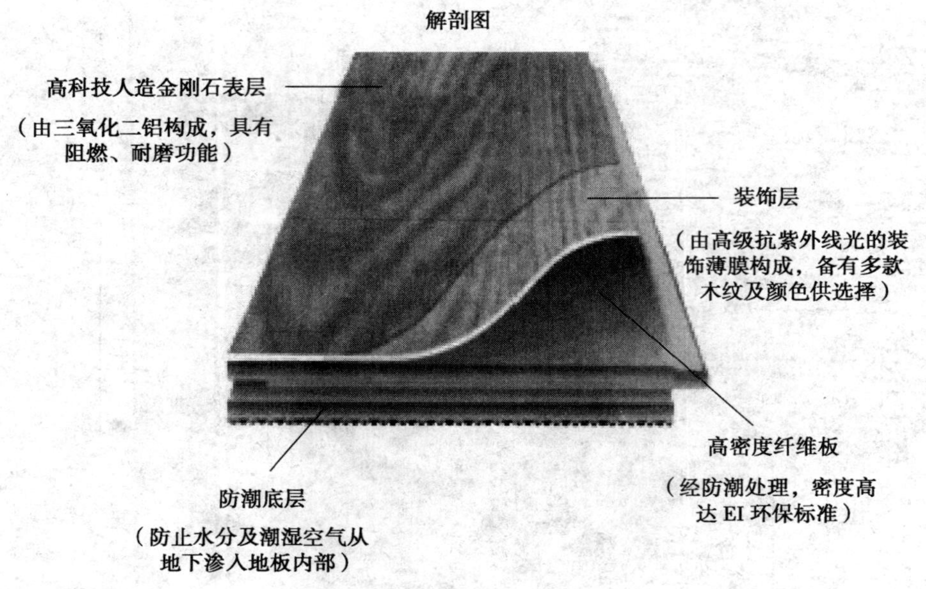

图 5—6　强化复合地板结构

1. 用湿抹布、湿拖布擦拭

由于木地板耐水性差，湿抹布、湿拖布必须按建筑物清洁保养规范的湿抹布、湿拖布操作方法擦拭。对这种木地板进行清洁保养，还可以调节木地板的干湿度，防止木地板的变形和开裂。

2. 对木地板表面打蜡

每隔半年或数月，用上光蜡涂擦，然后再用干净干抹布擦拭即可。平时在使用过程中，采用柔软的干净干抹布擦拭涂膜上的灰尘即可，但不可再用湿抹布、湿拖布擦拭。

3. 对木地板表面喷蜡

使用罐装木地板表面喷蜡，对各类木地板表面进行清洁保养。此类清洁保养材料因喷出的蜡厚度较薄，又相对均匀，喷蜡中蜡的含量比液体蜡少，使得使用罐装木地板表面喷蜡对木地板表面进行清洁保养比各类涂蜡工艺简单和容易，效果较好。

木地板应避免硬物撞击、利器划伤、金属摩擦等，在对木地板表面清洁保养时，使用的设备、工具、清洁保养材料都要轻拿轻放，条件允许时，应对易损处采取保护措施。

木地板清洁保养时应注意不可采用水洗和湿抹布、拖布擦拭，无论木地板或漆面，均不允许被大量的水浸泡。木地板的清洁保养不可采用多功能擦地机和高速抛光机，原因在于木地板承受不了这两种设备的重量和转速。

六、聚氯乙烯（PVC）地板

聚氯乙烯（PVC）地板是以聚氯乙烯树脂及其共聚树脂为主要原料，加入填料、增塑剂、稳定剂、着色剂等辅料，经压延、挤出或挤压工艺生产而成。聚氯乙烯（PVC）地板又分为聚氯乙烯卷材地板和聚氯乙烯块状地板两种。聚氯乙烯（PVC）卷材地板宽度有1 800 mm、2 000 mm，每卷长度 20 mm、30 mm，总厚度有 1. 5 mm、2 mm。聚氯乙烯（PVC）块状地板有单层和同质复合两种，其规格为 300 mm×300 mm，厚度 1. 5 mm。聚氯乙烯（PVC）地板结构如图 5—7 所示。

图 5—7　聚氯乙烯（PVC）地板结构

环氧树脂及 PVC 防静电地坪，在国际上已被广泛使用于电子工业、精密机械、仪器仪表、制药、医院、精细化工、生物工程、科研教学等要求较高的工厂实验室地坪。而且在发达国家，普通工厂地面也大量采用环氧树脂地坪。随着科技的发展，高科技产品的引进，净化厂房地坪是必备的先决条件。

1. 聚氯乙烯（PVC）地板的优点

（1）美观，有多种颜色，质感强烈，装饰效果好。

（2）耐磨，弹性好，具有较强的表面强度以保证优良的抗冲击力和长久的使用寿命。

（3）防尘、耐酸碱，表面进行了 UV 处理，具有防污易清扫的特性。

（4）施工方便，铺贴工艺简易，费用少。

（5）具有环保性。

2. PVC 地板施工方案

（1）地面基础

1）地面平整度。要求 2 m 直尺范围内平整度应小于 2～3 mm。

2）硬度。基层表面硬度不低于 1. 2 MPa。

3）强度。不低于混凝土强度标准 C—20 要求。

4）湿度。基层含水率小于 3%。

5）环境湿度。室内温度和地面温度以 15℃为宜。5℃以下及 30℃以上为不能施工环境。室内相对空气湿度应保持在 20%～75%之间。

（2）地面基础打磨

整理地坪，除去污染，对地面基础有突出凹凸的应进行重点打磨，打磨后地面应控制在 2～2. 5 m 直尺范围内平整度小于 2～3 mm，且无毛疵。

（3）刮胶

1）清理地面吸净尘土。

2）刮胶一定要刮得均匀，不得有漏刮的地方。

（4）地材铺装

1）必须将 PVC 地板材料预放 24 h 以上，按箭头同方向排放。卷材要按生产流水编号施工。

2）铺装时注意接缝，不可将接缝对接过紧以免翘边；缝隙不可过大，缝隙可按放进一张复印纸为标准。

3）铺装后，用铁轮均匀赶压进行赶气。地板接缝及墙边用小压滚赶压。

4）地板铺装后，不得有翘边、起泡、起鼓、缝隙过大的情况出现。

（5）焊接

在胶水凝固后第二天，用开缝机开缝，为使焊接牢固，开缝深度不得超过地板厚度。焊接时须清除凹槽内的灰尘和碎料，开口处不应超过 3.5 mm。如图 5—8 所示为聚氯乙烯（PVC）地板花色品种。

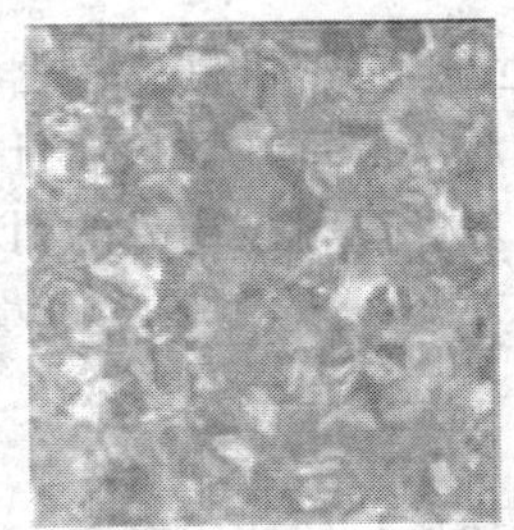
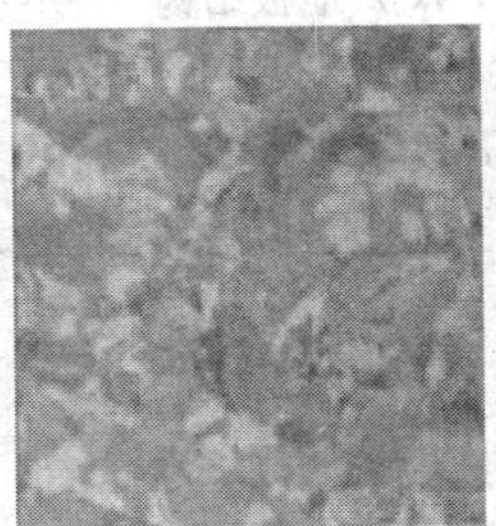
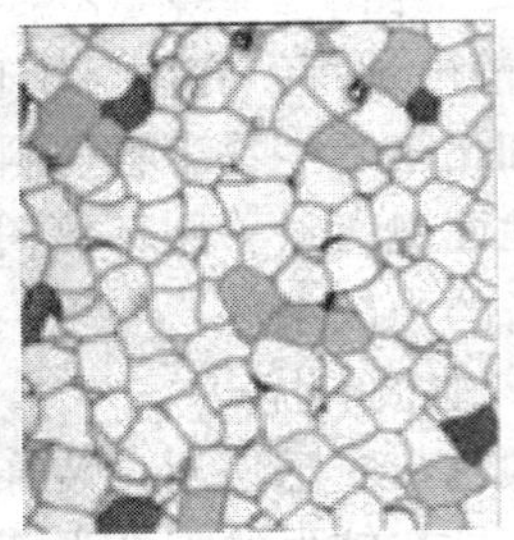

图 5—8　聚氯乙烯（PVC）地板花色品种

3. PVC 地板的维护

（1）严禁硬物、硬件在地板上划刻，严禁油迹污染。

（2）严禁用带腐蚀性的溶剂擦洗地板表面。

（3）地板清洗不得用热水。不得往地板上面扔烟头等炙热物品。

（4）地板清洗后，使用专用 PVC 地板蜡保养。

第三节　地　　毯

地毯是用动物毛、植物麻、合成纤维等为原料，经过编织、裁剪等加工过程制造的一种高档地面装饰材料。地毯具有质地柔软、脚感舒适、使用安全的特点。特别适宜于写字间、客厅、会议室、卧室、书房处的地面装饰。地毯具有很高的艺术价值，装饰后能够体现高贵、华丽、美观、气派的风格，同时具有隔热、防潮的作用。随着我国人民生活水平的提高，建筑物装饰材料中选用地毯的比例越来越高。如图 5—9 所示为铺设了化纤无纺地毯的房间；如图 5—10 所示为铺设了块状地毯的房间。

图 5—9　化纤无纺地毯

图 5—10　块状地毯

一、地毯的种类和特点

地毯按材质可分为纯毛地毯、混纺地毯、化纤地毯和塑料地毯。按成品的形态可分为整幅成卷地毯和块状地毯；按编织工艺可分为手工编织地毯、机织地毯、簇绒编织地毯、无纺地毯；按表面纤维形状可分为毛圈地毯、剪绒地毯、毛圈剪绒结合地毯。手工纯毛地毯按图案风格不同，又可分为美术式地毯、彩花式地毯和素凸式地毯。

纯毛地毯（见图 5—11）的手感柔和拉力大、弹性好、图案优美、色彩鲜艳、质地厚实、脚感舒适，并具有抗静电性能好、不易老化、不褪色等特点，是高档的地面装饰材料。但纯毛地毯的耐菌性和耐潮湿性较差。

混纺地毯（见图 5—12）是在纯毛纤维中加入一定比例的化学纤维制成，该种地毯在图案花色、质地手感等方面与纯毛地毯差别不大，但却克服了纯毛地毯易腐蚀、易霉变的缺点，同时提高了地毯的耐磨性能，成为地毯的主导产品。

图 5—11　纯毛地毯

图 5—12　混纺地毯

化纤地毯（见图 5—13）也称为合成纤维地毯，以锦纶（又称尼龙纤维）、丙纶（又称为聚丙烯纤维）、腈纶（又称聚乙烯腈纤维）、涤纶（又称为聚酶纤维）等化学纤维为原料，用簇绒法或机织法加工成纤维面层，再与麻布底缝合成地毯。其质地、视觉感、耐磨性、弹性、色彩、图案都不亚于纯毛地毯，具有防燃、防污、防虫蛀的特点，清洗维护都很方便。

图 5—13　化纤地毯

二、地毯的质量鉴定

地毯质量的主要指标及数据包括以下几点。

1. 耐磨性

通常用地毯在固定压力下磨至背衬露出所需的次数表示。耐磨性能高低与所用材质、绒毛长度、编织道数多少有关，一般机织纯毛地毯在 2 500 次以上，化纤与混纺地毯在 5 000～10 000 次。

2. 弹性

弹性是指地毯经过一定次数的动荷载碰撞后，厚度减少的百分率。弹性最好的是纯毛地毯，其次是腈纶地毯，再次是锦纶和丙纶地毯。

3. 剥离强度

剥离强度是指地毯的面层与背衬之间复合强度的大小。由于检测时分为干、湿两种状态，因此这项指标也反映了地毯的耐水能力。

除此之外，反映地毯质量的还有黏合力、抗老化性、耐燃性、抗静电性和耐菌性等。辨别地毯最简单的办法就是从地毯上取下几根绒线，点燃后根据燃烧情况及发出的气味，鉴别地毯的材质。

纯毛燃烧时无火焰，冒烟、起泡、有臭味，灰烬多为有光泽的黑色固体，用手指轻轻一压就碎；锦纶燃烧时也无火焰，纤维迅速卷缩，熔融成胶状物，冷却后成为坚韧的褐色硬球，不易研碎，有淡淡的芹菜气味；丙纶在燃烧时有黄色火焰，纤维迅速卷缩、熔融，几乎无灰烬，冷却后成不易研碎的硬块；腈纶点燃时火焰旁的纤维熔融，然后起燃，有辛酸气味。

三、地毯的铺装

1. 方块地毯的铺装

（1）先找出房间的中心点和相互垂直的定位线。

（2）采用逆光和顺光交错铺设的方法。

（3）铺装应由中间向两侧均铺。

（4）铺装时，每块地毯都应与相邻的地毯相互挤紧。

(5) 当周边地毯不足一块时，将地毯背面量好尺寸，按绒面箭头方向和相互垂直的要求，检测无误后，用锋利的裁刀切断地毯，将周边的地毯铺装好。

(6) 地毯铺好后，要整理表面绒毛，保证地毯表面的绒面完整，不留缝隙。

(7) 门框的下边，为防止地毯被踢起，应用地毯压条压边。

2. 卷式地毯的活动式铺装

(1) 购买地毯时，要按长度尺寸裁好。

(2) 铺装时由房间里面向门口逐渐推铺。

(3) 地毯宽度与房间宽度不符时，应在地毯背面弹出宽度尺寸，用锋利的裁刀沿弹出的线切割开。

(4) 两块地毯需要拼接的交接处，在对缝地毯背面用粗针缝上，在对缝两侧及接缝胶带上涂上地毯胶液，将接缝胶带粘贴在地毯接缝处，再将地毯正过来，用扁铲将地毯四周沿墙角修齐、压平，摆放上家具固定。

3. 卷式地毯的倒刺板卡条铺装

倒刺板卡条铺装地毯是地毯铺装的最基本的方法，也是应用最多的地毯铺装方法，适用于地毯下层设有单独弹性胶垫的卷式地毯的满铺。具体方法及步骤如下：

(1) 在房间四周沿踢脚板的边缘用高强水泥钉将倒刺板卡条钉在地面上，水泥钉间距小于 40 mm，倒刺板卡条距踢脚板 8～10 mm，倒刺斜钉应朝向墙面。

(2) 铺装弹性胶垫时，胶垫应离开倒刺板卡条 10 mm，采取满铺点粘的方法，即先沿长边铺好一边的胶垫，再放下另一边，量好尺寸，使其距另一边倒刺板 10 mm，沿弹线裁切后，用 107 胶点粘于基层地面上。

(3) 地毯裁好，将需拼接的两端对齐后用针缝接，拼接后在接缝处刷 50～60 mm 宽的乳胶液，用布条贴上或用塑料胶条贴于缝合处。将已经缝合好的地毯平铺好，将地毯的一条长边先固定在倒刺板上，将沿边的毛边全部掩在踢脚板内或与踢脚板贴紧压实，然后由固定一边向对边推平，反复几次拉平后，将其固定在另一边倒刺板上，用裁刀裁去多余部分，将毛边掩在踢脚板内压平，使用同样方法固定其余两边。

(4) 门口处没有倒刺板卡条的地方，应用收口压条将地毯压实。最后用吸尘器清理安装过程中的绒毛，使地毯表面顺平。

4. 卷式地毯的黏结固定铺装

如果地毯较薄，人在上面行走时就容易隆起，既不美观也不安全，时间久了地毯就会变形，修整十分麻烦，因此要采取黏结固定的铺装方法，具体步骤如下：

(1) 地毯尺寸要与房间一致，拼接方法同其他铺装方法一致。

(2) 地毯卷起 1/2 以上，在地面中间刷一道地毯胶，晾 5～10 min 后，将地毯铺上，待黏结牢固后，卷起一边，在地面刷胶后将地毯铺上，然后用同样方法铺装另一边。

(3) 铺装地毯时，一定要将地毯拉平，铺平后再压平、压实，周边多余部分，用裁刀裁掉后压平。

5. 地毯的维护和保养

（1）地毯在使用时，应尽量避免强烈的阳光直射，以免地毯老化褪色。

（2）不得污染油污、酸性物质、有色液体等。发生污染，应立即用地毯除渍剂清除。

（3）地毯的清洁保养分干洗、湿洗和蒸汽清洗。但卷式地毯的倒刺板卡条铺装和卷式地毯的黏结固定铺装的地毯不能采用湿洗。

（4）地毯应定时用吸尘器沿着顺毛方向清扫。

（5）家具腿部接触地毯处，应放置垫层或经常移动家具。对磨损严重的部位，除采取用覆盖物加以保护外，还应调换位置使用。

（6）铺设地毯的房间应注意通风、防潮，以免地毯霉变、腐蚀。

第四节 玻 璃

玻璃是一种非金属无机材料，结构上属热塑性聚合物，在高于 650℃时可以成形，冷却后具有透明、耐腐蚀、耐磨、抗压、平整美观等特性。由于这些特性，玻璃在人们的日常生活和工业等领域应用十分普遍，特别是在建筑业的应用很广泛。

一、玻璃的品种

1. 浮法玻璃

浮法玻璃采用优质石英砂等天然矿石和化工原料混合后在高温下熔融，熔化好的玻璃液进入锡槽内熔融的锡液上铺展摊平成玻璃，其表面平整光洁，光学性能好，经过退火，机械强度好，化学稳定性好，耐酸、耐碱、耐腐蚀。浮法玻璃表面平滑无波纹、透视性好（见图 5—14）。一般厚度为 2～19 mm，颜色有透明、中国绿、法国绿、韩国绿、宝石蓝、海水蓝、茶色等。

图 5—14 浮法玻璃

2. 钢化玻璃

钢化玻璃将平板玻璃加热接近软化点，使其表面形成压缩应力，而后在玻璃表面急速冷却，使压缩应力重新分布在玻璃表面，而引张应力则在中心层。因有强大均等的压缩应力，使外压所产生的引张应力，被玻璃的强大压缩应力所抵销，增加玻璃使用的安全度。钢化玻璃可用于室外玻璃幕墙、室内玻璃隔断、建筑物的开口部位，如玻璃门、门侧与上部玻璃、楼梯扶手、楼边围栏等要求安全的场合，是目前应用最为广泛的首选安全玻璃。采用水平钢化，抗弯强度为普通玻璃的 3～5 倍，抗冲击强度为普通玻璃的 5～10 倍，耐急冷急热性是普通玻璃的 2～3 倍，可承受 250°以上的温差变化。当玻璃被外力破坏时，普通玻璃一撞就碎，破碎的玻璃形成边口锋利的长条形碎片，易对人体造成伤害（见图 5—15）；而钢化玻璃则成为豆粒大的颗粒，能减少对人体的伤害（见图 5—16）。

图 5—15 破碎的普通玻璃

3. 镀膜玻璃

镀膜玻璃在真空室内用离子溅镀法，将金属或金属化合物喷镀在玻璃表面，使其产生一层均匀的金属氧化物膜。金属氧化物膜的厚薄不同，呈现出不同的色彩及高性能的隔热效能（见图 5—17）。镀膜玻璃因隔热性高，可极大节约能源，因反射性高，可防阳光直射，给室内居住者舒适感。镀膜玻璃能呈现多彩和谐的建筑物外观，具有镜子效果和可视光线反射效果，可以把天空或周围的环境景色映照在建筑物上（见图 5—18）。颜色有金色、古铜色、翠绿色、深绿色、银灰、海水蓝、宝石蓝等。镀膜玻璃在安装时应注意玻璃面朝外，镀膜面朝内。

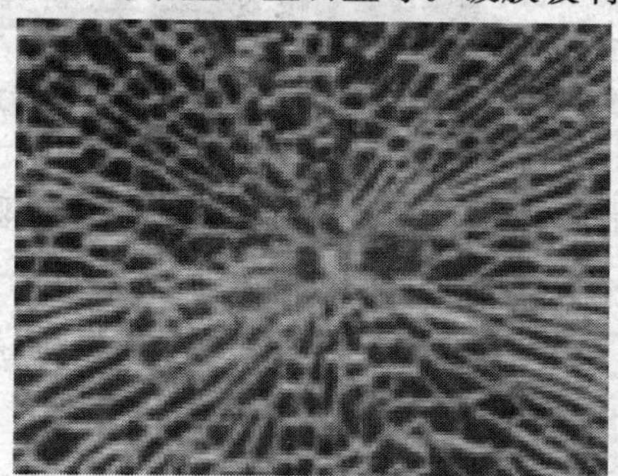

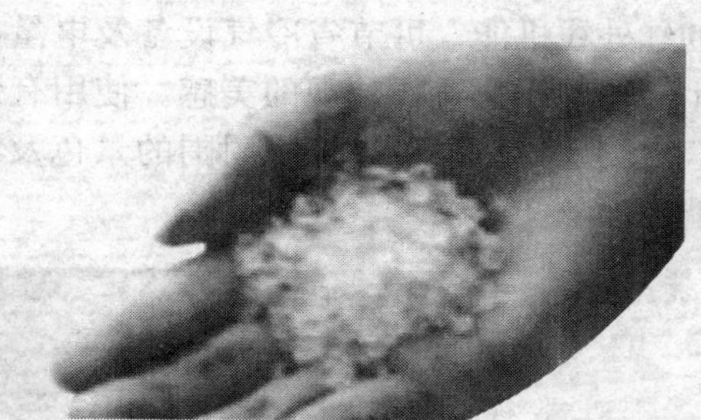

图 5—16 破碎的钢化玻璃

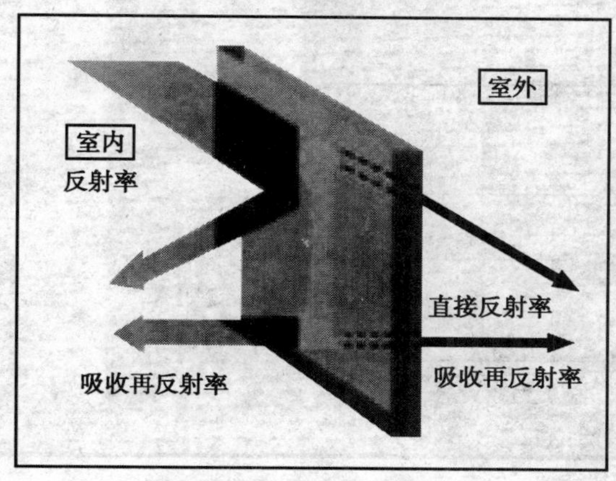

图 5—17 隔热效能

4. 中空玻璃

中空玻璃通过使用高强度高气密性复合黏结剂，将玻璃片与内含干燥剂的铝合金框黏结，采用抽真空法，抽掉空气层中的大部分干燥气体，形成能高效隔音、隔热节能玻璃，因内层处于真空干燥状态，几乎不形成气体层对流，热量减少，隔热性能大大提高（见图 5—19）。

图 5—18　建筑物上的镀膜玻璃

5. 夹层玻璃

采用两片或多片玻璃胶合而成。其主要工艺分为胶片法（干法）和灌浆法（湿法）两种。夹层玻璃因中间夹着强韧而富黏着力的中间膜，所以不易在冲击力下被贯穿，在破损后，其玻璃片不易飞散，比其他种类的玻璃具有耐震性、防盗性、防爆性、防弹性。夹层玻璃是高效率节省能源建材，中间膜有减轻太阳光中的红外线机能，可节省冷气设备及电量，增进舒适的生活环境和建筑物外观的美感。使用有色中间膜的胶合玻璃，最易调和建筑物周围的景色及满足设计师的要求。因胶片对声音有阻隔作用，能加强隔音效果。

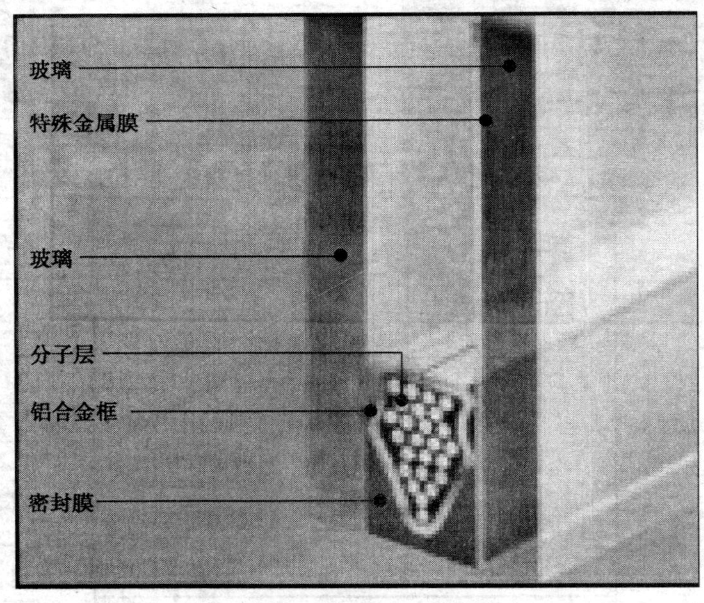

图 5—19　中空玻璃

6. 各类新型玻璃

（1）热弯玻璃。热弯玻璃是将平板玻璃置于模具上加热软化成型后再慢慢冷却制成的曲面玻璃。热弯玻璃的曲面造型具有特殊的艺术装饰效果。热弯玻璃利用弯曲玻璃，让建筑物外观、室内隔间等更具多彩多姿的变化。楼梯扶手、门面玻璃可弧形化，增添建筑物景观的雄伟性与优美性（见图 5—20）。

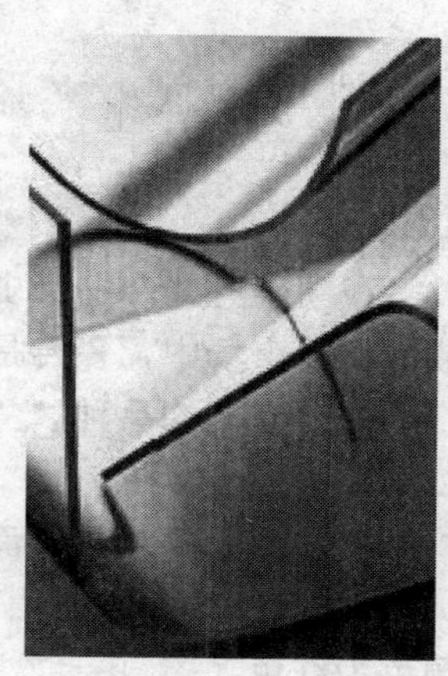
图 5—20　热弯玻璃

（2）光催化超亲水自洁净玻璃。自洁净玻璃是通过表面镀制 TiO_2基的光催化复合薄膜来实现的。在阳光的作用下，光催化剂以其特有的强氧化能力，可将其表面的几乎所有有机物完全氧化为 H_2O 及相应的无害无机物，而且对环境不造成二次污染；同时在其表面特有的纳米结构、复合添加剂的吸水性和 TiO_2本身的光致两亲性（亲水和亲油）的共同作用下玻璃表面具有超亲水性，使玻璃表面变得易清洗、防雾和不易被再污染而保持洁净透明，同时具有消毒、杀菌、消除异味、清新空气等功能。

（3）低辐射/自洁净复合型节能建筑玻璃。低辐射玻璃既能反射红外线，又能有效地透射可见光。在夏季，它反射日光中的红外线，可以节省空调费用；在寒冷的冬季，它能使室内的热量重新反射回室内，减少热量流失。目前，发达国家将其应用于建筑和汽车上。自洁净玻璃是利用光催化剂的光解能力和蓄水剂的吸水能力降解玻璃上黏附的有机污物，同时保持超亲水状态。把低辐射与自洁净双重功能复合，即是低辐射/自洁净玻璃。

（4）电致变色玻璃。电致变色玻璃是在玻璃的两个表面之间施加正、反向电场时分别呈现不同透光性或者是在施加电场和不施加电场时呈现不同透光性的一种调光玻璃材料，由玻璃、电致变色介质、电解质及透明电极等部分组成。这种玻璃用于建筑可使室内的采光自由控制。

（5）表面光致变色玻璃。光致变色玻璃是根据太阳光的强度自动调节透光率的一种调光玻璃。例如日常生活中常见的变色眼镜，在光线强的时候颜色变深降低透光率，而当光线较弱时又完全恢复透明的状态，达到最大透光率。

二、玻璃的清洁保养

以上海为例，在《上海市建（构）筑物外墙面清洗粉刷管理研究》的论证报告中提出，上海市的景瞻道路两侧，建（构）筑物有色幕墙玻璃外侧每 6 个月清洗 1 次，无色幕墙玻璃和其他建（构）筑物窗玻璃外侧每 3 个月清洗 1 次；居住小区、郊县城镇的建（构）筑物有色幕墙玻璃外侧每 12 个月清洗 1 次，无色幕墙玻璃和其他建（构）筑物窗玻璃外侧每 3 个月清洗 1 次。建（构）筑物幕墙玻璃、窗玻璃内侧清洗时间自定。

对玻璃清洁保养有特殊要求的建筑物（如五星级宾馆等），根据实际情况自定。

第五节 瓷 砖

我国生产瓷砖的历史悠久，中国的英文 China 本身就有陶瓷的意思。目前，在建筑物装饰材料市场中，瓷砖是其中的一大项。瓷砖的品种也是多种多样。

一、瓷砖的品种

1. 釉面砖

（1）釉面砖就是表面经过烧釉处理的砖。基于原材料的不同，可分为两种：

1）陶制釉面砖。由陶土烧制而成，吸水率较高，强度相对较低。其主要特征是背面颜色为红色。

2）瓷制釉面砖。由瓷土烧制而成，吸水率较低，强度相对较高。其主要特征是背面颜色是灰白色。

吸水率和强度的高低都是相对的，目前也有一些陶制釉面砖的吸水率和强度比瓷制釉面砖好。

（2）釉面砖的釉面根据光泽的不同，可以分为两种：

1）亮光釉面砖。

2）哑光釉面砖。

（3）常见问题

1）龟裂。龟裂产生的根本原因是坯与釉层间的应力超出了坯釉间的热膨胀系数之差。当釉面比坯的热膨胀系数大，冷却时釉的收缩大于坯体，釉会受拉伸应力，当拉伸应力大于釉层所能承受的极限强度时，就会产生龟裂现象。

2）背渗。任何一种砖都有吸水性，但当坯体密度过于疏松时，就会出现渗水泥现象，即水泥的污水会渗透到砖的表面。

（4）常用规格

正方形釉面砖有 152 mm×152 mm，200 mm×200 mm 规格，长方形釉面砖有 152 mm× 200 mm，200 mm×300 mm 等规格，常用的釉面砖厚度为 5 mm 或 6 mm。

2. 通体砖

通体砖的表面不上釉，而且正面和反面的材质、色泽均一致。

通体砖是一种耐磨砖，虽然现在还有渗花通体砖等品种，但花色比不上釉面砖。由于目前的室内设计越来越倾向于素色设计，所以通体砖也越来越成为一种时尚，被广泛使用于厅堂、过道和室外走道等装修项目的地面，较少使用于墙面。多数的防滑砖都属于通体砖。

通体砖常有的规格有 300 mm×300 mm，400 mm×400 mm，500 mm×500 mm，

600 mm×600 mm，800 mm×800 mm 等。

3. 抛光砖

抛光砖是将通体坯体的表面经过打磨而成的一种光亮的砖种。

抛光砖属于通体砖的一种。相对于通体砖的平面而言，抛光砖要光洁许多。抛光砖性质坚硬耐磨，适合在除洗手间、厨房以外的多数室内空间中使用。在运用渗花技术的基础上，抛光砖可以做出各种仿石、仿木效果。

抛光砖的致命缺点是易脏。因为抛光砖在抛光时留下凹凸气孔，这些气孔会藏污纳垢。质量好的抛光砖在出厂时都加了一层防污层，但这层防污层又使抛光砖失去了通体砖的效果。装修施工前有打上液体蜡以防沾污的做法。

抛光砖的常用规格是 400 mm×400 mm，500 mm×500 mm，600 mm×600 mm，800 mm×800 mm，900 mm×900 mm，1 000 mm×1 000 mm。

4. 玻化砖

玻化砖使用土胚（或土胚加入一些矿石粉末）经过高温高压一次性烧成，其表面和底胚所使用的原料基本上完全一样（特殊工艺的玻化砖除外，如玻化砖中的新品填釉系列）。玻化砖属于全瓷的陶瓷产品，其耐磨性和抗折强度都很高，吸水率低（玻化砖的吸水率小于 1‰），主要用于地面材料。

玻化砖的常用规格是 400 mm×400 mm，500 mm×500 mm，600 mm×600mm，800 mm×800 mm，900 mm×900 mm，1 000 mm×1 000 mm。

5. 马赛克

马赛克是由数十块小的颗粒砖组成大块砖。它的特点是小巧玲珑、色彩斑斓，被广泛使用于室内小面积地面、墙面和室外较小的墙面和地面。马赛克的品种主要分为：

(1) 陶瓷马赛克。是最传统的一种马赛克，以小巧玲珑著称，但较为单调，档次较低。

(2) 大理石马赛克。此品种色彩丰富，但耐酸碱性差、防水性能不好。

(3) 玻璃马赛克。由于玻璃的色彩斑斓，制成的马赛克也是如此令人青睐，因此给马赛克市场带来蓬勃生机。玻璃马赛克依据玻璃的品种不同，又分为多种类型：

1）熔融玻璃马赛克。以硅酸盐等为主要原料，在高温下熔化成形并呈乳浊或半乳浊状，内含少量气泡和未熔颗粒的玻璃马赛克。

2）烧结玻璃马赛克。以玻璃粉为主要原料，加入适量黏结剂等压制成一定规格尺寸的生坯，在一定温度下烧结而成的玻璃马赛克。

3）金星玻璃马赛克。内含少量气泡和一定量的金属结晶颗粒，具有明显遇光闪烁性质的玻璃马赛克。

马赛克的常用规格有 20 mm×20 mm，25 mm×25 mm，30 mm×30 mm，厚度依次在 4～4.3 mm 之间。

6. 文化石

在一些富有个性和崇尚自然风格的居室中往往采用文化石来装饰墙面或地面，它属于特殊加工的瓷砖，表面模仿天然岩石的凹凸不平和点点晶体反光，装饰在室内有一种返璞归真的真实感。

二、瓷砖的分类

1. 按瓷砖的吸水率分类

陶质：指陶瓷的吸水率≥6%的陶瓷产品，主要用于墙面装饰。

半陶半瓷：指陶瓷的吸水率≥3%而<6%的陶瓷产品。

全瓷：指陶瓷的吸水率<3%的陶瓷产品，可以广泛用于墙面、地面装饰。

2. 按使用场合不同分类

内墙砖：使用于室内墙面的陶瓷材料，按花色可分为玻化墙砖、印花墙砖。

地砖：用于地面的陶瓷产品。

外墙砖：用于建筑外墙面以及阳台的陶瓷材料等。

广场砖：用于户外大型广场以及人行道等场合的陶瓷产品。

这种分类方式不是完全的，如玻化砖可以作为地砖，也可以用于内墙，甚至于外墙，但是釉面内墙砖由于耐磨性较差，不适合用于地面。

三、瓷砖的优点

跟石材相比，瓷砖有如下优点：

1. 硬度高，其指数达到莫氏8°。
2. 光泽度能够达到镜面80°以上。
3. 玻化抛光砖清洁保养比石材简单。
4. 玻化抛光砖能够做到颜色一致。
5. 玻化砖的辐射很小。

四、瓷砖的清洁保养

1. 瓷砖的清洁保养材料 pH 以中性为主，微酸、微碱均可，不可使用强酸清洁保养材料。

2. 瓷砖清洁保养时选用轻型清洁保养设备，防止因清洁保养设备的压置使瓷砖破裂。

3. 瓷砖表面可采用打蜡保养工序，但室外地面、卫生间地面、墙面除外。

单元测试题

简答题

1. 简述花岗石的构成、优点和产地。
2. 制定“人流众多、外围环境恶劣区域”石材表面清洁保养周期。
3. 木地板的清洁保养应注意什么？
4. 地毯的维护和保养应注意什么？

5. 制定玻璃的清洁保养周期。

6. 瓷砖有哪些品种？怎样分类？

单元测试题答案

简答题

1. 答：花岗石主要由石英、长石、辉石、角闪石矿物组成，具有质坚耐腐蚀、抗压强度大、硬度高、耐磨性能好、化学稳定性强等优点，适用在经受风吹雨打及耐磨、力学性能要求高的场合，如建筑物的墙、客流量大的厅堂、楼梯踏步、台阶等处的装饰。

花岗石是应用历史最久、用途最广、使用最多的岩石，也是地壳中最常见的岩石。花岗岩一般为浅色，多为灰、灰白、浅灰、红、肉红等，其普通耐用年限为 200 年。

花岗岩常常以岩基、岩株、岩块等形式产出，并受区域大地构造控制，一般规模都比较大，分布也比较广泛。在我国，花岗岩石材矿床除分布在褶皱带，地盾和陆台结晶基底地区外，还大量出现在我国东部中生带和燕山期陆台活化的广大地区。如广东、福建、江西、浙江等省都是很有名的花岗岩产地。

2. 答：(1) 石材表面清洗。石材室内地面清洗相隔 1～2 周；石材室内墙面清洗相隔 8～12 周；石材室外墙面清洗相隔 8～12 周。

(2) 石材表面打蜡。石材室内地面打蜡相隔 1～2 周；石材室内墙面打蜡相隔 8～12 周。

(3) 石材打蜡表面抛光。石材室内地面打蜡抛光每天进行；石材室内地面打蜡抛光相隔 4～6 周。

(4) 石材打蜡表面抛光后室内不间断地推尘保养应每天进行。

3. 答：(1) 木地板的清洁保养不可采用水洗和湿抹布、拖布擦拭。无论木地板或漆面，均不允许被大量的水浸泡。

(2) 木地板的清洁保养不可采用多功能擦地机和高速抛光机，原因在于木地板承受不了这两种设备的质量和转速。

4. 答：(1) 地毯在使用时，应尽量避免强烈的阳光直射，以免地毯老化褪色。

(2) 使用过程中不得沾染油污、酸性物质、有色液体等。发生污染，应立即用地毯除渍剂清除。

(3) 污染严重需清洁保养。地毯的清洁保养分干洗、湿洗和蒸汽清洗。但使用卷式地毯的倒刺板卡条铺装和卷式地毯的黏结固定铺装的地毯不能采用湿洗。

(4) 地毯应定时用吸尘器沿着顺毛方向清扫。

(5) 使用中，在家具的腿部接触地毯处，应放置垫层或经常移动家具。对磨损严重的部位，除采取用覆盖物加以保护外，还可调换位置使用。

(6) 铺设地毯的房间应注意通风、防潮，以免地毯霉变、腐蚀等现象。

5. 答：按照《上海市建（构）筑物外墙面清洗粉刷管理研究》的论证报告指出，在上海市的景瞻道路两侧，建（构）筑物有色幕墙玻璃外侧每 6 个月清洗 1 次、无色幕墙玻璃和其他建（构）筑物窗玻璃外侧每 3 个月清洗 1 次；居住小区、郊县城镇的建（构）筑物有色幕墙玻璃外侧每 12 个月清洗 1 次、无色幕墙玻璃和其他建（构）筑物窗玻璃外侧每 3 个月清洗 1 次。建（构）筑物幕墙玻璃、窗玻璃内侧清洗时间自定。对玻璃清洁保养有特殊要求的建筑物（如五星级宾馆），根据实际情况自定。

6. 答：瓷砖的品种有釉面砖、通体砖、抛光砖、玻化砖、马赛克、文化石。

瓷砖的分类：

(1) 按瓷砖的吸水率主要分为以下 3 种：

陶质：指陶瓷的吸水率≥6%的陶瓷产品，主要用于墙面装饰。

半陶半瓷：指陶瓷的吸水率≥3%而<6%的陶瓷产品。

全瓷：指陶瓷的吸水率<3%的陶瓷产品，可以广泛用于墙地面装饰。

(2) 按使用场合不同可以分为以下 4 种：

内墙砖：使用于室内墙面的陶瓷材料。按花色可分为玻化墙砖、印花墙砖。

地砖：用于地面的陶瓷产品。

外墙砖：用于建筑外墙面以及阳台的陶瓷材料。

广场砖：用于户外大型广场以及人行道等场合的陶瓷产品。

第六单元　建筑物清洁保养工艺

承接一项建筑物清洁保养工程时，面临的问题将是该选用什么样的清洁保养材料、设备、工具，以及采用什么样的方法去完成这项建筑物清洁保养工程；在建筑物的清洁保养中应该注意些什么；怎样才能取得最佳的清洁保养效果和取得最大的经济效益。通过制定建筑物清洁保养工艺，使以上问题得以解决，使得清洁保养工作有章可循，也可以减少盲目操作、错误操作、不合理操作、不恰当操作带来的多类弊病和损失。

第一节　建筑物清洁保养工艺的制定原则

建筑物无论大小都有着昂贵的价值，经过装修的建筑物更是价格不菲，因此，做好每一项建筑物清洁保养工程是业主、物业和专业清洁保养公司的最大愿望。编制一份合理、有效的“建筑物清洁保养工艺”，可以使业主、物业利益得到保障，专业清洁保养公司获得收益。建筑物清洁保养工艺的制定有着一定的原则。

一、编制“建筑物清洁保养工艺”应符合规范

1. 心理意识上的规范

编制“建筑物清洁保养工艺”，要有正确的诚信意识。建筑物清洁保养作为一种行业，牵扯着各方面的经济利益，不同方面的人会产生不同的心理状态，这就需要编制“建筑物清洁保养工艺”的人员有正确的心理素质，以诚信的态度，认真地对待承接的每一个建筑物清洁保养工程，编写出规范、正确、合理的“建筑物清洁保养工艺”，尽可能地满足各方面的要求。

2. 清洁保养材料选用的规范性

随着科技的发展，目前市场上供选购的建筑物清洁保养材料种类繁多，功能也各有千秋。正确选择和合理使用清洁保养材料是编制“建筑物清洁保养工艺”时的原则之一，选择、使用清洁保养材料应掌握以下原则：

（1）无损害性

1）不使被清洁保养的建筑物装饰材料表面褪色。

2）不使被清洁保养过的地面过滑、行走时产生危险。

3）不使建筑物装饰的结构产生破坏，如不使外墙悬挂的装饰面和粘贴的装饰面因被清洁保养剂腐蚀、损坏而松动、脱落。

4）不使特殊的表面涂层，如防火涂层、防静电涂层、防滑涂层、釉面层等剥离或腐蚀。

5）对操作人员的身体无任何损伤。

（2）洁净性

1）清除各类污垢。

2）恢复建筑物装饰材料原有特性。

（3）质量保障

1）有全套的质检证书。

2）有试清洁保养的小样。

3）合格的清洁保养材料应具备的文件。一种由专业工厂生产、专业代理商出售的合格的清洁保养材料应具备下列文件：

①详细的说明书。说明书内容包括：功效、使用范围、特性、颜色、密度、pH 值、固体物等，使用说明，注意事项，包装。

②产品合格证。

③产地卫生机构的《卫生许可证》。

④产地或代理商当地卫生防疫机构的《检验报告书》。

⑤标准。批量供应时，生产厂商应提供该产品的国家标准、行业标准、地方标准或企业标准。

3. 设备、工具选用的规范性

对编制“建筑物清洁保养工艺”选用的建筑物清洁保养专用设备应有较详细的了解，主要包括：

（1）功能。主要指建筑物清洁保养的部位、工序及在建筑物清洁保养施工中的作用等。

（2）技术参数。包括设备重量、功率等，分述如下：

1）重量。设备的重量适合用于建筑物清洁保养的部位，不会因为该设备的功能特点而影响、损坏建筑物清洁保养部位的装饰表面和建筑结构。

2）可操作面。设备工作的最大宽度、高度。

3）功率。设备电动机的能耗、变速的方式等。

（3）特点。同一类设备，有不同的产品类型、型号及不同的特点，以适应用户的需求。特点包括转速、齿轮比率、电源线长度、材质、工作方式等。

对“建筑物清洁保养工艺”选用的建筑物清洁保养专用工具，应详细了解其功能、使用方法、应用范围和材质。

4. 清洁保养员工选用的规范性

清洁保养员工是执行“建筑物清洁保养工艺”的关键，恰当地选用施工人员是非常重要的事情。

（1）清洁保养员工必须经过专业培训。

（2）对不同的建筑物清洁保养施工，可选择适合的施工人员（一般情况下）：

1）建筑物外墙面清洁保养施工可选择男性、体格健壮、无恐高症的施工人员。

2）建筑物外围环境清洁保养施工可选择男性、体格健壮的施工人员。

3）建筑物室内墙面、玻璃面 7 m 以上清洁保养施工可选择男性、体格健壮、无恐高症的施工人员。

4）建筑物室内地面采用多功能擦地机清洁保养施工可选择男性、体格健壮的施工人员。

5）建筑物室内石材地面采用多功能擦地机进行翻新施工可选择男性、体格健壮的施工人员。

6）建筑物室内地面进行打蜡施工可选择男性、体格健壮的施工人员。

7）建筑物室内打蜡地面采用高速抛光机进行保养施工可选择女性、体格健壮的施工人员。

8）建筑物室内打蜡地面采用尘推进行不间断保养施工可选择女性、体格健壮的施工人员。

9）建筑物室内卫生间清洁保养施工可选择女性、体格健壮的施工人员。

10）建筑物室内电梯轿箱清洁保养施工可选择女性、体格健壮的施工人员。

11）建筑物室内地毯地面采用多功能擦地机进行清洁保养施工可选择男性、体格健壮的施工人员。

12）建筑物室内采用吸尘机进行吸尘施工可选择女性、体格健壮的施工人员。

13）建筑物室内消防通道清洁保养施工可选择女性、体格健壮的施工人员。

14）建筑物室内天花板装饰品清洁保养施工可选择女性、体格健壮的施工人员。

选择施工人员时，除建筑物外墙面清洁保养施工可选择男性施工人员外，其他施工项目应根据施工人员的实际情况而确定。

二、编制“建筑物清洁保养工艺”应关注经济性

“建筑物清洁保养”施工，是由委托和被委托、施工和被施工双方组成的，双方存在着经济利益。只有被委托方（施工方）认真、负责的施工，建筑物装饰表面得到彻底的清洁和有效的保养，才能使委托方（被施工方）认为自己的建筑物得到的清洁保养和自己受到的服务是物有所值，而被委托方（施工方）在施工价格上存在着营利空间，使得双方在经济上都有收获，获得双赢。

1. 编制“建筑物清洁保养工艺”应注重工艺简便的操作原则

(1) 适用于机械施工，施工效率高，施工质量有保证。

(2) 选用的清洁保养材料价格适当，除污效率高，有较强的宽容度和多功能。

(3) 最大限度满足委托方（被施工方）的要求。

(4) 符合施工现场的实际条件和施工价格的允许范围，节省人力、设备、材料。

(5) 在清洁保养材料用量、人工的调配、工序编排达到质量标准的前提下，节约开支。

2. 编制“建筑物清洁保养工艺”应注重安全性

(1) 编制“建筑物清洁保养工艺”应符合选用的建筑物清洁保养专用设备的“安全操作规程”。

(2) 编制“建筑物清洁保养工艺”应符合选用的建筑物清洁保养专用工具的“规范化操作”。

(3) 编制“建筑物清洁保养工艺”应充分考虑施工的地点、气候、建筑物形状等环境状况。

(4) 编制“建筑物清洁保养工艺”应符合有关国家、地方、企业的安全施工的法规、条例、标准。

(5) 凡认为存在的不安全因素，在编制“建筑物清洁保养工艺”时应充分考虑，不得编制其中。

第二节　建筑物清洁保养的周边环境

不同的建筑物有不同的清洁保养方法，不同的环境对建筑物会产生不同的污染，不同的业主、物业对建筑物清洁保养有不同的要求，采用不同的建筑物清洁保养工艺会有不同的清洁保养效果。当接到一份建筑物清洁保养施工合同，编制“建筑物清洁保养施工工艺”时，在掌握了上节内容中提到的原则基础上，必须实地察看建筑物清洁保养施工现场，对施工现场的实际情况有详细的了解，这样才能制定出施工方、业主方都满意的《建筑物清洁保养施工工艺》。

一、外围环境

实地察看以建筑物清洁保养施工现场为中心 5 km 范围内的环境情况（见图 6—1），包括地形地貌、道路、河流、工厂、建筑工地、建筑物、车流、人流等情况，这些都是形成建筑物污染源的因素之一。

图 6—1　建筑物清洁保养施工现场的外围环境

1. 地形地貌

建筑物的周边是平地、坡地、山地、河流、湖波、公园或高层楼宇、繁华街道，地形地貌影响着建筑物所在的局部环境内空气上下流动的走向，对风及风向的形成、雨水的流淌方向起着决定性作用。大气中带有腐蚀性有害气体，大地上细小的沙砾，浮沉在空气中的灰尘以及建筑物外墙面产生的静电吸引力等，风是污染源的主要携带者。实地察看地形地貌对建筑物外墙面清洁保养施工有着直接的作用，在建筑物内部清洁保养施工时，对污染源的分析和选择有效控制手段有间接作用。

2. 道路、车流、人流

建筑物四周道路的宽敞程度，车流量、人流量决定着建筑物清洁保养施工工艺的确定。道路宽敞，车流量、人流量较少，相对空气中的硫化物、悬浮物较少；反之，建筑物清洁保养工程需增加人力和物力。

3. 建筑工地、河流

建筑工地和河流中的灰尘、沙砾是城市污染源的发源地。建筑用的沙、石、水泥等材料大多是散装的，主要靠航行在河流上的船来实现运输。河水的流动，使空气流动相对频繁，船上的沙、石、水泥的细沫随风飘荡，形成强大的污染源。如果建筑物清洁保养施工现场外围环境中的河流上还有一个装卸码头，污染的程度会更大。

4. 工厂

工厂对建筑物清洁保养施工现场外围环境有影响的污染源是排放物、人流、车流、噪声。排放物又分固体排放物、液体排放物、气体排放物。噪声对建筑物清洁保养施工没有直接的影响，但是会对业主、客户产生烦躁的心理状态，需要对建筑物清洁保养施工人员的服务态度提出要求，以缓解建筑物清洁保养施工对业主、客户正常生活、工作产生的影响。

二、建筑物的外表结构

建筑物的外表结构包括建筑物的外形结构、建筑物的高度、建筑物的外墙面装饰材料、建筑物的内部结构等。建筑物的外形结构大致有以下几种：

1. 垂直形建筑物

整个建筑物上下笔直（见图 6—2）。这样的建筑物外形是建筑物外墙面清洁保养施工中最好操作的一种类型，也是污染物沾染最少的一种类型。

2. 凹凸形建筑物

建筑物的外部有不同形式的凹凸平面或造型（见图 6—3）。建筑物外墙面上任何细小的水平面和凸出物的上侧，都会积存较多的污垢，雨水流淌经过时，会将污垢带到窗下墙面和水平凸出物的垂直面及其下侧。建筑物水平凸出物的垂直面及其下侧是建筑物外墙面清洁保养的重点。

图 6—2　垂直形建筑物的外表结构

图 6—3　凹凸形建筑物的外表结构

3. 深凹形建筑物

建筑物的外部有凹入建筑物的外部表面超过 2 m 的表面造型。这类建筑物的深凹部分表面清洁保养，应采用专用设备深入凹形内部进行。

4. 金字塔形建筑物

建筑物下大上小，上部形成尖顶（见图 6—4）。这类建筑物的建筑物外墙面清洁保养有一定的难度，尖顶端无法固定建筑物外墙面清洁保养的设备和绳索，建筑物外墙面清洁保养员工也无法上至建筑物尖顶端。此类建筑物一般采用三种方式来进行外墙面清洁保养：一为安装升降设备，二为搭建脚手架，三为在建筑物尖顶端各面开天窗，将设备与绳索固定在室内。此类建筑物的外墙面污染较少，原因是经过风和雨水的冲刷，大部分的污垢、污渍被流淌到了建筑物尖顶端下部的平面或下部的垂直面上。

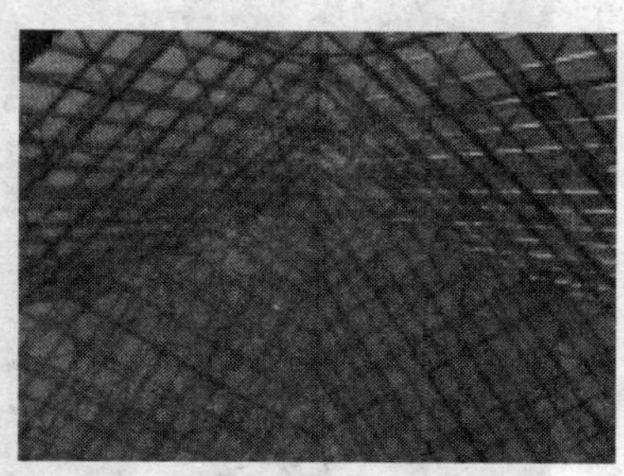

图 6—4　金字塔形建筑物的外表结构

5. 倒金字塔形建筑物

建筑物上大下小（见图 6—5），以体育场馆居多。采用专业设备进行建筑物外墙面清洁保养难度不大；采用绳索的登高板下吊的建筑物外墙面清洁保养方式有一定的难度，需要将绳索的下端固定在建筑物下面的凹入部分。此类建筑物外墙面污垢、污渍较多，原因是建筑物上大下小，下部的污垢、污渍不容易被风和雨水冲刷，使污渍长期留存下来，形成了较顽固的污垢。由于建筑物外墙面清洁保养员工在清洁保养时，整个身体是倾斜状态，会影响清洁保养的质量。

图 6—5　倒金字塔形建筑物的外表结构

6. 圆球形建筑物

圆球形又分为扁圆形、正圆（见图 6—6）形和弧形（见图 6—7）等。这类建筑物的外形是金字塔形和倒金字塔形的组合，因此兼具有以上两种形状在清洁保养时的困难。如果建筑物外表面呈凹凸结构，建筑物外墙面清洁保养员工在清洁保养时能找到一些落脚点；如果建筑物外表面呈平面结构，建筑物外墙面清洁保养的难度就更大。

图 6—6　扁圆形、正圆形建筑物的外表结构

图 6—7　弧形建筑物的外表结构

7. 无规则形建筑物

无规则形建筑物的外形对建筑物外墙面清洁保养有着较大的难度，增加了建筑物外墙面藏污纳垢的机会。

三、建筑物的高度

建筑物的高度是建筑物外墙面清洁保养的关键问题。建筑物高，意味着建筑物外墙面清洁保养的面积大，建筑物外墙面清洁保养工程的价值高，也意味着建筑物外墙面清洁保养的难度随之加大。

1. 多层建筑

一般来说，7 层以下的建筑物称之为多层建筑。这类多层建筑物的外墙面清洁保养较为简单。由于高度低，建筑物外墙面清洁保养员工下吊清洁保养往复的频率较高，工作效率较低。这类建筑物一般没有电梯，建筑物外墙面清洁保养员工每一吊清洁保养完成后，需带着所有工具，再次或多次爬上楼顶，工作强度较大。由于高度低，建筑物外墙面清洁保养员工对安全意识会有所忽视，工作安全系数不高。

2. 小高层建筑

8～11层的建筑物称之为小高层建筑。这类建筑物一般设有一部电梯。建筑物外墙面清洁保养员工每一吊完成后，可搭乘电梯进入楼顶，工作强度相对较小。由于建筑物外墙面清洁保养员工与业主、客户同乘一部电梯，需注意双方的关系。由于高度低，建筑物外墙面清洁保养员工对安全意识会有所忽视，工作安全系数不高。

3. 高层建筑

11～24层，高度在100 m左右的建筑物称为高层建筑。这类建筑物一般设有两部电梯或设有员工电梯，建筑物外墙面清洁保养员工应乘坐员工电梯。这类建筑物采用建筑物外墙面登高板下吊清洁保养工艺效率最高，部分高层建筑设有外墙面清洁保养专用设备，在清洁保养时最好采用专用设备，以提高安全性，但此种方法工作效率不高。

4. 超高层建筑

24层以上，高度在100 m以上的建筑物称为超高层建筑。目前最高的建筑物达到100层左右和400 m以上的高度。这类超高层建筑都设有外墙面清洁保养专用设备。由于太高，一般不采用建筑物外墙面登高板下吊清洁保养工艺，而采用外墙面清洁保养专用设备清洁保养工艺，但这种工艺的工作效率不高。如图6—8所示高478 m的马来西亚首都基隆坡的双塔楼正在清洗外墙。

图6—8　超高层建筑正在清洗外墙

四、建筑物的内部结构

建筑物内部是清洁保养的重点和难点。建筑物内部结构各不相同，建筑物的内部结构体现出业主、客户的爱好、情趣和品位等。详细了解建筑物的内部结构，用“建筑物清洁保养的专业眼光”看待建筑物的内部结构，对制定出恰当、准确的《建筑物清洁保养工艺》十分重要。

1. 大堂

具有社会性质、商业性质的建筑物一般都有大堂。大堂的特征是：场地宽大、装饰考究，有代表性标志（见图 6—9）。大堂可以设在整栋建筑物的底层大门内；可以设在业主、客户所拥有的几层楼面中某一层的通道（电梯、安全通道）入口处；可以设在业主、客户所拥有楼面的通道（电梯、安全通道）入口处；也可以设在业主、客户所拥有房间的大门内。

图 6—9　大堂

大堂是建筑物清洁保养重点中的重点。大堂代表业主、客户的门面，是业主、客户实力的体现，是建筑物的标志，也是建筑物清洁保养企业展示自己形象、品牌的广告。要让进入大堂的每一个人眼前一亮，是业主、客户所希望的，也是建筑物清洁保养的目的。

大堂的各个面都是建筑物清洁保养的对象。大堂地面大都以石材、地砖装饰，根据人流情况需要定期进行清洗、打蜡、抛光或石材镜面处理。日常清洁保养以不间断推尘为主。

设在楼面通道入口处的大堂地面，有以石材、地砖装饰，也有采用地毯装饰的。采用地毯装饰的地面，要定期对地毯进行清洗。清洗按业主、客户要求，可选择干洗、湿洗和采用一体地毯清洗机清洗。日常清洁保养以每日数次的吸尘为主，配合对地毯各类污渍的及时清除。

设在整栋建筑物的底层大门内的大堂墙面大都以石材、墙砖装饰，需定期进行清洗、打蜡、抛光。在大堂墙面上大都有装饰品或标志性物品，需每日用灰尘掸除尘一次。

设在整栋建筑物的底层大门内的大堂天花板，大都有雕花装饰和豪华的灯饰，设在楼面通道入口处的大堂天花板，由于层高的原因，一般选用内嵌式灯饰，应定期除尘擦拭。

2. 大厅

宽敞、无遮拦、大面积的室内场地（见图6—10）。影剧院、会议厅、会客厅、展厅、餐厅、商场、候车室（候船室、候机室）等室内场地属于大厅；大堂也属于大厅。大厅可按人流分为人流少和人流多两种。会议厅、会客厅人流相对少；影剧院、展厅、餐厅、商场、候车室（候船室、候机室）人流相对多。大厅可按污染程度分为污染程度小和污染程度大两种。会议厅、会客厅、展厅污染程度相对小；影剧院、餐厅、商场、候车室（候船室、候机室）污染程度相对大。大厅可按对建筑物清洁保养的要求分为对建筑物清洁保养的要求高和对建筑物清洁保养的要求低两种。会议厅、会客厅、展厅、候机室（候车、候船贵宾室）对建筑物清洁保养的要求相对高；影剧院、餐厅、商场、候车室（候船室）对建筑物清洁保养的要求相对低。

对于人流少、污染程度小，对建筑物清洁保养要求高的大厅，以石材、地砖装饰的地面需定期进行清洗、打蜡、抛光或石材镜面处理，日常清洁保养以不间断推尘为主；采用地毯装饰的地面，定期对地毯进行清洗。清洗按业主、客户要求，可选择干洗、湿洗和采用一体地毯清洗机清洗。日常清洁保养以每日数次的吸尘为主，配合对地毯各类污渍的及时清除。

对于人流多、污染程度大、对建筑物清洁保养的要求低的大厅，以石材、地砖装饰的地面需每周打蜡、抛光、吸尘，每日不间断推尘清洁保养或清扫。采用地毯装饰的地面，定期对地毯进行清洗。清洗按业主、客户要求，可选择干洗、湿洗和采用一体地毯清洗机清洗。日常清洁保养以每日数次的吸尘为主，配合对地毯各类污渍的及时清除。

大厅墙面、顶面的清洁保养，按大堂的清洁保养程序进行。

3. 电梯

电梯分轿箱升降式和自动扶梯式两种。小高层建筑、高层建筑、超高层建筑设有轿箱升降式电梯；大堂、大厅大多设有自动扶梯式电梯。

建筑物清洁保养所关注的是升降式电梯轿箱内的六个面、轿箱外的电梯自动门及电梯前的电梯间。轿箱内的四个墙面中一个面是自动开启门，自动开启门大都采用亚光不锈钢材料；另三个面以采用镜子或镜面金属居多，也有少数采用其他装饰材料。轿箱内的地面采用木材、石材、地砖、地毯等各种装饰材料。

电梯间地面采用木材、石材、地砖、地毯等各种装饰材料，电梯间墙面则采用石材、墙砖、涂料等装饰材料。电梯间天花板由于层高的原因，一般选用内嵌式灯饰。

轿箱升降式电梯内、外控制面板的触摸按钮，应每天不间断消毒擦拭。

4. 楼梯（安全通道）

任何建筑物都有楼梯（安全通道）。在没有电梯的建筑物内，称之为楼梯；在有电梯的建筑物内，称之为安全通道。

楼梯（安全通道）表面由混凝土制成或由釉面地砖装饰，是业主、客户上下建筑物的通道，因此清洁保养十分重要。每天应清扫楼梯（安全通道）表面，对楼梯（安全通道）扶手的擦拭也不应忽视。

5. 卫生间

卫生间也称为洗手间、盥洗室，是人们日常必需的空间（见图 6—11）。室内空间的装饰表面基本上以釉面墙、地砖为主。坐便器、小便器、洗脸盆等称为卫生陶瓷（也称为卫生洁具）。卫生陶瓷按用途和结构可分为：

图 6—10　大厅

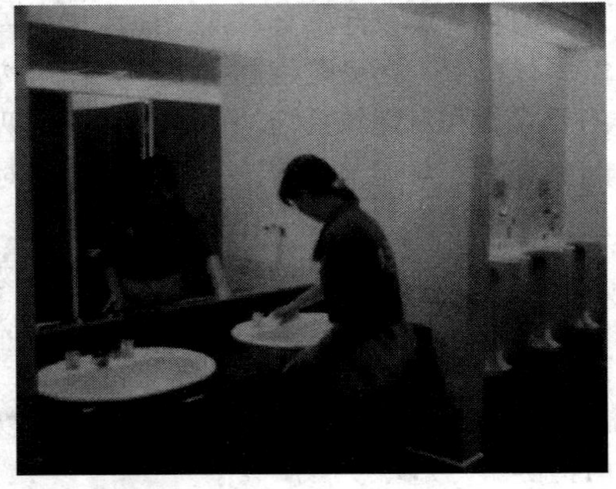

图 6—11　卫生间

(1) 洗脸盆（洗面器）。有立柱式、托架式、台式等。

(2) 坐便器、蹲便器。有虹吸式（喷射虹吸式、旋涡虹吸式）、冲落式等。

(3) 小便器。有斗式、壁挂式、落地式等。

(4) 水箱。有低水箱（壁挂式、坐装式）、高水箱等。

(5) 龙头。有冷/热水龙头、冷水龙头。

(6) 小配件。有肥皂盒、手纸盒、化妆板、衣帽钩、手巾架托。

卫生间的清洁保养，直接体现了建筑物清洁保养的管理水平、清洁保养工艺的先进程度和清洁保养施工人员的敬业精神。

6. 房间（写字间、会议室、卧室）

房间是业主、客户生活或工作的地方，最能体现出业主、客户的个性和特点，也是建筑物清洁保养的重中之重，建筑物清洁保养员工应该用最细致、最体贴的方式对房间（写字间、会议室、卧室）进行清洁保养。

第三节　制定建筑物清洁保养工艺的因素

制定建筑物清洁保养工艺是一个综合性的构思过程，有着错综复杂的各种因素，制定者一定要有对各种因素的掌控能力，才能设计、制定出符合实际的、合理的建筑物清洁保养工艺。

一、墙面

1. 确定建筑物墙面清洁保养施工部位的实际高度和登高施工设备、工具

（1）建筑物外墙面

1）确定建筑物外墙面清洁保养的高度。察看建筑物的设计图纸，确定建筑物的实际高度；确定建筑物局部清洁保养所在位置的实际实地测量，确定建筑物的实际高度；确定建筑物局部清洁保养所在位置的实际高度。

2）选择建筑物外墙面整体清洁保养、建筑物外墙面上部清洁保养登高施工设备、工具。建筑物外墙面整体清洁保养或上部清洁保养应选择建筑物自有的电动高处作业吊篮、租借电动高处作业吊篮或“座式登高板”进行高空下吊施工。

3）选择建筑物外墙面下部清洁保养登高施工设备、工具。15 m以上选择建筑物自有的电动高处作业吊篮、租借电动高处作业吊篮或“座式登高板”进行高空下吊施工；6～15 m使用升降机；2～6 m高度使用4.5 m伸缩杆；2 m以下，施工人员直接操作。

（2）建筑物室内墙面

选择建筑物室内墙面清洁保养登高施工设备、工具。“座式登高板”进行高空下吊施工；6～15 m使用升降机；2～6 m高度使用4.5 m伸缩杆；2 m以下，施工人员直接操作。清洁保养室内楼梯边墙装饰表面时，应使用“┓”形平台，在平台平面上放置铝合金人字梯。

2. 建筑物墙面清洁保养施工部位的结构、装饰材料

（1）建筑物外墙面清洁保养施工部位的结构、装饰材料

1）建筑物外墙面结构。建筑物外墙面，除墙面外一般都有阳台（内嵌式、外延式、敞开式、封闭式）、窗户（上下开启式、左右开启式、推拉式、百叶式）、门（旋转式、感应自动开启式、左右开启式、推拉式）、挑檐（见图6—12）、廊柱等。

2）建筑物外墙面装饰材料。外墙面的装饰材料有花岗岩、玻璃、铝合金、不锈钢、釉面砖、涂料，而且新材料还在不断地推出。

3）建筑物外墙面装饰材料的组合

①多种材料组合装饰。如花岗岩、铝合金板与玻璃的组合；不锈钢与玻璃的组合；铝合金板与玻璃的组合；涂料与玻璃的组合等。

②纯玻璃幕墙装饰。包括金属框架构件全部不显露在外面的“隐框”玻璃幕墙和由玻璃板与玻璃肋制作的“全玻璃幕墙”。全玻璃幕墙大都处在建筑物的大堂或建筑物下部三层的位置。

实际上纯粹的玻璃幕墙装饰是不存在的。建筑物的1～5层左右，大都以自己独特的方式进行组合装饰，以达到建筑物的稳固、雄伟。

（2）建筑物室内墙面清洁保养施工部位的结构、装饰材料

图 6—12　挑檐

1）建筑物室内墙面结构。室内墙面，除墙面外一般都有窗户（上下开启式、左右开启式、推拉式）、门（旋转式、感应自动开启式、左右开启式、推拉式），还有各种形状的柱面。

2）建筑物室内墙面装饰材料。室内墙面的装饰材料有大理石、花岗岩、玻璃、铝合金装饰板、不锈钢装饰板、铜合金装饰板、釉面砖、木胶合板、涂料、塑料壁纸、贴墙布等。

3. 选择建筑物墙面清洁保养施工需用的清洁保养材料、设备、工具

（1）选择建筑物外墙面清洁保养施工需用的清洁保养材料、设备、工具

1）选择建筑物外墙面清洁保养施工需用的清洁保养材料。建筑物外墙面清洁保养施工需用的清洁保养材料原则上采用钙化清洁剂、中性全能清洁剂、玻璃清洁剂、墙地砖清洁剂、水泥浆清除剂、不锈钢清洁剂、水等（由于清洁保养材料发展得非常快，仅提供参考）。

2）选择建筑物外墙面清洁保养施工需用的设备、工具。建筑物外墙面上部清洁保养需用的设备有潜水泵；工具有水桶、抹水器、刮水器、清洗滚筒、抹布、板刷、清洗水管、吸盘；登高工具有工作绳、生命绳、安全带、座式登高板、下滑扣（“U”形环扣）、自锁钩、衬垫；防护用品有工作服、安全帽、防护手套、防护鞋。

建筑物外墙面下部清洁保养需用的设备有高压清洗机；工具有水桶、抹水器、刮水器、清洗滚筒、抹布、板刷、清洗水管、伸缩杆；防护用品有工作服、安全带、安全帽、防护手套、防护鞋。

（2）选择建筑物室内墙面清洁保养施工需用的清洁保养材料、设备、工具

1）建筑物室内墙面清洁保养施工需用的清洁保养材料。建筑物室内墙面清洁保养施

工需用的清洁保养材料原则上有起蜡水、石材面蜡、50～60℃热水、钙化清洁剂、中性全能清洁剂、玻璃清洁剂、墙地砖清洁剂、水泥浆清除剂、不锈钢清洁剂、铜材清洁剂、木制品清洁剂等（由于清洁保养材料发展得非常快，仅提供参考）。

2）建筑物室内墙面清洁保养施工需用的设备及工具。建筑物室内墙面清洁保养施工需用的设备有吸水机、手提式抛光机；工具有刮刀及备用刀片、抹水器、刮水器、抹布、百洁布、被单布、吸水毛巾、喷壶、水桶、伸缩杆、鸡毛掸；防护用品有工作服、安全带、安全帽、防护手套、防护鞋。

4. 建筑物墙面清洁保养施工中应注意的问题

（1）安全隔离区

1）建筑物外墙面清洁保养施工部位的安全隔离区。建筑物外墙面清洁保养施工部位的安全隔离区分上部安全隔离区和下部安全隔离区。上部安全隔离区为建筑物顶部天台，顶部天台门未经允许，不得进入。下部安全隔离区为建筑物外墙以外 3～5 m 的范围和正在进行建筑物外墙面清洁保养施工部位的宽度的范围。在这个范围内，应设立安全隔离区，安全隔离区应设有明显的隔离栏。

2）建筑物室内墙面清洁保养施工部位的安全隔离区。室内墙面清洁保养施工部位的安全隔离区为施工墙面以外 3～5 m 的范围和正在清洁保养施工部位的宽度的范围。使用伸缩杆清洁时，施工墙面下面距墙面的范围不得短于伸缩杆伸长后的长度。

安全隔离区内有通道或门，必须在通道入口前或门外设有明显的隔离栏或告示牌。

（2）建筑物墙面清洁保养施工重污染区域

1）幕墙横断面上和窗框下的排水孔在清洁保养时，应进行清理、疏通，以保证排水孔的通畅。

2）要加强对外墙立面的凹凸部位、特殊形面、淋不到雨的部位、窗框下沿、排水孔下端等的清洗。这些部位会存在较多的沉积性污垢和不均匀污染。

3）室内墙面金属结构框及门缝、拉手下部死角处尤其是门框铰链、轨道结合处应重点擦拭。

二、地面

1. 采用大理石、花岗岩、水磨石、人造大理石地板及木地板、PVC 塑料地板、釉面地砖装饰的建筑物室内地面清洁保养工艺

（1）采用大理石、花岗岩、水磨石、人造大理石地板及木地板、PVC 塑料地板、釉面地砖装饰的建筑物室内地面清洁保养工艺有清洗、起蜡、打蜡、打蜡层抛光、打蜡层吸尘抛光、直接抛光、不间断推尘、扫帚清扫、拖布清扫等。大理石、花岗岩地面清洁保养方式还有镜面处理、石材护理、石材翻新等清洁保养工艺（由于室内地面清洁保养工艺发展得非常快，仅提供参考）。

（2）采用大理石、花岗岩、水磨石、人造大理石地板及木地板、PVC 塑料地板、釉面地砖装饰的建筑物室内地面清洁保养工艺的设备、工具、清洁保养材料

1）采用大理石、花岗岩、水磨石、人造大理石地板及木地板、PVC 塑料地板、釉面地砖装饰的建筑物室内地面清洁保养方式的设备有自动擦地机、多功能擦地机、吸水/吸尘机、高速抛光机、手提式抛光机、涡轮式干风机、拖线盘及清洁保养设备的附属用品。

2）采用大理石、花岗岩、水磨石、人造大理石地板及木地板、PVC 塑料地板、釉面地砖装饰的建筑物室内地面清洁保养工艺的工具有刮刀及备用刀片、水桶、被单布、吸水毛巾、板刷、喷壶、蜡拖、蜡车、清洗垫（机用）、针盘（机用，也称清洗垫驱动器）、钢丝棉垫（机用）、尘推、扫帚、簸箕、拖布、告示牌；防护用品包括工作服、胶鞋、塑料薄膜鞋套。

3）采用大理石、花岗岩、水磨石、人造大理石地板及木地板、PVC 塑料地板、釉面地砖装饰的建筑物室内地面清洁保养工艺的清洁保养材料有起蜡水、封地蜡、面蜡、发泡剂、消泡剂、热水（50℃）、喷洁蜡、地推牵尘剂、云石坚固剂（也称大理石翻新磨光剂）、全能清洁剂、洗涤剂等（由于室内地面清洁保养材料发展得非常快，仅提供参考）。

（3）采用大理石、花岗岩、水磨石、人造大理石地板及木地板、PVC 塑料地板、釉面地砖装饰的建筑物室内地面清洁保养工艺应该注意的问题

1）地砖的清洗不可用酸性清洗剂。地砖表面虽然经过耐酸处理，但仍然会被酸性清洗剂腐蚀。用多功能擦地机清洗地砖表面时，应轻移轻动，防止地砖破裂。

2）木地板在清洗时，可不用起蜡水，改用洗涤剂。清洗用水量也应尽量减少，并应及时将水用吸水/吸尘机吸取，不得长时间留存残留污水。木地板清洗时，擦地机应选用专用清洗垫，清洗时间应相应缩短，以防止磨损木地板表面涂层。

3）云石坚固剂也可在花岗岩、水磨石地板表面上使用。云石坚固剂在浅色石材上使用，效果更好。云石坚固剂喷涂量不应太多。由于地板表面摩擦系数较大，抛光时会产生较高的温度，对针盘的损坏较大。

4）塑料地板起蜡时，热水不应超过 50℃，热水量也不应过多。

5）直接抛光工艺指每周一次采用喷洁蜡喷涂地板表面，用高速抛光机抛光做清洁保养，使地板表面有一定的光泽和亮度。

6）清洗、起蜡、打蜡工艺涂蜡前和每层涂蜡后，都必须将地板和蜡面晾干后方可进行下一程序的工作。打蜡区域封闭时间越长，对蜡面的干燥越有利。封闭时间不应少于 6 h。

7）擦地机、吸水/吸尘机的电源线和拖线盘电源线不应在起蜡水和清洗热水中浸泡时间过长。工作结束，应立即擦干电源线上的水迹。

8）保护地板表面蜡面的辅助设施和方法

①在建筑物大门前设置除尘地毯，清除进入者脚下的污垢和水迹。

②在建筑物大门前安装污垢、灰尘吸入式除尘孔。

③下雨时，在建筑物大门前设置雨具存放架。

④下雨时，在建筑物大门前分发雨具存放袋。

⑤劝阻正在食用饮料和食品者入内。

⑥劝阻有碍地板表层蜡面清洁者入内。

2. 采用地毯装饰的建筑物室内地面清洁保养工艺

（1）采用地毯装饰的建筑物室内地面清洁保养工艺有及时去除各类污渍，干式、湿洗、蒸汽干式等清洁保养工艺（由于地毯清洁保养工艺发展得非常快，仅提供参考）。

（2）采用地毯装饰的建筑物室内地面清洁保养方式的设备、工具、清洁保养材料

1）采用地毯装饰的建筑物室内地面清洁保养方式的设备有：蒸汽干洗地毯机、两用地毯抽洗机、双向旋转刷一体式抽洗地毯机、地毯清洗机、多功能擦地机、吸水/吸尘机、直式吸尘梳理机、涡轮式多速干风机等。

2）采用地毯装饰的建筑物室内地面清洁保养方式的工具有板刷、吸水毛巾、被单布、刮刀及备用刀片、喷壶、水桶、洗地刷（机用）、告示牌、阻拦式隔离带；防护用品有工作服、胶鞋、橡胶手套、塑料薄膜脚套。

3）采用地毯装饰的建筑物室内地面清洁保养方式的清洁保养剂有中性干泡地毯清洁剂、浓缩地毯清洁剂、超浓缩洗地毯粉、地毯除渍剂、地毯除油剂、除口香糖胶剂、消泡剂、热水（50℃）等（由于地毯清洁保养材料发展得非常快，仅提供参考）。

（3）采用地毯装饰的建筑物室内地面清洁保养工艺应该注意的问题

1）地毯干式清洗后 4 h 内，不应踩踏；地毯湿洗后地毯清洗区域的隔离时间不得少于 12 h。地毯清洗后直至吸去污垢结晶后，方可在地毯表面行走。

2）在清洗地毯前，应把地毯清洗区域隔离所需的时间提前告诉客户和业主，以求得到协助。

3）地毯干式清洗后，如必须在 4 h 内行走，则可用被单布在地毯边缘铺一条小通道，也可在脚上套脚套行走。

4）地毯受到茶、咖啡、蛋白质、油脂等污染后，应立即用除渍剂、化油剂清除。长期留存的污渍、污垢，清除起来较为困难。

5）地毯清洗后，室内应开启空调或打开窗户，以调节室内空气，加速地毯干燥。

6）因地毯中水分较多，虽吸去一部分，但仍有大部分留存在地毯中，故此工艺施工时，最好利用休假日。

3. 采用混凝土、彩色水泥地砖、仿石砖（广场砖）、水磨石、大理石、花岗岩等装饰材料的建筑物外围环境地面清洁保养工艺

（1）建筑物外围环境采用混凝土、彩色水泥地砖、仿石砖（广场砖）、水磨石、大理石、花岗岩等装饰材料的建筑物外围环境地面清洁保养工艺有扫帚清扫、拖布清扫、高压水冲洗等工艺。

（2）采用混凝土、彩色水泥地砖、仿石砖（广场砖）、水磨石、大理石、花岗岩等装

饰材料的建筑物外围环境地面清洁保养工艺的设备、工具、清洁保养材料有：高压清洗机、拖线盘、扫帚、拖布、尘推、簸箕、水桶、水管、变径快速接头；工作服、胶鞋、长筒胶靴、遮阳帽等。

（3）采用混凝土、彩色水泥地砖、仿石砖（广场砖）、水磨石、大理石、花岗岩等装饰材料的建筑物外围环境地面清洁保养工艺应该注意的问题

1）高压清洗机的压力较大，使用时喷嘴只能对准地面，不能对准行人、高空电线和其他物体。

2）高压清洗机的电源线和拖线盘电源线不得长时间浸在水中。高压清洗机喷嘴不得对准电源线冲洗。

3）水管变径快速接头、高压清洗机出水连接管必须密封良好。

三、天花板

1. 采用石膏板、矿棉装饰吸声板、膨胀珍珠岩吸声板、钙塑板、涂料、壁纸、木质胶合板等装饰的建筑物室内天花板、通风口、内嵌式灯饰清洁保养工艺有吸尘机吸尘、灰尘掸清扫、抹布擦拭等。

2. 采用石膏板、矿棉装饰吸声板、膨胀珍珠岩吸声板、钙塑板、涂料、壁纸、木质胶合板等装饰的建筑物室内天花板清洁保养工艺的设备、工具、清洁保养材料有吸尘机、升降机、灰尘掸、吸水毛巾、抹布、被单布、伸缩杆、老虎夹、中性全能清洁剂；工作服、胶鞋、安全带、安全帽。

3. 采用石膏板、矿棉装饰吸声板、膨胀珍珠岩吸声板、钙塑板、涂料、壁纸、木质胶合板等装饰的建筑物室内天花板清洁保养工艺应该注意的问题

（1）天花板装饰材料的材质均较软，吸尘附属工具接触装饰表面时，要轻吸轻移。

（2）天花板装饰材料表面和通风口、灯饰清洁保养时，下面地板若是打蜡层或地毯，则应铺被单布覆盖，以防止地板打蜡层和地毯再次被污染。发现污染或损坏，及时清洗或修补。

（3）吸尘机吸耙口的毛刷应干净，以免污染天花板装饰表面。

（4）鸡毛掸羽毛要柔软，不得有硬梗。

（5）吸水毛巾、抹布一定要干净。

（6）清洁保养灯饰表面时，一定要切断电源，注意安全；灯泡经湿擦后，安装前一定要用吸水毛巾擦拭，保证干燥、不漏电。

四、卫生间

1. 采用卫生陶瓷洁具及釉面墙地砖等装饰的建筑物卫生间清洁保养工艺有：坐便器、小便器、洗脸盆及化妆台、化妆镜、地板、墙面、隔屏（门、门套）表面清洁等。

2. 采用卫生陶瓷洁具及釉面墙地砖等装饰的建筑物卫生间清洁保养工艺的设备、工具、清洁保养材料有：多功能擦地机、吸水/吸尘机；抹布、吸水毛巾、百洁布、拖布、水桶、扫帚、簸箕、喷壶、球形刷、板刷、刮刀及备用刀片；全能消毒清洁剂、全能清洁

剂、洁厕清洁剂、钙化清洁剂、玻璃清洁剂、不锈钢保养剂、水；工作服、胶鞋、橡胶手套等。

第四节　建筑物清洁保养的对象

建筑物清洁保养企业服务的对象是不特定且多元化的，每一个服务对象都有一定特点，这些特点是我们在制定建筑物清洁保养工艺时的重点；了解这些特点，使我们在制定建筑物清洁保养工艺时有了针对性。

一、酒店

酒店也称为饭店、旅店。人流较多，各类污染轻微。建筑物清洁保养项目是全方位的，对建筑物清洁保养的质量和对员工的要求特别高。

1. 服务项目

建筑物清洁保养室外项目有外墙面、阳台、窗户、门（旋转式、感应自动开启式、左右开启式、推拉式）；室内项目有大堂、影剧院、会议厅、会客厅、展厅、餐厅、商场、轿箱升降式电梯、自动扶梯式电梯、楼梯（安全通道）、房间（写字间、会议室、卧室）、卫生间等。酒店的建筑物装饰材料具有高档次、高质量、多品种、多规格特点。

2. 清洁保养的周期（次数）

外墙窗户面玻璃清洁保养的周期一般在 7～10 天；内墙窗户面玻璃清洁保养为每天 1 次；建筑物下部内、外墙窗户面玻璃清洁保养为每天 1 次；建筑物下部内、外墙面的门（旋转式、感应自动开启式、左右开启式、推拉式）清洁保养为每天 2～3 次。

地面打蜡层清洗打蜡的周期为 30～60 天；地面打蜡层的喷洁抛光为每天 1 次；地面打蜡层的推尘保养为每天不间断。

地毯清洗周期为 15～30 天；地毯吸尘为每天 1 次；地毯除渍为随时进行。

轿箱升降式电梯清洁保养为每天不间断；自动扶梯式电梯清洁保养为每天 2 次。

楼梯（安全通道）清洁保养为每天 1 次。

房间（写字间、会议室、卧室）、卫生间清洁保养为每天 2 次。

公共卫生间清洁保养为每天不间断。

大堂、影剧院、会议厅、会客厅、展厅、餐厅、商场、轿箱升降式电梯、房间（写字间、会议室、卧室）、卫生间的天花板、通风口、灯饰清洁保养周期为 7～15 天。

3. 清洁保养的时间

周期性清洁保养设定在夜间，外墙窗户面玻璃周期性清洁保养设定在白天，每天 1 次清洁保养设定在凌晨至早晨，每天 2 次清洁保养设定在早晨、中午，每天 3 次清洁保养设定在早晨、中午、下午。

4. 对员工的要求

员工在清洁保养施工或在清洁保养区域内走动时不得大声说话，在走动时与客人迎面相遇必须侧身相让，并微笑问好，员工上楼必须乘坐员工电梯，不允许乘坐客人电梯和自动扶梯。

二、商务楼

商务楼也称为写字楼、办公楼。人流较多，各类污染较轻。建筑物清洁保养项目是全方位的，对建筑物清洁保养的质量和对员工的要求很高。

1. 服务项目

建筑物清洁保养室外项目有外墙面、阳台、窗户、门（旋转式、感应自动开启式、左右开启式、推拉式）；室内项目有大堂、会议室、会客室、写字间、轿箱升降式电梯、楼梯（安全通道）、公共卫生间等；商务楼的建筑物装饰材料具有多品种、多规格、高质量、新潮等特点。

2. 清洁保养的周期（次数）

外墙窗户面玻璃清洁保养的周期为 90 天，内墙窗户面玻璃清洁保养为 7 天 1 次，建筑物下部内、外墙窗户面玻璃清洁保养为每天 1 次，建筑物下部内、外墙面的门（旋转式、感应自动开启式、左右开启式、推拉式）清洁保养为每天 2～3 次。

地面打蜡层清洗打蜡的周期 30～60 天，地面打蜡层的喷洁抛光为每天 1 次，地面打蜡层的推尘保养为每天不间断。

地毯清洗周期 30～60 天，地毯吸尘为每天 1 次，地毯除渍为随时进行。

轿箱升降式电梯清洁保养为每天不间断；楼梯（安全通道）清洁保养为每天 1 次；写字间、会议室清洁保养为每天 1～2 次；公共卫生间清洁保养为每天不间断。

天花板、通风口、灯饰清洁保养周期为 7～15 天。

3. 清洁保养的时间

周期性清洁保养设定在夜间；外墙窗户面玻璃周期性清洁保养设定在白天；每天 1 次清洁保养设定在凌晨至早晨；每天 2 次清洁保养设定在早晨、中午。

4. 对员工的要求

员工在清洁保养施工或走动时不得大声说话；建筑物如设有员工电梯（施工电梯），员工必须乘坐员工电梯。

三、商场

商场、大卖场、大型超市，人流拥挤，地面污染、公共卫生间污染、自动扶梯式电梯污染和外围环境污染均很严重。建筑物清洁保养项目是全方位的，对建筑物清洁保养的质量和对员工有一定的要求。

1. 服务项目

建筑物清洁保养室外项目有外墙面、门（旋转式、感应自动开启式、左右开启式、推拉式）；室内项目有餐厅、商场、轿箱升降式电梯、自动扶梯式电梯、楼梯（安全通道）、卫生间等。商场的建筑物装饰材料更是多品种、多规格。

2. 清洁保养的周期（次数）

外墙面周期一般在 90～120 天；内墙窗户面玻璃清洁保养为 10 天 1 次；建筑物下部内、外墙窗户面玻璃清洁保养为每天 1 次；建筑物下部内、外墙面的门（旋转式、感应自动开启式、左右开启式、推拉式）清洁保养为每天 2～3 次。

地面自动清洗机清洗为每周 1 次；地面喷洁抛光为每周 1 次（高档商场可为每天 1 次，并进行吸尘抛光）；地面推尘保养为每天不间断。

轿箱升降式货用电梯清洁保养为每天 1 次；自动扶梯式电梯清洁保养为每天 2 次；楼梯（安全通道）清洁保养为每天 1 次。

公共卫生间清洁保养为每天不间断。

天花板、通风口、灯饰清洁保养周期为 7～15 天。

3. 清洁保养的时间

周期性清洁保养设定在夜间；外墙面周期性清洁保养设定在白天；每天 1 次清洁保养设定在凌晨至早晨；每天 2 次清洁保养设定在早晨、中午；每天 3 次清洁保养设定在早晨、中午、下午。

4. 对员工的要求

员工在清洁保养施工时，清洁保养设备、工具不得与客人相碰撞，如发生碰撞应立即致歉。

员工在清洁保养施工时可向客人致意，以免清洁保养设备、工具与客人相碰撞。

商场内发生大面积污染，应立即清除，并对受污染的建筑物装饰表面进行彻底的清洁保养。

员工在清洁保养施工时不得擅自将商场内的货品带走。

四、工厂

工厂、工场、车间（见图 6—13），人流较多，污染方式与污垢的种类有各自的特点。

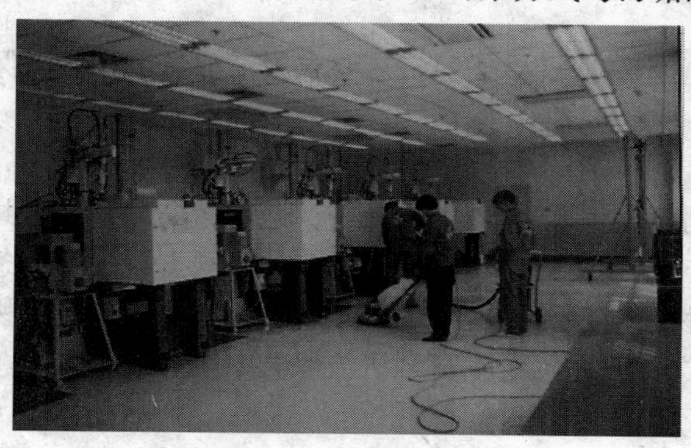

图 6—13　车间

1. 服务项目

建筑物清洁保养室外项目有外墙面、窗户、门、外围环境，室内项目有轿箱升降式电梯、楼梯（安全通道）、车间、房间（写字间、会议室）、卫生间等。采用的建筑物装饰材料品质适中，但对清洁保养有着行业的特殊要求。

工厂对清洁保养有着行业的特殊要求，专业建筑物清洁保养公司提供特殊服务，如微电子行业的车间地板需要防静电，地板蜡应选用防静电蜡；乳品业、医药业生产车间需要超净空间，所有建筑物清洁保养设备均进行超净处理；精密机械加工车间混凝土地板要求打蜡，对混凝土地板做弱酸性处理；生产高档、小型、生活用品的车间应采用透明垃圾收集袋；生产车间的公共卫生间是建筑物清洁保养中的重点。

2. 清洁保养的周期（次数）

外墙面清洁保养的周期一般在 90～120 天。

内墙窗户面玻璃清洁保养为每月 1 次。

建筑物的门清洁保养为每天 1 次。

地面打蜡层清洗打蜡的周期 30～60 天；地面打蜡层的喷洁抛光为每天 1 次；地面打蜡层的推尘保养为每天不间断。

地毯清洗周期 15～30 天；地毯吸尘为每天 1 次；地毯除渍为随时进行。

轿箱货用升降式电梯清洁保养为每天 1 次。

楼梯（安全通道）清洁保养为每天 1 次。

房间（写字间、会议室）清洁保养为每天 2 次。

公共卫生间清洁保养为每天不间断。

天花板、通风口、灯饰清洁保养周期为 15～30 天。

3. 清洁保养的时间

周期性清洁保养设定在夜间；外墙窗户面玻璃周期性清洁保养设定在白天；每天 1 次清洁保养设定在凌晨至早晨；每天 2 次清洁保养设定在早晨、中午。

4. 对员工的要求

员工在清洁保养施工时应严格按照工艺要求施工；员工在清洁保养施工时不得擅自将工厂生产的产品带走。

五、学校

学校分大学、中学、小学，有着人流拥挤、地面污染严重、公共卫生间污染严重等共同点。但大学、中学、小学又有着不同点，主要的不同点在于寄宿条件和污染源，同时中学、小学的部分建筑物清洁保养项目由中小学生自己实施。对建筑物清洁保养的质量和对员工有一定的要求。学校餐厅、学生宿舍清洁保养中应有消毒程序。

1. 服务项目

建筑物清洁保养室外项目有外墙面、窗户、门、外围环境，室内项目有餐厅、楼梯（安全通道）、卫生间。

2. 清洁保养的周期（次数）

外墙面周期一般在 90～120 天。

内墙窗户面玻璃清洁保养为 7 天 1 次，由中小学生自己实施清洁保养。

建筑物门的清洁保养为每天 1 次，由中小学生自己实施清洁保养。

教室地面清洁保养为每天 1 次，由中小学生自己实施清洁保养。

学生宿舍清洁保养为每天 1 次，中学生自己实施清洁保养；大学生、小学生由清洁保养员工实施清洁保养。

餐厅清洁保养为每天 3 次。

楼梯（安全通道）清洁保养为每天 1 次。

公共卫生间清洁保养为每天不间断。

天花板、通风口、灯饰清洁保养周期为 7～15 天。

3. 清洁保养的时间

外墙面周期性清洁保养设定在白天；每天 1 次清洁保养设定在早晨；每天 3 次清洁保养设定在早饭后、中饭后、晚饭后。

4. 对员工的要求

员工在清洁保养施工时不得影响学生上课。

六、医院

医院有着人流拥挤、地面污染严重、公共空间污染严重等特点。对建筑物清洁保养的质量和对员工有很高的要求。建筑物所有空间均有消毒程序。

1. 服务项目

建筑物清洁保养室外项目有外墙面、窗户、门，室内项目有门诊间、化验间、各类技术设备及检查间、病房、楼梯（安全通道）、卫生间。

2. 清洁保养的周期（次数）

外墙面周期一般在 90～120 天。

内墙窗户面玻璃清洁保养为 7 天 1 次。

建筑物的门清洁保养为每天 2 次。

门诊间、化验间清洁保养为每天 2 次。

病房清洁保养为每天 2 次。

病房内卫生间清洁保养为每天 2 次。

各类技术设备及检查间按特殊要求清洁保养。

地面喷洁抛光为每周 1 次。

地面推尘保养为每天不间断。

楼梯（安全通道）清洁保养为每天 2 次。

公共卫生间清洁保养为每天不间断。

天花板、通风口、灯饰清洁保养周期为 7～15 天。

3. 清洁保养的时间

外墙面周期性清洁保养设定在白天；每天 1 次清洁保养设定在早晨；每天 2 次清洁保养设定在早晨、中午。

4. 对员工的要求

员工在清洁保养施工时应按时消毒，保证自身健康。

七、家庭居室

家庭居室人流少，各类污染较轻。建筑物清洁保养项目是全方位的，对建筑物清洁保养的质量和对员工的要求很高。

1. 服务项目

建筑物保养项目包括阳台、窗户、门、客厅、餐厅、厨房、卧室、书房、楼梯、卫生间。对建筑物清洁保养要注意细节，如地板角落、门窗的铰链、厨房墙面的油渍等。

2. 清洁保养的周期（次数）

窗户玻璃清洁保养为 7 天 1 次。

门清洁保养为每天 1 次。

地面打蜡层清洗打蜡的周期 30～60 天；地面打蜡层的推尘保养为每天 1 次；地毯清洗周期 30～60 天。

地毯吸尘为每天 1 次；地毯除渍为随时进行。

客厅、卧室、书房、楼梯清洁保养为每天 1 次。

餐厅、厨房清洁保养为每天 3 次。

卫生间清洁保养为每天 1 次。

天花板、灯饰清洁保养周期为 7～15 天。

3. 清洁保养的时间

周期性清洁保养设定在白天；每天 1 次清洁保养设定在凌晨至早晨；每天 3 次清洁保养设定在早饭后、中饭后、晚饭后。

4. 对员工的要求

员工在清洁保养施工时应主动、热情征求住户的意见和要求，始终面带微笑；不得主动向住户提出私密问题；清洁保养施工时不得擅自将住户的物品带走。

第五节　建筑物清洁保养施工工艺单

《建筑物清洁保养施工工艺单》伴随建筑物清洁保养工程施工的整个过程。《建筑物清洁保养施工工艺单》是建筑物清洁保养工程的竞标书、计划书、任务书、领料单、质量标准、成本核算原始单据的综合体。

一、建筑物清洁保养施工工艺单内容

《建筑物清洁保养施工工艺单》样本见表 6—1。

表 6—1　建筑物清洁保养施工工艺单

合同号		施工单位	
施工地点		施工部位	
施工时间		施工负责人	

施工工艺

序号	清洁保养工序流程	需用设备	需用工具	需用材料及用量	施工、质量鉴定人员签名

审批：　　　　　　　　　　编制：

1. 合同号

《建筑物清洁保养施工工艺单》原则上是根据《建筑物清洁保养施工合同》制定。《建筑物清洁保养施工工艺单》实际产生在《建筑物清洁保养施工合同》前的“竞标阶段”，是“建筑物清洁保养施工项目”的施工设想，是“竞标书”的组成部分和重要内容。《建筑物清洁保养施工合同》签订后，“施工设想”根据要求充实、完善后，形成本合同的《建筑物清洁保养施工工艺单》。

2. 施工地点、施工部位

在大的范围规定施工的建筑物具体地点；在规定的施工地点内确定具体、局部的清洁保养施工位置。从施工地点、施工部位也可以反映出建筑物清洁保养施工的内容。

3. 施工单位

施工单位是指委托方（被施工方）的名称，也是合同的甲方单位。

4. 施工负责人

《建筑物清洁保养施工工艺单》是由被委托方（施工方）编制的，故施工负责人是合同的乙方单位的项目施工负责人，也是项目施工的第一责任人。

5. 施工工艺

施工工艺是《建筑物清洁保养施工工艺单》的具体实施的内容，由编制者来填写。

二、《建筑物清洁保养施工工艺单》的编制

1. 每一建筑物清洁保养工程都必须编制《建筑物清洁保养施工工艺单》

(1) 建筑物清洁保养工程包括“一次性建筑物清洁保养工程”和“长期性、连续性建筑物清洁保养工程”。两种建筑物清洁保养工程都必须编制《建筑物清洁保养施工工艺单》。

(2) 定点洁保和服务属于“长期性、连续性建筑物清洁保养工程”。定点洁保和服务在首次进入定点建筑物时，应编制《建筑物清洁保养施工工艺单》。

(3)《建筑物清洁保养施工工艺单》由公司技术部专业技术人员编制。

2.《建筑物清洁保养施工工艺单》的编制

(1)“清洁保养工序流程”应填写整个工程的施工工序流程。

(2)“需用设备”应填写每一“清洁保养工序流程”中使用的设备。

(3)“需用工具”应填写每一“清洁保养工序流程”中使用的工具。

(4)“需用材料及用量”应填写每一“清洁保养工序流程”中使用的材料及用量。

(5)“施工、质量鉴定人员签名”应由具体施工人员在严格按照“清洁保养工序流程”施工，认为施工质量达到质量标准的要求后，在本栏中签名。质量检查人员在严格检查施工质量，认定施工人员是严格按照“清洁保养工序流程”施工，施工质量达到质量标准后，在本栏中签名。

3.《建筑物清洁保养施工工艺单》审批

(1) 一般工程的《建筑物清洁保养施工工艺单》由技术部经理审批。

(2) 重大工程的《建筑物清洁保养施工工艺单》由总经理审批。

(3) 定点洁保和服务的《建筑物清洁保养施工工艺单》由总经理审批。

4. 建筑物清洁保养工艺单执行

(1) 工程部、清洁部必须严格按照《建筑物清洁保养施工工艺单》的工艺流程和设备、工具、材料及用量具体施工。

(2) 清洁部的定点洁保和服务在首次进入定点建筑物时，应编制《建筑物清洁保养施工工艺单》。以后的洁保、服务操作则按该单执行。《建筑物清洁保养施工工艺单》可根据进入定点建筑物前拟定的“洁保方案”编制。

(3) 材料供应必须严格按《建筑物清洁保养施工工艺单》发放。

(4) 按照《建筑物清洁保养施工工艺单》检查施工质量情况。

三、《建筑物清洁保养施工工艺单》

《建筑物清洁保养施工工艺单》形式见表 6—2。

表 6—2　　建筑物清洁保养施工工艺单

合同号	0000867	施工单位	××商务楼
施工地点	××路 234 号	施工部位	大堂大理石地坪清洗
施工时间	2004 年 9 月 18 日	施工负责人	吴××

施工工艺

序号	清洁保养工序流程	需用设备	需用工具	需用材料及用量	施工、质量鉴定人员签名
1	在被清洗地板的范围以外，放置告示牌		告示牌 2 块		
2	在被清洗地板和不清洗地板的交接区域铺设被单布和吸水毛巾		吸水毛巾 20 块 被单布 10 条		
[illegible]	稀释起蜡水 1∶5			超级起蜡水 5 加仑 （1 加仑＝4.546 09 升）	
[illegible]	在多功能擦地机上安装针盘和清洗垫	多功能擦地机	针盘清洗垫		
[illegible]	稀释后的起蜡水注入多功能擦地机的液体箱内				
6	操作擦地机，对被清洗的地板进行起蜡清洗	多功能擦地机			
7	擦地机清洗不到的地板死角，用板刷浸起蜡水进行人工清洗		板刷 2 个		
8	向吸水/吸尘机内注入发泡剂	吸水/吸尘机		发泡剂 0.1 加仑	
9	吸取地板上清洗后残留的污水	吸水/吸尘机			
10	吸水/吸尘机吸不到的地板死角处，用吸水毛巾吸取残留污水		吸水毛巾 5 条		
11	将热水（50℃）浇在被清洗地板上，用擦地机清洗地板	多功能擦地机		50℃热水 20 加仑	
12	用吸水/吸尘机吸取地板上清洗后残留的污水	吸水/吸尘机			
13	重复操作一次 11、12 两项				
14	被清洗的地板晾干（约 1 h）				

以下省略

审批：王×　　　　　　　　编制：刘××

第六节 《建筑物外墙面清洁保养工艺》的制定

制定建筑物清洁保养工艺的原则在第一节中已陈述过。由于建筑物外墙面清洁保养有着特殊的要求，故在本节中详细介绍。安全施工是制定《建筑物外墙面清洁保养工艺》的第一原则。

一、建筑物外墙面清洁保养中的安全措施

建筑物外墙面清洁保养在整个建筑物清洁保养中具有最不安全性。安全地进行建筑物外墙面清洁保养施工成为施工中的重中之重。制定《建筑物外墙面清洁保养工艺》时首先应该考虑的是《建筑物外墙面清洁保养中的安全措施》。

1. 建筑物外墙面清洁保养的安全措施

（1）施工人员必须持有高空作业证。

（2）施工人员必须身体健康，不得在酒后、过度疲劳、情绪异常时登高操作。

（3）制定《安全操作规程》，并严格执行。

（4）制定《安全检查规程》，并严格执行。

（5）设立安全检查员，专职检查安全措施的落实情况，凡违反安全制度的，必须停止工作，经整改、确定安全后，方可继续施工。

2. 高空下吊施工前安全检查

（1）由佩戴“安全检查员”臂章的专职安全检查员对以下（2）～（16）项工作进行检查，凡发现一项有不安全因素存在，则应立即停止工作，经整改，确认安全后，方可进行下一程序的工作。

（2）检查下吊用工作绳、生命绳有无损伤或断股，一经发现，该绳索禁止使用。

（3）检查坐板有无裂纹，吊带是否反兜，坐板底面及吊带有无损伤，一经发现，应禁止使用。

（4）确认工作绳、生命绳的长度在建筑物顶部固定后，应仍有比该建筑物高度相对长的长度。

（5）确认高空下吊施工人员每人一根工作绳、一根生命绳。严禁一人一绳工作。一经发现，必须停止工作。

（6）检查高空下吊施工人员背戴的安全带有无损伤，一经发现有损伤，则禁止使用。

（7）检查座式登高板连接的下滑扣（“U”形环扣）的固定销栓是否坚固可靠，若有损伤，一经发现，禁止使用。

（8）检查连接在安全带上的自锁钩的自锁机构动作是否灵活可靠，自锁钩的三套保险机构是否可靠，自锁钩与安全带的连接是否可靠，自锁钩自身有无损伤，一经发现问题，则禁止使用。

(9) 检查下吊施工人员是否在工作前饮过酒或有过度疲劳、情绪异常等现象，一经发现，则停止其工作。

(10) 检查下吊施工人员的《特种作业安全操作证》原件，无证者不允许工作。

(11) 检查工作绳、生命绳在建筑物顶部的绑扎固定部位是否牢固。工作绳、生命绳在建筑物顶部的绑扎固定部位不得在同一受力处，必须是分别的两处，一经发现不符合要求，则停止工作。

(12) 检查下吊施工人员的着装要求

1) 头戴安全帽。

2) 身着长袖工作上衣和长工作裤。腐蚀性环境，应着耐腐蚀工作服。

3) 脚着软底胶鞋。腐蚀性环境应着耐腐蚀工作鞋。

4) 手戴橡胶手套。

(13) 检查工作绳、生命绳在经过建筑物顶部和外墙凸出平台与垂直面的直角转折处是否垫有防止绳索损伤的衬垫。发现未垫或衬垫厚度不够、衬垫磨损，则停止工作。

(14) 检查下吊施工人员佩带的工具是否都与安全带用绳索相连接，发现未连接或连接绳索太短、太细等问题，则停止工作。

(15) 在该建筑物外墙面清洁保养施工现场的地面区域内设安全区域，并应设置阻拦式栏杆和安排地面安全员，禁止行人通行。发现未设安全区域、未设置阻拦式栏杆或未安排地面安全员，则停止工作。

(16) 检查建筑物顶部安全员的工作态度，发现问题，停止工作。

(17) 以上为 (2)～(16) 条检查内容，专职安全检查员必须记录在案，检查结果与整改情况由专职安全检查员与施工项目经理签名后存档。

(18) 将以上 (1)～(17) 条按施工项目的实际情况，系统地编入《建筑物清洁保养施工工艺单》中。

在建筑物外墙面的清洁保养中，首先要注意的是施工人员的安全。上海市技术监督局发布了 DB 31/95—1998 上海市地方标准《高处悬挂作业安全规程》。建筑物外墙面清洁保养施工的承接企业和员工必须严格执行本地区有关部门制定的安全规程。

二、高空下吊施工前的准备工作

由于高空下吊施工开始以后，无法向施工人员再次提供物品，因此一定要在高空下吊施工前把准备工作做充分。

1. 下吊施工人员清洁保养建筑物应配备的工具

(1) 水桶。盛清洁保养剂溶液。

(2) 抹水器。将清洁保养剂溶液抹在光面石材、玻璃、不锈钢、铝合金材料的表面。

(3) 刮水器。将光面石材、玻璃、不锈钢、铝合金等外墙装饰材料表面的清洁保养剂溶液及污垢刮去。

（4）清洗滚筒。涂料由清洗滚筒来涂抹。

（5）抹布。抹去外墙面的污垢和擦去刮水器刮擦平面上的污水。

（6）板刷。清洁保养毛石外墙面时，刷去灰尘、污垢。

（7）清洗水管。除了玻璃、不锈钢、铝合金外墙装饰材料外，其他材料的外墙面均需用水管冲洗。

（8）吸盘。下吊施工人员做固定其工作位置用。

2. 将配好的清洁保养剂溶液注入水桶中。

3. 接好潜水泵、分水器和清洗水管，将潜水泵置于水箱中。要求下吊登高施工人员人手一根清洗水管。

4. 下吊施工人员应扣好安全带，然后坐进座式登高板内，进行下吊登高施工。

三、建筑物外墙面清洁保养的操作要求

1. 多种材料组合幕墙、明框幕墙、半隐框幕墙装饰材料的清洁保养应遵循先清洁保养石料、涂料、外墙面砖和彩色混凝土装饰材料，再清洁保养金属装饰材料，最后清洁保养玻璃装饰材料的原则。

2. 幕墙横断面上和窗框下的排水孔在清洁保养时，应进行清理、疏通，以保证排水孔的通畅。

3. 要加强对外墙立面的凹凸部位、特殊形面、淋不到雨的部位、窗框下沿、排水孔下端等的清洗。这些部位会存在较多的沉积性污垢和不均匀污染。

4. 下吊施工人员在座式登高板上清洁保养时，应以工作绳为中心，左右摆动不应超过 1 m，以保证不漏洗、不漏刮。

5. 下吊施工人员在座式登高板上用脚蹬踏移位时，应尽量蹬踏在外墙的石料和金属构件表面上，蹬踏力量不宜过重、过猛。应以工作绳摆动中产生的惯性移动位置为主。

6. 使用吸盘时，应选择外墙的幕墙玻璃或铝合金板的边缘处，最好不要在整块玻璃或铝合金板的中央，吸盘放置时应轻而快。

7. 在建筑物外墙面的清洁保养施工过程中，凡工作绳、生命绳经过的建筑物凸出部位的平面与立面的直角处，都应放置衬垫，以防止工作绳、生命绳受损而发生意外。

8. 在外墙面的清洁保养施工中，工作绳、生命绳不得嵌于建筑物外墙面黏结耐候硅酮密封胶的缝隙里，否则会导致工作绳、生命绳拉伤，危及到下吊施工人员的安全，而且还会磨损耐候硅酮密封胶，使外墙渗水、漏水等现象产生，建筑物的密封性遭到破坏。

单元测试题

简答题

1. 为什么制定建筑物清洁保养工艺要有原则？

2. 编制“建筑物清洁保养工艺”的规范有哪些？

3. 为什么制定建筑物清洁保养工艺必须实地察看建筑物清洁保养施工现场？
4. 简述实地察看外围环境的内容和地形地貌对建筑物清洁保养的影响。
5. 哪些地方是建筑物墙面清洁保养施工重污染区域？
6. 分析商场的污染情况和建筑物清洁保养项目。
7. 依据《建筑物清洁保养施工工艺单》，写出合同号所包含的内容。
8. 如何执行《建筑物清洁保养施工工艺单》？
9. 建筑物外墙面清洁保养中必须采取哪些安全措施？

单元测试题答案

简答题

1. 答：建筑物无论大小都有着昂贵的价值，经过装修的建筑物更是价格不菲，因此，做好每一项建筑物清洁保养工程是业主、物业和专业清洁保养公司的最大愿望。编制一份合理、有效的“建筑物清洁保养工艺”，可以使业主、物业利益得到保障，专业清洁保养公司得到收益。建筑物清洁保养工艺的制定有着一定的原则。

2. 答：（1）心理意识上的规范。

（2）清洁保养材料选用的规范性。

（3）设备、工具选用的规范性。

（4）清洁保养员工选用的规范性。

3. 答：不同的建筑物有不同的清洁保养方法；不同的环境对建筑物会产生不同的污染；不同的业主、物业对建筑物清洁保养有不同的要求；采用不同的建筑物清洁保养工艺会有不同的清洁保养的效果。当接到一份建筑物清洁保养施工合同，编制建筑物清洁保养施工工艺时，在掌握了上节内容中提到的原则基础上，必须实地察看建筑物清洁保养施工现场，对施工现场的实际情况有详细的了解，这样才能制定出施工方、业主方都满意的《建筑物清洁保养施工工艺》。

4. 答：实地察看以建筑物清洁保养施工现场为中心 5 km 范围内的环境情况。包括地形地貌、道路、河流、工厂、建筑工地、建筑物、车流、人流等情况。这些都是形成建筑物污染源的因素之一。

有些建筑物的周边是平地、坡地、山地；有些是河流、湖波、公园或高层楼宇、繁华街道。这些地形地貌影响着建筑物所在的局部环境内空气上下流动的走向，对风及风向的形成、雨水的流淌方向起着决定性作用。风是大气中带有的腐蚀性有害气体；空气中、大地上细小的沙砾；浮沉在空气中的灰尘以及建筑物外墙面产生的静电吸引力等，是外界产生污染源的主要携带者。地形地貌对建筑物外墙面清洁保养施工有着直接的作用，对建筑物内部的清洁保养中污染源的分析和选择有效控制手段有间接作用。

5. 答：（1）幕墙横断面上和窗框下的排水孔在清洁保养时，应进行清理、疏通，以保证排水孔的通畅。

（2）要加强对外墙立面的凹凸部位、特殊形面、淋不到雨的部位、窗框下沿、排水孔下端等的清洗。这些部位会存在较多的沉积性污垢和不均匀污染。

（3）室内墙面金属结构框及门缝、拉手下部死角处尤其是门框铰链、轨道结合处应重点擦拭。

6. 答：商场，也称为大卖场、大型超市。人流拥挤，地面污染、公共卫生间污染、自动扶梯式电梯污染、外围环境污染均很严重。建筑物清洁保养项目是全方位的，对建筑物清洁保养的质量和对员工有一定的要求。

建筑物清洁保养项目包括外墙、门（旋转式、感应自动开启式、左右开启式、推拉式）；餐厅、商场、轿箱升降式电梯、自动扶梯式电梯、楼梯（安全通道）、卫生间等。商场的建筑物装饰材料具有多品种、多规格特点。

7. 答：《建筑物清洁保养施工工艺单》所包括的内容如下：

建筑物清洁保养施工工艺单

合同号		施工单位	
施工地点		施工部位	
施工时间		施工负责人	

施工工艺

序号	清洁保养工序流程	需用设备	需用工具	需用材料及用量	施工、质量鉴定人员签名

审批：　　　　　　　　　　编制：

《建筑物清洁保养施工工艺单》是根据《建筑物清洁保养施工合同》而产生的。《建筑物清洁保养施工工艺单》实际产生在《建筑物清洁保养施工合同》前的“竞标阶段”，是“建筑物清洁保养施工项目”的施工设想，是“竞标书”的组成部分和重要内容。《建筑物清洁保养施工合同》签订后，“施工设想”根据要求充实、完善后，形成本合同的《建筑物清洁保养施工工艺单》。

8. 答：（1）工程部、清洁部必须严格按照《建筑物清洁保养施工工艺单》的工艺流程和设备、工具、材料及用量具体施工。

（2）清洁部的定点洁保和服务在首次进入定点建筑物时，应编制《建筑物清洁保养施工工艺单》。以后的洁保、服务操作则按《建筑物清洁保养施工工艺单》执行。《建筑物清洁保养施工工艺单》可根据进入定点建筑物前拟定的“洁保方案”编制。

（3）材料供应必须严格按《建筑物清洁保养施工工艺单》发放。

（4）按照《建筑物清洁保养施工工艺单》检查施工质量情况。

9．答：（1）施工人员必须持有高空作业证。

（2）施工人员必须身体健康，不得在酒后、过度疲劳、情绪异常时登高操作。

（3）制定《安全操作规程》，并严格执行。

（4）制定《安全检查规程》，并严格执行。

（5）设立安全检查员，专职检查安全措施的落实情况，凡违反安全制度的，必须停止工作，经整改、确定安全后，方可继续施工。

第七单元　安全与质量管理

安全在任何时间都是第一位的，安全包括员工在施工中的人身安全和项目工程的质量安全。在以人为本的当今社会，人身安全是第一位的。只有员工在施工中的安全得到保障，建筑物清洁保养的项目施工才能正常有序的进行，施工质量才有保证。

施工质量在建筑物清洁保养施工中也是第一位的，只有高的施工质量和服务质量，才有建筑物清洁保养行业的发展。因此，在建筑物清洁保养施工中两者的关系是统一的，又是递进的。

第一节　安全施工管理

建筑物清洁保养施工中，安全施工应该得到重视。安全施工应该包括员工的安全意识教育、企业的安全管理、设备的安全保障、清洁保养材料的安全使用等。

一、专业洁保公司安全施工管理

1. 设立安全施工专门机构或专职检查人员

政府设立了专门的“劳动安全检查管理”部门，在建筑物清洁保养专业公司中应设立专职的安全施工管理机构或专职检查人员。

安全施工管理机构或专职检查人员的职责：

（1）制定企业的有关安全施工管理的规章制度。

（2）根据企业现有的设备，制定相关的《设备安全操作规程》《高空作业安全规程》。

（3）定期对公司安全施工管理的情况进行检查，督促各部门严格执行安全施工管理的规章制度。

(4) 发现不安全因素，通报有关部门及时整改。

(5) 发生工伤或意外事故的应急处理。

(6) 事故的调查和处理。

(7) 员工安全意识的培训。

2. 劳动安全管理制度

(1)《设备安全操作规程》。设备安全操作包括以下内容：

1) 应针对员工所操作的设备进行培训，经考核合格后，方可操作。

2) 员工应了解所操作设备的性能，并具有熟练的操作技能。

3) 员工对出现的设备故障应反应敏捷。

4) 操作前的检查

①检查电源插头、插座、电源线及拖线盘的插头、插座、电源线是否完好，不得有破损。检查确认电源插座转换器是否匹配。

②拖线盘必须转动灵活。

③电源开关自如，接触良好。

④检查操纵手柄是否灵活、自如，无损坏。

⑤应在电源线长度的范围内使用设备。

5) 严格按设备使用说明书的使用要求操作。

6) 发现问题或发现异常，迅速停止设备的工作，在未得到修复的确认前，不可开机。

7) 操作结束

①将设备从工作状态恢复到放置状态。

②擦拭、清洗设备及附属工具。

③检查设备，更换易损零件。

④擦拭、检查，收好电源线、拖线盘。

⑤妥善安放设备，保证正常使用。

(2)《高空作业安全规程》

应严格按国家标准、行业标准、企业标准的高空作业安全规程管理高空作业的安全工作。

1) 施工前，安全检查员必须亲自检查高空下吊施工人员的安全准备情况（包括绳扣、坐板、安全带、自锁器、安全帽、工作绳、生命绳及清洗工具)。

2) 填写《吊篮日常检查表》和《座式登高板日常检查表》，见表 7—1、表 7—2，以确认安全检查的结果。

3) 施工中，员工每一次高空下吊施工前，安全检查员都必须按第 1 项的内容仔细地、认真地再检查一遍。待安全检查员确认安全后，员工方可下吊施工。

表 7—1　　吊篮日常检查表

设备编号：　　　　检查人员：　　　　日期：　　年　　月　　日

项目	标记	内容	结果
钢丝绳	△	是否有损伤（乱丝、毛刺、断丝、压痕、变形、松散）	
	★	是否有砂浆等杂物	
	△	锈蚀情况	
生命绳	★	是否有断股、腐蚀等损伤现象	
悬挂机构	★	配重块有无散失、破损	
	★	悬臂梁架连接是否可靠	
	★	悬挂机构的定位是否可靠	
悬吊平台	★	扶手、栏杆是否有松动	
	★	底板是否破损和防滑	
	☆	防撞装置是否有损坏	
	★	悬吊平台是否有倾斜	
安全锁	★	动作是否可靠、灵敏	

项目	标记	内容	结果
电气系统	★	开关动作是否正常	
	★	插头、插座、指示灯是否完好	
	☆	电缆线、电气装置的标牌是否完好	
限位器	★	动作是否可靠、灵敏	
通信设备	★	通信是否正常	
其他	★	导轨工作面有无障碍物	
	★	吊篮作业区下方是否设置警戒线及标志牌	
升降装置	★	升降装置与悬吊平台的连接有无松动、裂纹、变形，有无异常声音和振动	
运行试验	★	将悬吊平台升至离底面 2～3 m 作上下运行 2～3 次，运行是否正常	
评价及处理			

注：①表中“结果”栏用“○”表示完好，用“×”表示有问题。

②提升机和运行试验检查，应在前面项目检查完毕，经整改合格后再进行。

③检查项目有问题的，按下列要求执行并做出处理意见：有★标记的，应立即整改；有☆标记的，应限期整改；有△标记的，应按标准规定报废。

4）施工结束，必须仔细、认真检查全部高空下吊工具，发现有不安全隐患者，立即更换。

5）定期对高空下吊工具做机械、物理检查。

6）定期组织员工学习安全施工的措施，加强安全意识。

（3）《员工施工安全教育制度》

1）对员工进行上岗前施工安全培训。

2）定期对员工进行施工安全教育。

3）随时检查员工在施工中采取的安全措施。

4）检查员工对《设备安全操作规程》《高空作业安全规程》执行情况。

表 7—2　　座式登高板日常检查表

设备编号：　　　　检查人员：　　　　日期：　　年　　月　　日

<table>
<tr><th>项目</th><th>标记</th><th>内容</th><th>结果</th><th>项目</th><th>标记</th><th>内容</th><th>结果</th></tr>
<tr><td>座板</td><td>★</td><td>是否有裂纹、损伤</td><td></td><td>自锁钩</td><td>★</td><td>动作是否可靠</td><td></td></tr>
<tr><td rowspan="3">安全带</td><td>★</td><td>是否有断裂</td><td></td><td rowspan="4">绳索固定情况</td><td>★</td><td>顶端固定点是否可靠</td><td></td></tr>
<tr><td>★</td><td>连接处是否牢固</td><td></td><td rowspan="2">★</td><td rowspan="2">固定点绳结是否可靠</td><td rowspan="2"></td></tr>
<tr><td>★</td><td>金属配件是否完好</td><td></td></tr>
<tr><td>绳</td><td>▲</td><td>生命绳、工作绳是否有断股、腐蚀等损伤现象</td><td></td><td>★</td><td>绳索与硬性物体摩擦部位的软垫是否可靠</td><td></td></tr>
<tr><td>评价及处理</td><td colspan="7"></td></tr>
</table>

注：①表中“结果”栏用“○”表示完好，用“×”表示有问题。

②检查项目有问题的，按如下要求执行并做出处理意见：有★标记的，应立即整改；有▲标记的，应按标准规定报废。

(4)《安全施工管理职责和检查制度》

1）总经理安全施工管理职责和检查制度

①对公司的清洁保养的安全施工管理工作全面负责。

②检查下属各有关部门对安全施工管理工作的执行情况。

③审核公司制定的有关清洁保养安全施工管理工作的规章制度和奖罚办法。

④对公司有关清洁保养安全施工管理工作中出现的问题做出处理决定。

⑤协调政府有关部门对公司安全施工管理工作进行行业检查。

2）施工管理部门职责和检查制度

①严格执行安全施工管理的规章制度。

②发现不安全因素，不论原因，一律停工整改，直至符合安全施工的要求，并应得到专职安全施工检查人员的确认。

③各部门、各项目（定点洁保）的负责人必须对员工的安全施工负责，做好安全施工的防护工作。

(5)《事故处理制度》

1）发生工伤或意外事故，立即抢救伤员，保护现场，向有关领导报告。

2）发生工伤或意外事故三天内提交书面报告，提出处理意见，书面报告存档备查。

3）员工工伤休息，须提交医院证明，按正常出勤计算，并提供经济补偿。

4）工作期间，员工发生意外死亡事故，按国家和地方有关规定处理。

5）根据实际情况，对员工采取投保“施工安全险”，以保证员工的权益和企业的利益。

(6)工作时间。工作时间在安全施工管理工作中十分重要，由于专业洁保公司从事的是带有服务性质的工作，因此工作时间必须依据客户的要求来安排，不能以正点上下班考核。但是工作时间必须考虑员工的体能极限，一般工作时间按下面的办法来调整：

1）每天工作 6 h，则每月 30 个工作日。

2）每天工作 12 h，则隔天工作，每月 15 个工作日。

3）每天工作 7 h，则每周休息 1 天。

4）每天工作 8 h，则每周休息 2 天。

5）加班必须严格按照国家、地方的有关劳动时间的规定处理。

二、员工对安全施工的实施

1. 树立安全施工的意识

“安全第一”是所有建筑物清洁保养员工必须具有的安全施工意识。要认识到：安全生产就是关爱自己，做到关爱自己，就是关爱他人，也就是关爱社会的道理。

2. 安全施工的实施

（1）按要求着装。建筑物清洁保养施工中的穿戴不能随心所欲。在室内建筑物清洁保养施工中，要求着工作服、胶鞋、防护手套等。除了“文明服务守则”的要求外，更重要的是出于安全施工的考虑。工作服、胶鞋、防护手套等正确的着装可以防止由于设备、工具操作错误、清洁保养材料选择或使用错误而引发的人身安全事故，保证安全。

建筑物外墙面清洁保养施工中，更应该严格按要求着装。因为建筑物外墙面清洁保养施工属于高空作业，稍不留意，会产生严重的后果。

（2）规范化操作。规范化操作是指清洁保养的技术和工艺、使用的工具和设备、操作和使用方法、选择的清洁保养剂都严格按规定的程序操作。

规范化操作的程序是长期经验的总结，更重要的是对安全施工的总结。

第二节　员工生理、心理与安全施工的关系

建筑物清洁保养施工过程中，员工的心理、生理或精神状态方面的变化及对安全方面可能产生的影响应给予重视。

事故的发生原因是多方面和复杂的，我们在查找原因时应做多方面的考虑，当一个岗位发生事故时，我们不但要从设备上、工艺上、培训上找原因，还应从管理和制度方面考虑，尤其是负荷、体位、精神、心理因素这些人机工效方面的影响也是导致事故发生的原因。在建筑物清洁保养施工过程中，员工的心理、生理或精神状态方面的变化对安全施工可能产生的影响应得到重视和关注，这样才能更好地预防事故的发生。

制定建筑物清洁保养安全施工方案和采取的安全施工措施时，应考虑三种时态，即现在时、过去时和将来时；三种状态，即正常、异常和紧急状态；七方面因素，即物理性因

素、化学性因素、生物性因素、生理因素、心理因素、行为性因素和其他因素。

一、建筑物清洁保养施工中员工的心理、生理变化对安全施工的影响

员工在进行建筑物清洁保养施工时，工序过程的复杂性、作业环境的影响、员工自身的熟练程度、自我感觉、工作任务的压力等因素都会影响员工的心理或精神状态，从而影响安全施工。

1. 心理的紧张程度

在建筑物清洁保养施工中，适度的心理紧张是正常和必要的。如在建筑物外墙清洁施工中进行的各项安全施工检查和采取的安全施工措施，使员工能保持一定的警觉，提高认真度，减少操作失误，保证安全施工。

对于复杂的清洁保养施工，由于员工的体力不支、经验不足和技能欠缺，或未经过专业培训，或承担工作量较大，或危险性较强，会使员工的神经处于一种紧张状态，导致心理压力的调节失常，形成职业性紧张。员工发生工作失误和施工事故的概率增多。

2. 职业适合性与员工能力的心理分析

制定防止因员工失误而发生事故的管理措施时要考虑职业适合性，主要是指建筑物清洁保养工这个职业应该具备的基本条件，着重于建筑物清洁保养的职业特性，如工作条件，工作空间，物理环境，使用的设备、工具和操作特点，训练时间，难度判断，安全状况，作业姿势，体力消耗等。建筑物清洁保养从业人员的选用，尤其是外墙面清洁保养从业人员的选用条件更为严格。

在建筑物清洁保养职业适合性与建筑物清洁保养从业人员选择方面，无论选择能力过高或过低的人都不利于事故预防。一个人的能力低于操作要求的水平，则由于没有能力正确处理操作中出现的各种问题或不能正确判断故障隐患信息而难以胜任工作；相反，对于一个综合素质和能力较高的人来说，做这种工作，不仅是人力资源的浪费，而且会心理不平衡，情绪低落，工作中会因为心不在焉而出现失误，发生事故。

二、社会因素对建筑物清洁保养安全施工的影响

建筑物清洁保养工的心理除了受到工作中某些因素的影响外，受到社会因素的影响，也会给工作带来危险隐患。如工资、待遇、地位等发生的矛盾，工作调动、晋级、降职、降级、解雇、失业、家庭矛盾等都会使人的精神状态和心理发生变化，涉及个人切身利益的时候，人的精神会变得紧张，工作时精神不集中，情绪不好，此时员工从事危险作业时非常容易发生失误，造成事故。所以 DB 31/95—1998 上海市地方标准《高处悬挂作业安全规程》中就规定了高处悬挂作业安全的基本要求。建筑物外墙面清洁保养员工必须年满 18 周岁，初中以上文化程度；无不适应高处作业的疾病和生理缺陷；不允许单独一人进行作业；作业人员发现事故隐患或者不安全因素，有权要求使用单位采取相应劳动保护措施。对使用单位管理人员违章指挥，强令冒险作业，有权拒绝执行；酒后和情绪异常者不得上岗作业。

从事建筑物清洁保养的企业要对建筑物外墙面清洁保养员工的相关情况有详细的了

解，以便在出现不测时，及时做出相应的处理。对于精神不振、情绪不佳、心理压力较大的建筑物外墙面清洁保养员工，企业应慎重考虑是否安排其进行建筑物外墙面清洁保养，并在相应的程序文件中具体制定出处理原则和措施。从事建筑物外墙面清洁保养的员工应有与企业和相关部门人员进行交流的机会，及时反映出现的问题并及时解决，以避免这些问题成为影响建筑物外墙面清洁保养员工心理的因素，给建筑物外墙面清洁保养工作带来危险隐患。从事室内清洁保养的员工心理同样不容忽视。

三、合理安排施工及劳动负荷对建筑物清洁保养安全施工的影响

研究表明在疲劳状态下，事故发生的危险性增加，事故发生率也增加。建筑物清洁保养施工中必须合理安排工作量，使员工能得到合理的休息，减少疲劳程度。如果经常加班加点，按机械速率操作的单调重复性工作、过于频繁的轮班劳动引起的疲劳程度不能得到很好的恢复，会损害员工的身体健康。建筑物清洁保养是一个服务行业，面对的业主和客户会对建筑物清洁保养企业提出服务时间的要求。为了按时完工，在降低成本的前提下，建筑物清洁保养企业往往会采取连续施工的方法，超出员工体力的承受能力，这种情况应避免。

建筑物清洁保养施工中，员工在长时间单调、重复、压抑的心理状态中工作，大脑处于一种麻痹和抑制状态，最易诱发不安全因素，发生错误操作，导致事故发生。

四、施工环境对建筑物清洁保养安全施工的影响

建筑物清洁保养施工环境恶劣，产生事故的概率增加。建筑物清洁保养施工环境的好坏，对于员工的影响是多方面的。在通风照明不良、噪声强度较大、工作空间狭窄拥挤、作业环境脏乱差、高温高湿的环境中工作，对于员工的心理、生理会产生不同程度的影响。员工的烦躁、易怒、情绪不稳定等表现得非常明显，其烦恼程度与作业环境的恶劣程度成正比。因此，DB 31/95—1998 上海市地方标准《高处悬挂作业安全规程》规定了高处悬挂作业环境的基本要求。建筑物外墙面清洁保养时的环境温度应该是－10～＋40℃，空气相对湿度不超过 90%，风速小于 10.8 m/s（相当于阵风 6 级），无大雾、暴雨、大雪等恶劣气候，照明度大于 150 lx，建筑物外墙面距离高压线大于 10 m。

第三节　清洁保养的质量控制

建筑物清洁保养的质量好坏，直接关系到建筑物及其装饰材料的耐久性，关系到建筑物装饰材料表面的质感、光泽、色彩、弹性、平整以及给人的舒适感能否长久地保持下去。

建筑物清洁保养的质量好坏，还关系到专业清洁保养企业的生存和发展，高质量的清洁保养，可以使企业有更多的业务和更广阔的市场。

同样，建筑物清洁保养的质量好坏，也对建筑物的业主、物业管理和租房客户起着一种类似生存链的作用。租房客户对建筑物的清洁保养，即工作的环境感到满意，就可能长期地租赁客房或办公间，建筑物的客房、办公室的出租率提高，也就能使业主、物业管理部门得到可观的效益，因此，业主、物业管理部门是希望有一个高质量的清洁保养专业公司来承担建筑物的清洁保养的。

鉴于以上三方面的原因，作为专业的清洁保养公司，应该将质量工作放在首要的位置上。抓质量实际上就是求信誉、打品牌、创名气。专业的清洁保养公司必须运用科学的管理制度，科学的技术工艺，科学的、适用的、可靠的、合格的清洁保养材料，来保证建筑物清洁保养的质量。

建筑物清洁保养的质量管理和控制，主要应做好两方面的工作：

第一，建立质量保证体系。制定出质量管理人员的职责和有关的质量保证制度，制定出质量管理日常处理的方法和工作渠道，使员工的质量意识深入到施工的实际中去。

第二，建立建筑物清洁保养的质量标准和该标准的检查方法，使质量管理变成现实的、和员工有着密切联系的事情。

做好了以上两方面的工作，一个专业的清洁保养公司才能求得信誉，创出品牌。

全面质量管理是包括思想、目标、管理体制、技术在内的完整的科学管理体系和方法，只有以它为重点，才能有效地提高企业素质，实现企业经营目的。同时，还要运用质量管理的科学方法，渗透到其他管理中去，促进企业整体管理水平的提高。凡是进入清洁保养行业的员工，都必须要有质量管理职责。而总经理、各部门领导又必须清楚在质量问题的处理上该向谁负责，又要对谁处理，这就引出了“质量管理体系”，如图 7—1 所示。

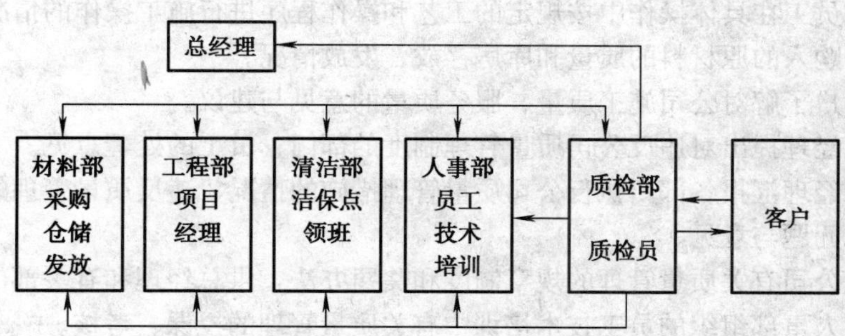

图 7—1 专业清洁保养公司质量管理体系

质量管理体系图表明，在质量管理体系中，质检部和质检员有着较大的权力。在总经理布置了有关质量工作的措施后，质检部或质检员不仅要检查采购材料的质量情况，仓储保管和发放对质量的影响情况，还要检查建筑物清洁保养施工的质量以及常年洁保点的清洁保养质量和服务质量。质检部还要参与到员工的专业技术和质量意识的培训中去，并检查、考核员工培训的成绩。质检部或质检员在检查各部门对总经理措施落实情况后，可以直接将检查结果汇报总经理，使总经理了解到下属清洁保养工作的实际情况，总经理在此基础上，做出最终的决策。

质检部还要与客户接触，了解客户对施工质量、定点洁保的质量、服务质量的看法和意见，并及时把客户的意见反馈给总经理，使总经理能及时与客户进行沟通和协调。对于质检部和质检员也有一个制约的机制，即各级员工的“质量管理职责”。

一、质量管理职责

1. 总经理质量管理职责

（1）对公司的清洁保养的施工质量、定点洁保质量和服务质量管理全面负责。

（2）检查下属各有关部门对清洁保养质量管理工作的执行情况。

（3）审核公司制定的有关清洁保养质量管理工作的规章制度和奖罚办法。

（4）对公司有关清洁保养质量管理工作中出现的问题，做出处理决定。

（5）听取质检部、质检员对工程、清洁部门质量管理检查的汇报，并对质检部门的汇报进行核实。

（6）对员工技术培训中有关全面质量管理方面的内容进行审定，并针对“全面质量管理重要性”的内容进行授课。

（7）与客户就清洁保养的质量问题进行协调。

（8）协调政府有关部门对公司质量管理工作的行业检查。

2. 质检部（质检员）职责

（1）负责公司清洁保养质量管理工作。

（2）检查各部门落实有关公司质量管理措施的情况。

（3）检查员工在具体操作中按规定的工艺和操作程序进行施工操作的情况。

（4）检查购入的原材料的质量和库房存放、发放情况。

（5）向客户了解对公司施工质量、服务质量的意见与建议。

（6）向总经理提出对违反公司质量管理制度的部门、员工的处理意见。

（7）向总经理汇报各部门执行公司质量管理措施的情况、违反质量管理的情况以及客户反馈的质量问题与意见。

（8）草拟公司有关质量管理的规章制度和奖罚办法，供总经理和有关部门领导参考。

（9）参与人事部组织的员工技术培训中有关质量管理的授课、考核。

（10）组织公司中层领导、管理人员进行质量意识、质量管理的培训工作。

3. 工程部质量管理职责

（1）严格按照施工工艺要求组织施工，未经允许，不得随便更改。

（2）施工工艺更改，必须经工程部经理提出更改方案，由总经理批准方可。

（3）在施工前，依据施工工艺，检验所需的清洁保养材料是否符合工艺要求和质量标准。如有不符，立即提出，及时更换。

(4) 施工中应与客户密切联系，通报施工进度，协调施工中出现的问题，以保证施工质量。

(5) 施工结束，由客户填写《工程质量验收单》。

(6) 施工中发生质量问题，向公司提交调查报告、改进措施，并提出处理意见，供质检部和总经理决策。

(7) 正确对待公司随机性质量检查，支持质检员的工作。

(8) 组织工程部员工认真学习公司有关质量管理的规章制度。

(9) 组织工程部员工进行施工工艺要求和规范化操作的培训。

4. 清洁部质量管理职责

(1) 配合公司有关部门组织的员工“规范化操作”的培训。

(2) 组织清洁部下属员工认真学习公司有关质量管理、优质服务的规章制度。

(3) 严格按照公司制定的定点洁保方案操作，以保证洁保质量和服务质量。发现方案有缺陷或错误，立即与公司有关部门联络，迅速处理，以免影响洁保质量、服务质量，维护公司声誉。

(4) 在定点洁保操作前，应检查材料供应部门提供的清洁保养材料是否符合洁保方案的要求。发现不符，立即向质检部、材料供应部提出，寻求解决办法。

(5) 在定点洁保服务中，清洁部经理、定点总领班、领班应与客户密切联系，征求客户对洁保质量、服务态度的意见，以便提高和改进。

(6) 凡有客户对洁保质量、服务态度提出投诉，都应表现出诚意并立即向质检部报告，向总经理汇报，并提出处理意见。

5. 材料供应部质量管理职责

(1) 材料采购质量管理职责

1) 对所负责采购的材料的质量负全责。

2) 及时掌握供应商新产品开发的动态，向技术、工程、清洁部门推荐，达到所购材料优质、高效。

3) 请供应商技术、业务人员来公司，就其提供的清洁保养材料做操作示范，做模拟小样，提供技术数据、施工工艺，以保证公司的清洁保养的施工质量。

4) 保证所采购的材料必须在保质期内，并有一定的存放期。

5) 所采购的材料必须有合格证、质保书、使用说明书和相应的技术文件。

6) 认真学习公司有关质量管理的规章制度。

7) 接受质检部、质检员对所采购材料的质量检查。

8) 发现所采购的材料有质量问题，应立即通知工程部、清洁部停止使用，向质检部报告，向总经理汇报，提出处理办法。

(2) 仓库储存发放质量管理职责

1) 对仓库内储存的材料的质量负全责。

2）必须了解仓库内储存材料的存放特性和存放方法，保证储存材料在存放期间质量不发生问题。

3）掌握仓库内储存材料的有效期，对即将到期的存放材料要及时向部门经理做出书面汇报。

4）依据施工工艺要求、定点洁保方案发放材料，发放的材料要求在有效期内。

5）不得发生错发、误发材料的现象。一旦发生错发、误发，立即向部门经理汇报，并通知工程部、清洁部停止使用。

6）认真学习公司有关质量管理的规章制度。

7）接受质检部、质检员对仓库储存材料的质量检查。

二、质量管理制度

员工所在部门、岗位的质量管理职责明确了，则要制定出相应的质量管理制度。

1. 材料采购和仓库储存质量管理制度

（1）本制度“材料”的含义包括清洁保养的设备、工具、清洁保养剂、操作人员防护用品。

（2）材料采购前，应对供应厂商进行详细地了解和比较，做出书面报告，提交部门领导，供领导决策。

（3）要求进入报价阶段的供应厂商提供施工小样，提供施工工艺和技术指导。对某些关系到人身安全的防护用品及工具，应按规定做强度、拉力试验。

（4）要求材料供应厂商提供产品的《合格证》《卫生许可证》《质量保证书》《产品使用说明书》。

（5）采购的材料必须在保质期内。

（6）由于供应厂商提供的材料的质量问题发生质量事故，必须由供应厂商负责，提供索赔直至法律处理。

（7）以上“(2)～(6)”条，应在签订材料采购合同的文本内有所规定或限定。

（8）材料进入仓库储存，应按材料的存放要求，妥善保管。

（9）严格掌握存放材料的保质期，采取离保质期近的先发放的原则，超过保质期的材料，不准发放。

（10）严格按《建筑物清洁保养施工工艺单》注明的施工用材料和数量发放，不得错发、漏发。发生错发、漏发，应立即追回，向本部门经理报告并填写“质量事故单”等待处理。

（11）材料必须分类存放，不得混放、乱放。化工材料、有腐蚀性材料应在存放地点注明。

2.《建筑物清洁保养施工工艺单》制度

（1）工程部、清洁部必须严格按照《建筑物清洁保养施工工艺单》的工艺流程和设备、工具、材料及用量具体施工。如不按《建筑物清洁保养施工工艺单》规定施工，一经发现，按质量事故处理。

（2）材料供应必须严格按《建筑物清洁保养施工工艺单》发放。

（3）质检部、质检员按照《建筑物清洁保养施工工艺单》检查施工质量情况，若发现未按《建筑物清洁保养施工工艺单》施工，则按质量事故处理。

（4）《建筑物清洁保养施工工艺单》发现问题，施工部门应立即停止施工，待确认或更改后，再进行施工。《建筑物清洁保养施工工艺单》编制错误，按质量事故处理。

（5）《建筑物清洁保养施工工艺单》规定的设备、工具、材料因特殊原因，无法提供，则由技术、工程、材料、质检部门协调后提出更改措施，征得客户同意后，采用新的《建筑物清洁保养施工工艺单》。

3. 质量检查员日常检查办法

（1）质量检查员代表公司、质检部对工程部的施工质量、清洁部的洁保质量和服务态度进行日常随机性检查和定期全面检查。

（2）质量检查员对工程部施工项目、清洁部定点洁保建筑物的质量管理情况检查，可会同项目经理或定点领班一起进行，也可单独进行。

（3）质量检查员对工程部的施工项目、清洁部定点洁保的建筑物检查前，可与客户、业主、物业管理负责人联系，与他们共同进行质量管理情况的检查。

（4）质量检查员检查的范围

1）工程部正在施工的清洁保养项目的《建筑物清洁保养施工工艺单》、清洁部定点洁保建筑物的《建筑物清洁保养施工工艺单》实施情况。

2）员工对“规范化操作”的执行情况和“员工文明服务守则”中有关服务态度内容的执行情况。

3）工程部、清洁部在施工、定点洁保中使用的清洁保养剂质量是否符合《建筑物清洁保养施工工艺单》的要求。

4）对材料供应部的采购工作、仓库储存工作进行检查。

（5）质量检查员根据质量管理检查情况，填写《日常质量管理检查报告》，见表7—3。

（6）“日常质量管理检查报告”中提及的有关质量问题，均需被检查项目的项目经理、定点领班签字认可，并在“改进栏”中提出改进措施。

（7）检查中发现重大质量问题，应立即向质检部和公司总经理汇报，不得延误。

4. 质量问题处理办法

（1）本办法包括施工质量、定点洁保质量、对客户的服务质量等几方面问题、事故的处理。

（2）凡不按《建筑物清洁保养施工工艺单》施工，不执行“规范化操作”，不符合“员工文明服务守则”中有关服务态度的内容，检查发现，按质量问题处理。

（3）质量检查员、质检部、总经理在日常随机性质量检查中检查出的问题，按质量问

表 7—3 日常质量管理检查报告

<table>
<tr><td>日期</td><td></td><td>被检查单位</td><td></td></tr>
<tr><td>合同号</td><td></td><td>被检查项目经理（领班）</td><td></td></tr>
<tr><td colspan="2">检查内容：</td><td colspan="2">检查结果：</td></tr>
<tr><td colspan="4">改进措施：</td></tr>
<tr><td>备注</td><td colspan="3"></td></tr>
</table>

检查员： 被检查项目经理（领班）：

题处理。

（4）客户、业主、物业管理人员提出的投诉，经确认属实后，属于质量问题。

（5）以上“（2）～（4）”条内容，一经发现，质检部应立即会同有关部门提出处理意见和改进措施，报总经理批准，由有关部门立即实施改进。要求处理质量问题的时间不超过 24 h。

（6）由公司总经理或部门经理、质检部经理与客户、业主、物业管理部门联系，通报发生质量问题的实际情况和处理意见，征求客户、业主、物业管理部门的意见。

（7）对客户、业主、物业管理部门提出的处理意见应充分理解，在双方协商的情况下，归入公司提出的处理意见中实施。

（8）发生质量问题的部门和员工分清责任，严格按“违反质量管理办法的处罚规定”处理（此规定可由企业自行制定）。

（9）质检部在处理完毕后的第二天，向总经理提交“处理质量问题专题报告”，并填写《质量问题处理单》一并存档，见表 7—4。

（10）发生质量问题的部门经理，必须在发生质量问题的 3 天内，向总经理提交“发生质量问题的情况报告”，该报告由质检部存档。

5. 客户投诉处理办法

（1）凡客户、业主、物业管理部门向公司总经理、部门经理、项目经理（定点领班）、质量检查员口头、电话、书面（包括传真）提出和询问的施工质量、洁保质量、服务态度问题，均属于本办法处理的范围。

表 7—4　　质量问题处理单

发生质量问题部门		发生质量问题的项目	
具体负责人		发生质量问题的日期	
合同号		客户、业主名称	
发生质量问题的陈述（可附页）： 部门陈述人：			
处理意见及措施： 批准：　　质检部：　　发生质量问题部门：			
备注			

（2）凡接到投诉和询问的人员，均需将投诉情况、询问内容记录在本人的“客户投诉记录”上。

（3）对投诉的质量问题和询问的质量问题，本部门有能力处理的，应立即处理，并向上级部门汇报处理结果，记录在本人的“客户投诉记录”上。

（4）本部门无法处理或无法解答的质量问题，应立即向上一级部门汇报，交由上一级部门处理或解答。需公司协调处理的，应立即向质检部、公司总经理汇报，协调处理。凡接触此项投诉或询问处理过程的人员，均应将处理方式或结果记录在本人的“客户投诉记录”上。

（5）接受客户、业主、物业管理部门的投诉和询问后，处理或解答的时间不应超过 48 h。

（6）在处理好客户、业主、物业管理部门的投诉和询问后，接受投诉、询问的部门或员工应填写《客户投诉处理单》，见表 7—5，并交由客户签字认可，由质检部存档。

（7）“客户投诉处理单”保存于质检部，处理投诉或询问的部门、员工在处理完毕后，应到质检部填写“客户投诉处理单”。

6. 员工全面质量管理培训办法

（1）员工上岗前应学习公司制定的有关质量管理的规章制度，加强质量意识的培养。

（2）员工上岗前应组织员工进行“规范化操作”和“员工文明服务守则”的培训，经考核后，合格者方可上岗。

（3）员工在工作中必须不断地进行质量管理、质量意识的培养

1）施工前（或定点洁保首次进入建筑物前），应组织员工学习《建筑物清洁保养施工工艺单》的质量要求。

2）施工中（或定点日常洁保中）检查员工的“规范化操作”“员工文明服务守则”执行情况，发现问题，及时纠正。

表 7—5　　客户投诉处理单

客户		投诉人姓名	
接受投诉的部门		投诉人职务	
接受投诉的员工		投诉日期	

投诉（询问）内容：（可附投诉原文或附页）：
接受人：

处理方式（可附页）：
处理经办人：

投诉人反馈意见及满意程度（可附页）：
投诉（询问）人：

备注	

3）施工结束，对施工中质量意识好、操作规范的员工，进行表扬和鼓励。

4）时刻对员工进行质量是效益、质量是效率、质量是信誉的质量重要性教育。

（4）定期对员工就公司全面质量管理的有关规章制度和“规范化操作”“员工文明服务守则”进行考试和考核，成绩存档。

（5）每 3 个月对公司管理人员进行一次质量意识的培训。培训的内容如下：

1）公司有关全面质量管理的规章制度，着重于新制定和增订的内容。

2）公司近期存在的质量问题隐患，已发生质量问题的分析和处理措施。

3）质量问题的防止和杜绝的讨论。

4）对学习的内容进行考核，考核内容和成绩存档。

7. 全面质量管理例会制度

（1）全面质量管理例会每月一次。

（2）与会人员包括：总经理、副总经理、各部门经理、质量检查员及与本次例会内容有关的项目经理、领班。

（3）会议内容

1）各部门对本月质量管理情况的汇报。

2）对公司有关质量管理的规章制度的修订。

3）本月发生的质量问题的处理及结果。

4）对质量管理文件的学习。

（4）会议程序

1）由质检部主持。

2）各部门经理汇报，提出意见。

3）有关人员汇报，提出意见。

4）会议由质检员担任记录员，将会议情况记录在案，并存档。

（5）会议目的

1）加强公司管理人员的质量管理意识。

2）促进公司的全面质量管理工作的开展。

第四节　清洁保养的质量标准和验收方法

建筑物的清洁保养有一定的标准，达到了这个标准，也就达到了清洁保养的目标。上海市质量技术监督局制定了“上海市地方标准（DB 31/T 307—2004）《建筑物清洁保养验收规范》”。这是全国第一个由政府有关部门颁布的有关建筑物清洁保养的质量标准，对建筑物清洁保养企业的施工质量有借鉴作用。

一、范围

本标准规定了建筑物清洁保养的基本原则，室内外的清洁保养、外墙清洗保养、专项清洗保养等的质量基本要求，清洁保养质量验收方法。

本标准适用于一般建筑物、构筑物及固定附属物清洁保养后的质量验收，不适用于《上海市优秀近代建筑保护管理办法》规定保护的建筑物、构筑物及固定附属物清洁保养后的质量验收。

二、基本原则

清洁保养不得破坏建筑物原有材质，不得破坏建筑物的原貌。清洁保养质量指的是建筑物清洁保养后应达到的效果。对于各级政府明文规定保护的建筑物及建筑物中的附属设施的清洁保养应按有关规定或双方商定的特殊要求处理。在清洁保养建筑物的过程中使用的清洁剂，不应对建筑物造成外观和内在的损伤。建筑物的清洁保养施工应做到文明、清洁、卫生和安全，不应对对周围环境保护和市民生活造成影响。建筑物在建筑、装潢施工中遗留的缺陷不属于清洁保养质量验收范围。建筑物清洁保养质量除应符合本标准外，还应符合国家现行有关标准的规定。

1. 室内

（1）地面验收要求。表面、接缝、角落、边线处应洁净，无杂物、灰尘、印迹、污垢、污渍等现象。地面清洁保养材质分类和质量验收要求见表 7—6。

表 7—6 地面清洁保养材质分类和质量验收要求

材质	质量验收要求
花岗岩、大理石	无杂物、灰尘、印迹、污垢、污渍，打蜡后蜡面及色泽均匀，表面光亮
地砖	无杂物、灰尘、印迹、污垢、污渍，点、线、面线条清晰
PVC 地板	无杂物、灰尘、印迹、污垢、污渍，光亮
木地板	无杂物、灰尘、印迹、污垢、污渍，打蜡后表面光亮，蜡面均匀
水磨石、水泥地面	无杂物、灰尘、印迹、污垢、污渍，封蜡后蜡面要防水、防滑

1）花岗岩、大理石。直观地面光亮，质感一致，色泽均匀，无杂物、印迹。

2）地砖。直观地面点、线、面线条清晰，无杂物、污渍。

3）PVC 地板。直观地面光亮，色泽均匀，无杂物、灰尘、印迹。

4）木地板。直观地面光亮。

5）水磨石、水泥地面。直观地面无杂物，无污垢。

（2）墙面验收要求。表面、接缝、项角、边线处应洁净，无杂物、灰尘、印迹、污垢、污渍。墙面清洁保养材质分类和质量验收要求见表 7—7。

表 7—7 墙面清洁保养材质分类和质量验收要求

材质	质量验收要求
花岗岩、大理石	无杂物、灰尘、印迹、污垢、污渍，表面光亮、色泽均匀
玻璃、金属结构框	无杂物、灰尘、印迹、污垢、污渍，明亮、透光性好，无折光现象
彩钢板等金属饰面板	无杂物、灰尘、印迹、污垢、污渍
木质墙面、墙裙	无杂物、灰尘、印迹、污垢、污渍，表面光洁、色泽均匀
墙纸	无杂物、灰尘、印迹、污垢、污渍、霉点，色泽均匀
涂料	无杂物、灰尘、印迹、污垢、污渍
水泥、面砖	无杂物、灰尘、印迹、污垢、污渍，表面色泽均匀，无色斑，接缝处洁净，点、线、面线条清晰

（3）墙面验收方法

1）一般方法

①直观墙面表面无污垢、污渍、水迹、水渍、手印及其他印迹。

②手持白色柔软纸擦拭已清洁区域任意一面墙面、柱面 1 m 长距离，无灰尘。

2）花岗岩、大理石。侧观墙面蜡层均匀，无漏涂之处；直观抛光后蜡面的光泽、质感应一致。

3）玻璃、金属结构框。直观玻璃的透光性好，无折光现象；直观金属结构框有金属质感并保持原有色泽，不锈钢镜面光亮，无污渍；手持白色柔软纸擦拭玻璃与金属结构框之间的接缝、金属结构框与墙面、窗台立面、平面接缝处、密封胶表面，无污垢。

4）木质墙面、墙裙。手持白色柔软纸擦拭墙面任意一处、墙裙雕花立体部分空隙、墙裙上沿和下部踢脚板上沿平面及凹凸面无污垢，死角处无灰尘；蜡面均匀丰满，无漏涂之处，木质有光泽，木纹清晰。

5）彩钢板等金属装饰板。手持白色柔软纸擦拭拼接缝隙中的密封胶表面任意处无污垢；直观墙面有金属光泽感，亚光处理有凝重质感。镜面不锈钢无折光现象；直观表面无划痕。

6）墙纸。直观墙纸凹凸面、发泡面的立体图案无污垢留存；手持白色柔软纸擦拭墙面任意一处 1 m 距离，无灰尘；并用吸水纸压紧墙纸、墙布表面，检查无潮湿现象；直观墙纸表面无变色、色斑、霉点。

7）涂料。直观涂料表面无色痕、污迹、色差；打蜡层腊面涂抹均匀丰满；直观涂料色彩应鲜艳，材质质感强烈。

8）水泥、面砖。直观水泥墙面无污垢留存，色泽均匀、无色斑，点、线、面清晰。

（4）门、窗以及固定附属物

1）验收要求。门、窗以及固定附属物清洁保养质量验收要求见表 7—8。

表 7—8　　门、窗及固定附属物清洁保养质量验收要求

分类名称	质量验收要求
门、门套、门框	缝隙除、转角处、铰链、旋转门中轴处、拉手、门底无积污，表面无污渍
窗、窗台、窗套	玻璃光亮、窗台底部无积灰、污渍，表面无积灰
灯具	无积灰，光洁，无污渍、锈渍
饰品	无积灰、污渍、锈渍

2）验收方法

①直观门、窗及玻璃内外表面无污渍、污垢、水渍、水迹、印迹等，玻璃的透光性好，无折光现象。

②手持白色柔软纸擦拭玻璃和门框结合处、窗框结合处及四角，查看无灰尘、杂物留存。

③手持白色柔软纸擦拭门框、门套、窗框结缝处、铰链等处，查看无灰尘、杂物留存。

④直观灯具、饰品表面无污渍、污垢、水渍、水迹、印迹。

⑤手持白色柔软纸擦拭接缝处、饰品四角、底部，查看无灰尘、杂物留存。

（5）电梯

1）验收要求。各平面表面应洁净，无杂物、灰尘、印迹、污垢、污渍等现象。电梯清洁保养质量验收基本要求见表 7—9。

表 7—9　电梯清洁保养质量验收分类要求

名称	验收要求
垂直升降客梯、货梯	箱体和操作面板无灰尘、印迹、污渍、污垢；门槽应无污垢、杂物
自动扶梯、自动步道	踏步、防滑漕内、阶梯应保持清洁，无杂物、灰尘、印迹、污垢、污渍等，可移动橡胶扶手保持色泽统一，无污渍、污垢。外壳、侧模板保持光洁、明亮、色泽均匀，无灰尘、印迹、污渍等

2）验收方法

①直观电梯内外门、表面无污渍、污垢、水渍、水迹、印迹等。

②手持白色柔软纸擦拭电梯不锈钢内外门之间及上、下轨道之间，查看无灰尘、杂物留存。

③手持白色柔软纸擦拭电梯箱内上下四角及不锈钢扶手下部开口处，查看无灰尘、杂物留存。

④直观电梯箱顶部灯罩内无杂物存在。

（6）卫生间

1）验收要求。卫生间清洁保养质量验收要求见表 7—10。

表 7—10　卫生间清洁保养质量验收要求

分类名称	质量验收要求
地面、墙面	地面无垃圾、纸屑等杂物，无水渍、污垢；墙面无污渍、水渍、乱贴乱画，空气清馨，无异味
坐便器	内外无污垢、水渍、污渍，水箱、坐便器釉面色泽光亮，上下水通畅
小便器	内外无污垢、水渍、污渍、尿渍，釉面色泽光亮，上下水通畅
洗脸盆、化妆镜	水龙头光亮无垢，化妆台无污垢、水渍、污渍，镜面明亮，无锈渍、污渍，上下水通畅
门、窗	干净，无污渍、水渍

2）验收方法

①卫生间内无臭味、异味。

②直观小便器下方地面无尿渍；手持白色柔纸擦拭墙角、坐便器后侧、坐厕隔屏板下方等地面死角处，无污垢；直观地面釉面砖色泽应光亮。

③直观坐便器内外部、上盖板、水箱外部无污垢、污渍、水迹、水渍；表面釉面色泽光亮；直观并放水检查上下水道通畅。

④直观小便器内外部无污垢、污渍、水渍、水迹；手持白色柔软纸擦拭小便器接尿斗外部下方无污垢；直观小便器釉面色泽光亮；直观并放水检查上下水道通畅。

⑤直观木质门、门套、窗、窗台干净，无污迹；坐厕隔屏板表面干净，无乱画乱涂现象。

⑥直观水龙头表面无污垢、污渍、水渍、水迹；手持白色柔软纸擦拭水龙头下部、手柄下面、洗脸盘、化妆台下无污垢；用干净抹布擦拭洗脸盘溢水口处无污垢；放水检查洗

脸盘上下水及溢水口通畅、无阻碍。

(7) 消防通道

1) 验收要求。消防通道清洁保养质量验收要求见表 7—11。

表 7—11 消防通道清洁保养质量验收要求

分类名称	质量验收要求
楼梯、平台	无积灰、杂物、污垢，装饰砖见本色
扶手	根部无积灰尘、污垢，扶手上下无灰
台阶	无积灰、污垢、污渍
墙身、天花板	无积灰、污垢、污渍
灯、灯罩	无灰尘、污垢、污渍

2) 验收方法。直观通道、楼梯、平台、扶手、台阶、照明及各类设施等无杂物、污垢、污渍等。

(8) 茶水间

1) 验收要求。茶水间清洁保养质量验收要求见表 7—12。

表 7—12 茶水间清洁保养质量验收要求

分类名称	质量验收要求
打水平台	无污垢，无积水、污渍
水槽	无积水，无污垢、污渍、茶渣等杂物
烧水锅炉	外壳和保暖物干净，无污垢

2) 验收方法

①手持白色柔软纸或干净抹布擦拭打水平台、锅炉外壳、照明及各类设施无污渍、污垢、水渍、水迹、印迹等。

②直观水槽有无污物。

(9) 地下室、地下车库

1) 验收要求。地下室、地下车库清洁保养质量验收要求见表 7—13。

表 7—13 地下室、地下车库清洁保养质量验收基本要求

分类名称	质量验收要求
地面	无杂物、污物、污垢、污渍，无积水，四角墙角干净
排水沟	无杂物阻流，畅通
悬空管道	无积灰，干净，无悬挂杂物
反光镜	无灰尘，明亮
照明灯具	无灰尘，明亮

2) 验收方法

①直观地面、角落、边线、明沟、通风管道、照明及各类设施等处应洁净，无杂物、灰尘、印迹、污垢、污渍。

②手持白色柔软纸擦拭反光镜无污渍、污垢、水渍、印迹等。

（10）其他

1）验收要求。其他各项清洁保养质量验收要求见表7—14。

表7—14　其他各项清洁保养质量验收要求

分类名称	质量验收要求
消防箱、消防栓	外表干净、无积灰、污渍
警铃及按钮	外表干净、无积灰、污渍
天花板顶灯	无积灰、污渍
探头	无积灰、污渍
废物箱	外壳干净、无污垢、污渍，箱内无积陈垃圾、无臭味
空调进出风口	无积灰、污垢、污渍
网架	无积灰、污垢、污渍、蜘蛛网
指示牌	无污垢、污渍

2）验收方法

①直观天花板、通风口、百叶窗、灯饰内、消防设施、警铃、警铃按钮等无积存污垢、蜘蛛网。

②手持白色柔软纸或干净抹布擦拭通风口百叶窗、网架、显示牌、废物箱，查看无灰尘。

③直观天花板平面无色泽、质感的变化。

2. 外围场所

（1）验收要求。外围场所清洁保养质量验收要求见表7—15。

表7—15　外围场所清洁保养质量验收要求

分类名称	质量验收要求
人行道、通道	无杂物、积水、痰迹、油渍、纸屑
车道	无杂物、积水、油渍、痰迹、纸屑和无明显车轮印迹
绿地、花坛	无杂物、纸屑、废塑料袋
水池	水面无飘浮垃圾，无青苔，无异味
雕塑	无污垢、污渍，保持本色
广告牌、指示牌、围柱	无积灰、污垢、污渍
照明灯、反光镜	无污垢、污渍，镜面明亮
电话亭	无积灰、污垢、污渍，亭身无乱贴乱画
广场、台阶	无堆积垃圾、无废纸、废塑料、痰迹，无积水

(2) 验收方法

1) 直观通道、人行道、车道、广场、台阶、雕塑无杂物、污垢，保持本色。

2) 直观绿地、花坛、水池无杂物，无水面漂浮物，水质清透见底。

3) 用干净抹布擦拭广告牌、指示牌、围栏、反光镜、电话亭无积灰，直观电话亭身无乱贴乱画。

3. 外墙

(1) 验收要求。外墙清洗保养质量验收分类要求见表 7—16。

表 7—16　外墙清洗保养质量验收分类要求

材质	质量验收要求
幕墙玻璃	表面清洁明亮，无污迹、手印、水迹
大理石、花岗岩	表面清洁光亮，无污迹；光面材料纹理清晰、有光泽，毛面材料色泽均匀、无锈蚀斑痕材料色泽
铝合金板	表面清洁、光滑，无污垢和水垢，有光泽，有金属质感
面砖	表面清洁，无污垢，色泽光亮、均匀
彩钢板等金属饰面板	表面清洁，无水垢和污垢、有光泽
不锈钢	表面清洁，色泽均匀，无印迹、污迹
涂料	表面清洁，无污垢、污渍，色泽整体一致，无色斑
水泥	表面清洁，无明显污垢，色泽均匀、无色斑

1) 外墙表面清洁，无积灰、水泥、涂料、硅胶、油漆等污渍。

2) 清洗后无色差、无变色。

(2) 验收方法

1) 高层建筑从整个建筑物的层面中每 5 层取一个层面，每个层面取 4 个检查点。多层建筑从每个层面取 1～2 个检查点进行检查。

2) 直观外墙的装饰材料表面无折光，有质感，有光泽，色泽均匀。

3) 检查外墙面金属结构平面的排水孔畅通，并用手摸排水孔下侧无污垢存留。

4) 对底层外墙，手持柔软纸擦拭外墙面、各死角处、装饰材料表面的拼接缝隙处，查看无污垢留存。

单元测试题

简答题

1. 简述施工安全和施工质量在建筑物清洁保养施工中的关系。

2. 制定建筑物清洁保养安全施工方案和采取的安全施工措施时，应考虑哪三种时态、哪三种状态和哪七方面因素？

3. 建筑物清洁保养的质量管理和控制，主要应做好哪两方面的工作？

4. 如下网络图说明什么意义？

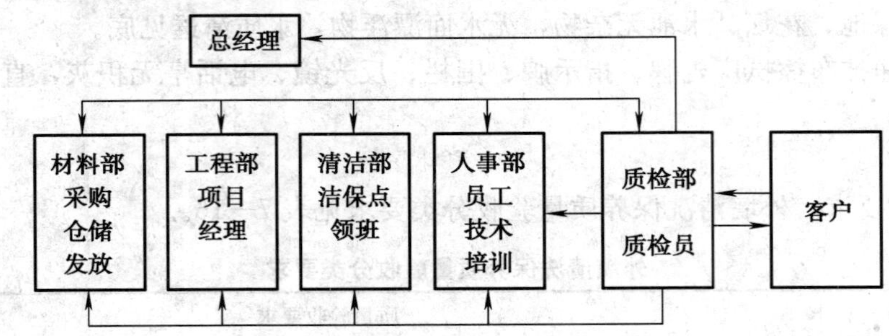

单元测试题答案

简答题

1. 答：安全在任何时间都是第一位的，安全包括员工在施工中的人身安全和项目工程的质量安全。在以人为本的当今社会，人身安全是第一位的。只有员工在施工中的安全得到保障，建筑物清洁保养的项目施工才能正常有序的进行下去，施工质量才有保证。

施工质量在建筑物清洁保养施工中也是第一位的，只有高的施工质量和服务质量，才有建筑物清洁保养行业的发展、建筑物清洁保养企业的发展和建筑物清洁保养从业员工的发展。因此，在建筑物清洁保养施工中两者的关系是统一的，又是递进的。

2. 答：制定建筑物清洁保养安全施工方案和采取的安全施工措施时，应考虑三种时态，即现在时、过去时和将来时；三种状态，即正常、异常和紧急状态；七方面因素，即物理性因素、化学性因素、生物性因素、生理因素、心理因素、行为性因素和其他因素。

3. 答：第一，建立质量保证体系。制定出质量管理人员的职责和有关的质量关系制度，制定出质量管理日常处理的方法和工作渠道，使员工的质量意识深入到施工的实际中去。

第二，建立建筑物清洁保养的质量标准和该标准的检查方法，使质量管理变成现实的、看得见的、摸得着的、和员工有着密切联系的事情。

4. 答：网络图表明在质量管理体系中，质检部和质检员有着较大的权力。在总经理布置了有关质量工作的措施后，质检部或质检员不仅可以检查采购进入的材料质量情况，仓储保管和发放对质量的影响情况，还可以检查建筑物清洁保养施工的质量以及常年洁保点的清洁保养质量和服务质量。质检部还要参与到员工的专业技术和质量意识的培训中去，并检查、考核员工培训的成绩。质检部或质检员在检查各部门对总经理措施落实情况后，可以直接将检查结果汇报总经理，使总经理了解到下属清洁保养工作的实际情况，总经理在此基础上，做出最终的决策。

第八单元 《建筑物清洁保养项目施工方案》的编制

第一节 建筑物清洁保养的成本控制

在建筑物清洁保养施工中需用的全部费用，就是建筑物清洁保养施工成本。建筑物清洁保养施工成本关系到建筑物清洁保养施工项目经济效益和企业的生存。掌握每一个建筑物清洁保养施工项目的施工成本，建立施工成本的控制系统，使施工成本始终控制在有效的范围之内，使工程进度、施工质量、经济效益全部达到目标。

一、建筑物清洁保养的成本内容

1. 人力成本

人力成本是建筑物清洁保养施工中最大的成本。人力成本包括员工的基本工资、各类津贴和社保基金、保险费用。

2. 设备成本

设备成本包括设备折旧费用。按照建筑物清洁保养行业的特点，设备的折旧期设置为3年，因为其使用频率高，损坏程度大。设备成本还应包括设备修理费用、零配件购置费用和设备修理的人工费用。

应该在设备成本中提留一定数量的基金备留，以便设备在突发的损坏中有足够的资金购买新设备。

3. 工具成本

工具成本是建筑物清洁保养施工中最难测算的费用，原因是工具使用者因人而异，往往用力过大等使用不当，会使工具损坏加快。因此，一般工具成本都设定一个常数，即建筑物清洁保养施工总成本的 10%。

4. 清洁保养材料消耗

清洁保养材料消耗应根据被清洁保养的建筑物装饰材料、建筑物装饰结构、装饰材料表面污垢程度等因素进行测定，确定所需的清洁保养材料的类别和用量。清洁保养材料消耗的成本预算应在测定用量的基础上增加 10%。但在施工中应严格掌握清洁保养材料用量的发放。

5. 利润

建筑物清洁保养施工的经济效益最终体现在利润上，由于建筑物清洁保养行业竞争激烈，建筑物清洁保养施工的利润在 10%以内。

6. 其他

一切必要的、合理的费用支出。

二、建筑物清洁保养施工成本控制

1. 建筑物清洁保养施工成本控制的目标

建筑物清洁保养施工成本控制就是要在保证施工进度、施工质量的前提下，达到建筑物清洁保养施工成本的最小化，也就是利润的最大化。

2. 建筑物清洁保养施工成本控制的原则

（1）建筑物清洁保养施工成本控制的合法性、合理性。建筑物清洁保养施工成本控制必须符合国家、地方的有关法律法规；符合建筑物清洁保养行业的行规；必须保证施工进度、施工质量。

（2）建筑物清洁保养施工成本控制的全面性、有效性。建筑物清洁保养施工成本控制必须建立在建筑物清洁保养施工项目的成本控制体系上，必须从承接建筑物清洁保养施工项目开始时就进行。制定《建筑物清洁保养施工工艺单》是关键环节，但是《建筑物清洁保养施工工艺单》在首次执行时，仍然存在着不确定性，因此，在施工中严把材料用量关、提高员工的工作效率和设备的利用率都是全面控制施工成本的有效办法。

3. 确保建筑物清洁保养施工成本控制成功的关键

（1）成本控制要保证建筑物清洁保养施工目标的实现。

（2）成本控制要有建筑物清洁保养施工的前瞻性。

（3）在成本控制中项目各部门的职责必须明确，责任、指标落实到人或工序。

（4）在成本控制中应考虑到具体控制人的经济效益。

（5）成本控制应有先进的技术或设备作支持。

（6）成本控制应与建筑物清洁保养行业的发展联系在一起。

(7) 成本控制应建立在客观、合理、标准的基础上。

(8) 成本控制要有灵活性，要适时调整，把不可控制因素降低到最小的范围和最短的时间内。

第二节　建筑物清洁保养工作量的测算

一、工作量的测算原则

1. 符合正常人的工作能力。
2. 在正常的体力支出的范围之内。
3. 在保证安全操作的前提下。
4. 不违反被选择设备的《安全操作规程》规定技术参数。
5. 按清洁材料的正常用量。
6. 应测定综合工作量。
7. 具体测定工作量应有侧重。
8. 按客户或业主的质量要求，按国家、地方质量标准，按企业制定质量细则测算工作量。

二、以清洁保养面积为单位的工作量测算

以下是设定条件的工作量进行测算，可作为工作量测算的参考。精确测算以具体的建筑物清洁保养施工条件为准。

1. 建筑物外墙面清洁保养工作量的测算（以 25 层为例）

(1) 机械清洁保养（用吊篮下吊）。清洁保养宽度 4 m/2 人；工作量为 2 吊/8 h/人。

(2) 人工清洗保养（用座式登高板下吊）。清洁保养宽度 1.5～2 m/人；工作量为 3～4 吊/8 h/人。

(3) 其他人工清洁保养，按实际操作时间制定工作定额。

2. 建筑物内墙面清洁保养工作量的测算（以 6 m 高米黄色大理石为例）

(1) 内墙面清洗（冷、热水各 1 遍）。采用登高升降机，工作量为 150 m^2/8 h/2 人；采用铝合金扶梯，工作量为 100 m^2/8 h/2 人。

(2) 内墙面打蜡、抛光（1 遍）。采用登高升降机，工作量为 100 m^2/8 h/2 人；采用铝合金扶梯，工作量为 80 m^2/8 h/2 人。

3. 建筑物室内地面清洁保养工作量的测算

(1) 大理石、花岗岩、水磨石、人造大理石地板及 PVC 塑料地板、釉面地砖表面清洗采用多功能擦地机和清洗垫、通用起蜡水，要求清洗 2 遍，工作量为 500 m^2/8 h/2 人。

(2) 大理石、花岗岩、水磨石、人造大理石地板及 PVC 塑料地板、釉面地砖表面打

蜡采用通用底蜡、面蜡，要求一底二面（一层底蜡，二层面蜡），300 m^2/8 h/2 人。

（3）大理石、花岗岩、水磨石、人造大理石地板及 PVC 塑料地板、釉面地砖表面打蜡后抛光采用高速抛光机和喷洁蜡，工作量为 500 m^2/8 h/人。

（4）大理石、花岗岩、水磨石、人造大理石地板及 PVC 塑料地板、釉面地砖表面打蜡抛光后推尘采用 1.2 m 尘推，尘推场地在 300 m^2 以下时，派 1 人工作 8 h，尘推场地在 300 m^2 以上时，派 2 人工作 8 h。

4. 建筑物室内纯羊毛地毯、混纺地毯、化纤地毯清洁保养工作量的测算

采用多功能擦地机、清洗刷、吸水/吸尘机、地毯梳理机，通用地毯清洁剂，要求清洗 1 遍，工作量为 300 m^2/8 h/2 人。

5. 卫生间清洁保养工作量的测算（以地面为 10 m^2，2 只洗脸盆、2 只坐便器、2 只小便器和 2 m^2 以上化妆镜为例）

采用普通工具，工作量为 16 次/8 h/人。

6. 建筑物外围环境采用混凝土、彩色水泥地砖、仿石砖（广场砖）、水磨石、大理石、花岗岩装饰材料的清洁保养工作量的测算（以地面为 1 000 m^2 及 300 m^2 花坛、绿化为例）

采用普通工具，派 1 人工作 8 h。

第三节 《建筑物清洁保养项目施工方案》的制定

一、《建筑物清洁保养施工方案》制定的原则与方法

在承接建筑物外墙面清洁保养工程前，应向客户或业主提供拟定的《建筑物外墙面清洁保养施工方案》，由客户或业主进行审定。所谓施工方案，就是施工的计划和工作的方法。但施工方案不是施工工艺，施工方案是集施工工艺、项目管理、营销策略于一体的综合体。建筑物装饰表面清洁保养施工方案应包括：建筑物装饰表面清洁保养施工内容的确认，建筑物装饰表面清洁保养施工量及难易程度，拟选择的设备、工具，拟选择的清洁保养材料及消耗量，清洁保养施工工艺，清洁保养施工质量标准及检查方法，施工人员的安排，采取的施工安全措施，施工方与被施工方的协调等。

1. 《建筑物清洁保养施工方案》制定的原则

（1）恰当的清洁保养施工工艺。

（2）严格的清洁保养施工质量标准。

（3）得力的施工安全保证措施。

（4）优质的服务体系。

（5）合理、透明的经济效益。

2. 制定《建筑物清洁保养施工方案》的方法

(1) 确认该建筑物装饰表面的材料品种和面积

1) 调阅有关该建筑物装饰材料的技术资料和证明文件。

2) 实地确认资料、文件与该建筑物装饰表面的实际装饰材料是否相符。

3) 调阅或实地测量建筑物装饰表面清洁保养施工的实际面积。

4) 确认该建筑物装饰表面需清洁保养的各类装饰材料表面的实际面积。

5) 确认该建筑物外墙面的特殊形态，如球形、凹凸形等的实际需清洁保养的面积。

(2) 清洁保养设备的选择与提供

1) 建筑物有固定的外墙面清洗设备，则原则上选用该设备。

2) 原则上选用企业已有设备。

3) 客户或业主提出选用的设备，在施工条件、安全条件、经济效益全部可以满足的情况下选用。如条件不能满足，应在《建筑物清洁保养施工方案》中提出，并介绍其他设备供客户或业主选择。

4) 在客户或业主对建筑物装饰表面清洁保养施工的设备没有提出要求的情况下，应按建筑物装饰表面实际情况与工期、清洁保养的效果、表面污染的程度、施工安全、经济效益等因素来选择设备。

(3) 清洁保养用材料的选择及用量

1) 根据该建筑物装饰表面的建筑特征、选用的清洁保养设备、施工工艺来选择清洁保养用材料。

2) 根据实际确认的该建筑物装饰材料的性能、特点选择清洁保养材料。

3) 各工序选择的清洁保养材料的化学性质应相同，pH 值大致相近。

4) 在施工工艺允许的范围，选择最方便施工的清洁保养材料。

5) 根据该建筑物装饰表面的污染程度，制定出各种已选择好的清洁保养材料的浓度配合比。

6) 根据实际的清洁保养面积确定清洁保养材料的用量。建筑物外墙面清洁保养项目比测出实际用量增加 25%为最终确定用量，这是由高空作业的不稳定性和污染程度的不确定性所决定的；建筑物室内装饰表面清洁保养施工项目比测出实际用量增加 15%。

(4) 质量控制标准

1) 向客户或业主提供《建筑物清洁保养质量标准》。该标准应由施工承接企业制定。

2) 向客户或业主提供《建筑物清洁保养质量标准的检查方法》，以便帮助客户或业主进行质量检查。

3) 双方对以上两个质量文件制定出认可的协议书，以免施工结束时发生分歧。

(5) 关系协调

1) 制定在该建筑物装饰表面清洁保养的施工中发生工伤事故等意外情况时的处理办法。

2）制定对施工承接企业劳资双方发生纠纷时的处理办法。

3）制定客户或业主与施工承接企业双方发生纠纷时的处理办法。

（6）附件

1）客户或业主对施工方案审定后，表示同意或认可，在价格合理的情况下，可以施工方案为依据，签订《建筑物清洁保养施工合同书》。本方案可作为合同的附件留存。

2）客户或业主对该施工方案同意或认可后，施工承接企业对于《建筑物装饰表面清洁保养施工方案》中的“清洁保养材料的选择及用量”，应配置不同浓度的清洁保养剂溶液，对该建筑物装饰表面典型的污染面积进行小样清洗，在得到客户或业主的认可后，方可将所选择的清洁保养材料和用量写入合同的有关条文中去。该认可应有客户或业主提供的书面《认可书》，作为合同的附件留存。

二、《建筑物清洁保养施工方案》的制定

1.《建筑物清洁保养施工方案》的内容

（1）建筑物清洁保养施工项目的信息。

（2）建筑物清洁保养施工项目的污染源分析。

（3）影响建筑物清洁保养的因素。

（4）建筑物清洁保养施工方式。

（5）建筑物清洁保养材料、设备、工具的选择。

（6）建筑物清洁保养工作量的测定。

（7）建筑物清洁保养质量要求。

（8）建筑物清洁保养施工安全措施。

（9）建筑物清洁保养施工项目报价。

（10）建筑物清洁保养施工与被施工方的协调。

2.《建筑物清洁保养施工方案》的范例

《×××商务楼清洁保养施工方案》

（1）清洁保养项目地点。

（2）清洁保养项目的内容

1）室内清洁保养

①1 层大堂及电梯厅大理石地坪 500 m²、墙面 500 m²、落地玻璃 300 m²。

②2～8 层电梯厅花岗岩地坪 30 m²、墙面 100 m²。

③9～25 层电梯厅花岗岩地坪 40 m²、墙面 140 m²，公用部位花岗岩地坪 100 m²，地毯 100 m²、洗手间 20 m²。

④1～25 层 4 部电梯不锈钢门及轿箱。

⑤1～28 层消防通道地砖及楼梯扶手。

⑥地下 1～2 层、避难层、27～28 层水泥地坪 1 000 m²。

⑦1～25 层各类饰品、灯具、通风口等。

2）外围清洁保养

①花岗岩台阶。

②彩色水泥行道砖地坪 300 m^2。

③花坛 400 m^2。

三、室内和外围清洁保养方案

1. 1～25 层大理石花岗岩地坪每月彻底清洁保养 1 次，用起蜡水清洗地坪，打 2 层封底蜡，2 层面蜡；每日喷洁蜡抛光 1 次，每日不间断推尘保养。

2. 1～25 层大理石花岗岩墙面每季度彻底清洁保养 1 次，用起蜡水清洗墙面喷面蜡 1 层，手工抛光；每月手工抛光 1 次；每日不间断干抹布擦拭保养。

3. 1～25 层电梯不锈钢门、轿箱内镜子、扶手每日不间断手工抛光擦拭。

4. 洗手间（9～25 层）每周彻底清洁保养 1 次；每日不间断清洁保养。

5. 地毯（部分楼层公用部位）每月干洗 1 次；每日吸尘 1 次，有明显污迹，随时清洁。

6. 楼梯地砖及扶手、水泥涂料地坪（地下 2 层至 28 层及避难层）每日清水拖抹 1 次或冲洗 1 次。

7. 各类饰品（1～25 层）每日保养 1 次或不间断保养。

8. 玻璃（大堂及 1～25 层电梯厅两侧门）每天刮擦 1 次。

9. 灯饰及通风口每周清洁保养 1 次

10. 各类外露管道每季度清洁 1 次。

11. 外围地坪花坛每天不间断清洁保养

四、清洁保养材料的选用

根据业主的要求选择清洁保养材料。一般包括超级起蜡水、石地封底蜡、面蜡、高速喷洁蜡、全能清洁剂、玻璃清洁剂、地推牵尘剂。

五、采用的设备、工具

1. 选用的设备有多功能擦地机、高速抛光机、吸水/吸尘机。

2. 打蜡、刮擦玻璃等工序均采用进口工具。

3. 其他工具按标准采购。

六、人员安排

1. 清洁保养时间：7:00—19:00，无双休日。

2. 人员工作时间：上午班 7:00—13:00，下午班 13:00—17:00。

3. 人员工作安排

总人数 18 人，大堂每班 1 人，电梯每班 1 人，楼面及消防梯每班 5 人（根据入住情况每人负责 3～4 层楼面）。外围地下室每班 1 人。机动 1 人，正常上班。领班 1 人，正常上班。

七、质量标准及考核办法

1. 清洁保养标准按本公司《技术规范、质量标准》执行。

2. 文明服务标准按本公司《员工文明服务守则》执行。

3. 双方约定考核办法，达不到质量标准可按考核办法处罚。

八、报价（模拟报价）

1. 室内及外围清洁保养综合报价，每月2.2万元人民币。

2. 成本测算

（1）材料费

1）起蜡水1箱6桶（681元）。

2）封地蜡1箱6桶（895元）。

3）面蜡1箱6桶（985元）。

4）喷洁蜡1箱4桶（682元）。

5）全能清洁剂2箱12桶（702元）。

6）牵尘剂2桶（327元）。

7）不锈钢清洁剂6支（243元）。

8）玻璃清洁剂1箱4桶（280元）。

9）地毯清洁剂2桶（186元）。

（2）工具费500元。

（3）设备折旧费3%，660元。

（4）人工费12 600元（18人）。其中每月工费600元/人，10 800元；每月饭食补贴100元/人，1 800元。

（5）税收8%，1 760元。

（6）管理费10%，2 200元。

（7）利润10%，2 200元。

单元测试题

简答题

1. 建筑物清洁保养的成本包括哪些内容？

2. 建筑物清洁保养施工成本控制的目标是什么？

3. 试对25层建筑物的外墙面清洁保养工作量进行测算。

4. 简述《建筑物外墙面清洁保养施工方案》的制定。

单元测试题答案

简答题

1. 答：人力成本，设备成本，工具成本，清洁保养材料消耗，利润，其他一切必要的、合理的开销。

2. 答：建筑物清洁保养施工成本控制就是要在保证施工进度、施工质量的前提下，达到建筑物清洁保养施工成本的最小化，也就是利润的最大化。

3. 答：（1）机械清洗保养（用吊篮下吊）：清洁保养宽度 4 m/2 人，工作量为 2 吊/8 h/人。

（2）人工清洗保养（用座式登高板下吊）：清洁保养宽度 1.5～2 m/人，工作量为 3～4 吊/8 h/人。

（3）其他人工清洁保养，按实际操作时间制定工作定额。

4. 答：在承接建筑物外墙面清洁保养工程前，应向客户或业主提供拟定的《建筑物外墙面清洁保养施工方案》，由客户或业主进行审定。所谓施工方案，就是施工的计划和工作的方法。但施工方案不是施工工艺，施工方案是集施工工艺、项目管理、营销策略于一体的综合体。建筑物装饰表面清洁保养施工方案应包括：建筑物装饰表面清洁保养施工内容的确认，建筑物装饰表面清洁保养施工量及难易程度，拟选择的设备、工具，拟选择的清洁保养材料及消耗量，清洁保养施工工艺，清洁保养施工质量标准及检查方法，施工人员的安排，采取的施工安全措施，施工方与被施工方的协调等。

考核模拟试卷（一）

一、试题

试题名称：编制商务楼建筑物外墙面清洁保养项目施工方案。

准备时间：30 h。

规定用时：210 h。

1. 操作条件

上海市明中路 1234 号 36 层商务楼基本情况。

（1）裙房基本情况。1～5 层裙房为干挂大理石板材、落地玻璃。裙房高度约为 20 m。裙房周长约为 180 m。

（2）6～36 层外墙面基本情况。6～36 层外墙面由幕墙玻璃、塑铝装饰板组成。每层有 35 扇落地窗，窗框为铝合金框架。

（3）天台基本情况。天台设有水箱上水管道和电梯机房的外挂扶梯。

（4）周围环境基本情况。裙房正门边为停车场，其余三面是绿化；裙房距人行道约 6 m，人流较多；马路上车流较多；距商务楼 500 m 有一码头。

（5）清洁保养基本情况。36 层商务楼外墙面上次清洁保养距现在为一年。

2. 操作内容

根据提供的基本情况，写出该 36 层商务楼外墙面清洁保养的施工方案。

清洁保养施工方案包括：

（1）施工地点。

（2）清洁保养内容及污染源分析。

（3）选用的清洁保养材料及通用清洁剂的简单配方。

（4）选用登高作业用工具及座式登高板日常检查内容。

（5）简单的施工工艺：建筑物外墙面清洁保养的操作工序中的要求。

（6）质量标准：高层建筑物上部外墙立面清洁保养质量标准检查方法。

（7）安全施工措施。

（8）施工人员安排、工期、报价。

3. 操作要求

（1）编制出合理、可行的项目施工方案。

（2）编制内容尽量详细。

（3）统计数字准确。

（4）污染源分析、施工项目管理可发表自己的观点，但应言之有理、言之有据。

二、试题评分表

序号	评价要素	配分	等级	评分细则
1	施工地点	10	A	增加电话、邮编、电子邮件、手机等其他信息
			B	增加电话、邮编等其他信息
			C	按试题情况介绍填写
			D	未将施工地点写清楚
2	清洁保养内容及污染源分析	15	A	污染源分析在5条以上，并且言之有理；清洁保养内容分类准确
			B	清洁保养内容分类准确
			C	仅各类清洁保养面积统计准确
			D	各类清洁保养面积统计不准确
3	选用的清洁保养材料及“通用玻璃清洁剂的简单配方”	10	A	选用的清洁保养材料及“通用玻璃清洁剂的简单配方”正确
			B	“通用玻璃清洁剂的简单配方”正确
			C	选用的清洁保养材料正确
			D	选用的清洁保养材料不正确
4	选用登高作业用工具	10	A	选用登高作业用工具正确，并且有对选用登高作业用工具的说明
			B	选用登高作业用工具正确
			C	少选登高作业用工具1种
			D	少选登高作业用工具3种
5	建筑物外墙面清洁保养的操作工序中的要求	25	A	操作工序中的要求基本一致
			B	操作工序中的要求错误在2条以内
			C	操作工序中的要求错误3条
			D	操作工序中的要求错误3条以上
6	质量标准 （高层建筑物上部外墙立面清洁保养质量标准检查方法）	15	A	质量标准检查方法完全正确，用语规范
			B	质量标准检查方法表述正确
			C	质量标准检查方法表述不完整，有遗漏
			D	质量标准检查方法表述不正确
7	安全施工措施	5	A	安全措施增加新的内容，并且言之有理
			B	安全措施增加新的内容
			C	安全措施正确
			D	安全措施不正确

续表

序号	评价要素	配分	等级	评分细则
8	施工人员安排、工期、报价	10	A	施工人员安排、工期、报价增加新的内容，并且言之有理
			B	施工人员安排、工期、报价增加新的内容
			C	施工人员安排、工期、报价正确
			D	施工人员安排、工期、报价不正确
合计配分		100		

等级	A（优）	B（良）	C（尚可）	D（差）
比值	1.0	0.8	0.6	0

“评价要素”得分＝配分×等级比值

三、参考答案

1. 施工地点（上海市明中路 1234 号）。

2. 清洁保养内容及污染源分析

（1）1～5 层裙房大理石板材、落地玻璃。清洁保养面积约为 20 m×180 m＝3 600 m^2。

（2）6～36 层外墙面幕墙玻璃、塑铝装饰板、铝合金框架，第 13 层避难层铝合金百叶窗，每层有 35 扇落地窗。

清洁保养面积约为 35 m×6 m^2（落地窗约为 2 m×3 m）×2×31 层＝13 020 m^2

（3）距商务楼 500 m 有一码头，人行道人流较多；马路上车流较多，增加了商务楼的污染源。

（4）清洁保养距现在为一年，时间较长，污染严重。

（5）人行道人流较多，设立的人行道安全区应在 4 m 处。

3. 选用的清洁保养材料及通用玻璃清洁剂的简单配方

选用的清洁保养材料有全能清洁剂、玻璃清洁剂、金属清洁剂、石材光亮剂。

通用玻璃清洁剂的简单配方如下：

组成	配比（%）	组成	配比（%）
AEO—9	6	乙醇	2
甲苯磺酸钠	3	异丙醇	10
LAS	3	水	余量

4. 选用登高作业用工具

下吊施工人员在清洁保养建筑物时应配备以下工具：

水桶、抹水器、刮水器、清洗滚筒、抹布、板刷、清洗水管、吸盘、工作绳、生命绳、安全带、座式登高板、下滑扣、自锁钩、安全帽。

5. 简单的施工工艺

建筑物外墙面清洁保养的操作工序中的要求：

（1）多种材料组合幕墙、明框幕墙、半隐框幕墙装饰材料的清洁保养应遵循先清洁保养石料、涂料、外墙面砖和彩色混凝土装饰材料，再清洁保养金属装饰材料，最后清洁保养玻璃装饰材料的原则。

（2）幕墙横断面上和窗框下的排水孔在清洁保养时，应进行清理、疏通，以保证排水孔的通畅。

（3）要加强对外墙立面的凹凸部位、特殊形面、淋不到雨的部位、窗框下沿、排水孔下端等的清洗。这些部位会存在较多的沉积性污垢和不均匀污染。

（4）下吊施工人员在座式登高板上清洁保养时，应以工作绳为中心，左右摆动不应超过 1 m，以保证不漏洗、不漏刮。

（5）下吊施工人员在座式登高板上用脚蹬踏移位时，应尽量蹬踏在外墙的石料和金属构件表面上，蹬踏力量不宜过重、过猛。应以工作绳摆动中产生的惯性移动位置为主。

（6）使用吸盘时，应选择外墙的幕墙玻璃或铝合金板的边缘处，最好不要在整块玻璃或铝合金板的中央，吸盘放置时应轻而快。

（7）在建筑物外墙面的清洁保养施工过程中，凡工作绳、生命绳经过的建筑物凸出部位的平面与立面的直角处，都应放置衬垫，以防止工作绳、生命绳受损而发生意外。

（8）在外墙面的清洁保养施工中，工作绳、生命绳不得嵌于建筑物外墙面黏结耐候硅酮密封胶的缝隙里，否则会导致工作绳、生命绳拉伤，危及到下吊施工人员的安全，而且还会磨损耐候硅酮密封胶，使外墙渗水、漏水等现象产生，建筑物的密封性遭到破坏。

6. 质量标准

高层建筑物上部外墙立面清洁保养质量标准检查方法。

（1）整个建筑物的层面中每 5 层取 1 个层面，每个层面取 4 个检查点，从可开启的窗户、阳台检查清洁保养的实际情况。

（2）直观外墙表面有无污垢。

（3）直观外墙的装饰材料表面有无折光，有无质感，有无光泽，色泽有无改变。

（4）检查外墙面金属结构平面的排水孔是否通畅，并手摸排水孔下侧的污垢是否还留存。

7. 安全施工措施

（1）制定建筑物外墙面清洁保养中的安全措施。

（2）座式登高板日常检查内容。

（3）上下设有安全员。下部人行道设立安全区。

（4）天台水箱上水管道和电梯机房的外挂扶梯为工作绳、生命绳分别的两处绑扎固定部位。

（5）下部绿化带用塑料布遮盖。

座式登高板日常检查表

设备编号：　　　　　　检查人员：　　　　　　日期：　　年　　月　　日

项目	标记	内容	结果
座板	★	有无裂纹、损伤	
安全带	★	有无断裂	
	★	连接处是否完好	
	★	金属配件是否完好	
绳	▲	生命绳、工作绳有无断股、腐蚀等损伤现象	

项目	标记	内容	结果
自锁钩	★	动作是否可靠	
绳索固定情况	★	顶端固定点是否可靠	
	★	固定点绳结是否可靠	
	★	绳索与硬性物体摩擦部位的软垫是否可靠	

注：①表中“结果”栏用“○”表示完好，用“×”表示有问题。

②检查项目有问题的，按下列要求执行并做出处理意见：有★标记的，应立即整改；有▲标记的，应按标准规定报废。

8. 施工人员安排、工期、报价（模拟报价）

（1）施工人员 12 人，其中领班 1 人，顶部安全员 1 人，下部安全员 1 人，下吊施工人员 10 人。

（2）工期 10 天。

（3）报价

1）选用进口清洁剂，每平方米 5 元人民币。

2）选用国产清洁剂，每平方米 3 元人民币。

考核模拟试卷（二）

一、试题

试题名称：编制学校建筑物清洁保养项目施工方案。

准备时间：30 h。

规定用时：210 h。

1. 操作条件

上海市明中路 1234 号学校基本情况。

2. 建筑物基本情况

（1）1 号楼 1 层大堂 200 m^2 釉面地砖地坪。

（2）1 号楼 1～5 层共有 40 m^2 复合地板地坪教师办公室 20 间，每间办公室有 20 m^2 室内玻璃。

（3）1 号楼 1～5 层共有 10 m^2 教师卫生间 4 间。

（4）1 号楼 1～5 层是 100 m^2 釉面地砖走廊。

（5）1 号楼 1～5 层铺有釉面地砖楼梯。

（6）2 号楼 1～5 层共有 100 m^2 水泥地坪教室 30 间，每间教室有 20 m^2 室内玻璃。

（7）2 号楼 1～5 层是 100 m^2 釉面地砖走廊。

（8）2 号楼 1～5 层共有 20 m^2 学生卫生间 10 间。

（9）2 号楼 1～5 层铺有釉面地砖楼梯。

（10）7 000 m^2 操场、7 000 m^2 学生活动区域。

（11）图书馆 400 m^2 水泥地坪，200 m^2 室内玻璃。

3. 周围环境基本情况

正门有 1 000 m^2 小广场。

4. 人流基本情况

学校有学生 1 200 名。

5. 操作内容

根据提供的基本情况，写出该学校建筑物清洁保养项目的施工方案。

清洁保养施工方案包括：

（1）施工地点。

（2）清洁保养项目施工内容及污染源分析。

（3）选用的清洁保养材料及简单地板清洗剂配方。

（4）选用的设备、工具。

（5）施工工艺。釉面地砖地板表面打蜡层的清洗工序。

（6）质量标准。地板清洁打蜡质量标准。

（7）人力安排。

（8）施工报价。

6. 操作要求

（1）编制出合理、可行的项目施工方案。

（2）编制内容尽量详细。

（3）统计数字准确。

（4）污染源分析、施工项目管理可发表自己的观点，但应言之有理、言之有据。

二、试题评分表

序号	评价要素	配分	等级	评分细则
1	施工地点	10	A	增加电话、邮编、电子邮件、手机等其他信息
			B	增加电话、邮编等其他信息
			C	按试题情况介绍填写
			D	未将施工地点写清楚
2	清洁保养项目施工内容及污染源分析	15	A	污染源分析在5条以上，并且言之有理；清洁保养内容分类准确
			B	清洁保养内容分类准确
			C	仅各类清洁保养面积统计准确
			D	各类清洁保养面积统计不准确
3	选用的清洁保养材料及简单地板清洗剂配方	10	A	选用的清洁保养材料及地板清洗剂配方正确
			B	地板清洗剂配方正确
			C	选用的清洁保养材料正确
			D	选用的清洁保养材料不正确
4	选用的设备、工具	10	A	选用的设备、工具正确，并且有对选用设备、工具的说明
			B	选用设备、工具正确
			C	少选设备1种
			D	少选设备2种

续表

序号	评价要素	配分	等级	评分细则
5	施工工艺 （釉面地砖地板表面打蜡层的清洗工序）	25	A	清洁保养工序错误在 2 条以内，有准备工序、操作工序
			B	清洁保养工序错误在 3～4 条以内，有操作工序
			C	清洁保养工序错误在 5 条以内
			D	清洁保养工序错误在 6 条以上
6	质量标准 （地板清洁打蜡质量标准）	15	A	质量标准正确
			B	质量标准表述正确
			C	质量标准表述有缺陷
			D	质量标准表述不正确
7	人力安排	5	A	人力安排提出见解，并且言之有理
			B	人力安排提出见解
			C	人力安排正确
			D	人力安排不正确
8	施工报价	10	A	施工报价增加新的内容，并且言之有理
			B	施工报价增加新的内容
			C	施工报价正确
			D	施工报价不正确
合计配分		100		

等级	A（优）	B（良）	C（尚可）	D（差）
比值	1.0	0.8	0.6	0

“评价要素”得分＝配分×等级比值

三、参考答案

1. 施工地点上海市明中路 1234 号。

2. 清洁保养项目施工内容及污染源分析

（1）地坪清洗、打蜡。大堂釉面地砖 200 m^2、教师办公室复合地板 2 000 m^2。

每月彻底清洁保养 1 次，用起蜡水清洗地坪，打 2 层封底蜡，2 层面蜡；每日喷洁蜡抛光 1 次；每日不间断推尘保养。

（2）地坪清洗。1 号、2 号楼 1 000 m^2 釉面地砖走廊，釉面地砖楼梯，2 号楼 3 000 m^2

水泥地坪教室，图书馆水泥地坪400 m^2。每周彻底清洁保养1次，每日清水拖抹1次。

(3) 室内玻璃清洗。1 200 m^2，每月刮擦1次。

(4) 卫生间清洁保养。240 m^2，卫生间少，学生多，污染严重，重点清洁保养。每周彻底清洁保养1次，每日不间断清洁保养。

(5) 楼梯清洁保养。釉面地砖楼梯是上下楼的通道，重点清洁保养，每日清水拖抹1次。

(6) 外围、操场、学生活动区域。每天不间断清洁保养。

3. 选用的清洁保养材料及简单地板清洗剂配方

(1) 根据业主的要求选择清洁保养材料。

(2) 公司推荐的清洁保养材料包括超级起蜡水、石地封底蜡、面蜡、高速喷洁蜡、全能清洁剂、玻璃清洁剂、地推牵尘剂。

地板清洗剂配方如下：

组成	配比（%）	组成	配比（%）
焦磷酸钠	5	磷酸酯	6
氢氧化钾（45%）	2	水	余量

4. 选用的设备、工具

(1) 选用的设备有多功能擦地机、高速抛光机、吸水/吸尘机。

(2) 打蜡、刮擦玻璃等工序均采用进口工具。

(3) 其他工具按标准采购。

5. 施工工艺

釉面地砖地板表面打蜡层的清洗工序：

(1) 按工艺要求做好准备工序

1) 工具。包括水桶、被单布、吸水毛巾、板刷、喷壶、蜡拖、蜡车、清洗垫（机用)、清洗垫驱动器（针盘)。

2) 防护用品。包括工作服、胶鞋、塑料薄膜鞋套、告示牌。

3) 设备。包括多功能擦地机、吸水/吸尘机、拖线盘。

4) 准备好工艺要求的清洁保养剂（包括起蜡水、封地蜡、面蜡、发泡剂、消泡剂、50℃热水等)。

(2) 具体操作工序

1) 在被清洗地板的范围以外，放置告示牌或设置阻拦式隔离带。

2) 在被清洗地板和不清洗地板的交接区域铺设被单布和吸水毛巾，以防止不清洗地板的蜡面被污染或损坏。

3) 按工艺要求比例稀释起蜡水，注入多功能擦地机的液体箱内。

4) 在多功能擦地机上安装针盘和清洗垫。

5）操作擦地机，对被清洗的地板进行起蜡清洗。

6）对擦地机清洗不到的地板死角，用板刷浸起蜡水进行人工清洗。

7）按工艺要求比例向吸水/吸尘机内注入发泡剂（根据设备的要求也可能是消泡剂）。

8）用吸水/吸尘机吸取地板上清洗后残留的污水。

9）吸水/吸尘机吸不到的地板死角处，用吸水毛巾吸取残留污水。

10）将热水（50℃）浇在被清洗地板上，用擦地机清洗地板。

11）用吸水/吸尘机吸取地板上清洗后残留的污水。

注：10）和 11）两道工作程序应连续作业两遍。

6. 质量标准

地板清洁打蜡质量标准：本标准中的地板包括花岗岩、大理石、水磨石、人造大理石地板，木地板，PVC 塑料地板，地砖地板，涂料覆盖混凝土地板。

（1）地板清洗起蜡必须洁净，干燥后方可涂蜡。

（2）蜡面下不得隐显有污垢。

（3）不得因地板不干燥涂蜡而引起蜡层脱落。

（4）必须按规定的蜡液容积和地板面积之比，向地板上涂蜡，保证蜡层的厚度。

（5）蜡面应均匀覆盖，不得有漏涂之处和蜡面气泡存在。

（6）蜡面平滑丰满，光泽柔和，质感凝重。

7. 人力安排

（1）清洁保养时间：7:00—19:00。

（2）人员工作时间：7:00—19:00，隔天上班。

（3）人员工作安排

1）大堂每班 1 人。

2）办公室每班 2 人。

3）教室每班 4 人。

4）卫生间每班 2 人。

5）图书馆、楼梯、周围环境每班 1 人。

6）机动（室内玻璃）2 人，正常上班。

7）领班 1 人，正常上班。

8. 施工报价（模拟报价）

报价：每月 2.2 万元人民币。

成本测算：

（1）材料费 4 000 元。

（2）工具费 500 元。

（3）设备折旧费 3%，660 元。

（4）人工费 12 600 元（18 人）。其中每月工费 600 元/人，10 800 元；每月饭补 100 元/人，1 800 元。

（5）税收 8%，1 760 元。

（6）管理费 10%，2 200 元。

（7）利润 1.2%，280 元。

附录 1

北京市居住小区物业管理服务标准

表一　　普通商品房居住小区管理服务标准

项目	范围	工作内容及要求
（一）综合管理	小区规划红线范围内，涉及共用财产和公共事务的管理	（1）负责制定物业管理服务工作计划，并组织实施 （2）每年一次对房屋及设施设备进行安全普查，根据普查结果制定维修计划，组织实施 （3）白天有专职管理员接待住户，处理服务范围内的公共性事务，受理住户的咨询和投诉；夜间有人值班，处理急迫性报修，水、电等急迫性报修半小时内到现场 （4）协助组建业主委员会并配合其运作 （5）管理规章制度健全，服务质量标准完善，物业管理档案资料齐全 （6）与业主签订物业管理服务协议、物业管理公约等手续；公开服务标准、收费依据及标准 （7）应用计算机系统对业主及房产档案、物业管理服务及收费情况进行管理 （8）全体员工统一着装，持证上岗 （9）每年进行一次物业管理服务满意率调查，促进管理服务工作的改进和提高，征求意见用户不低于总户数 80%
（二）房屋及小区共用部位共用设施设备日常维护	按《北京市住宅公共维修基金使用管理办法》中附件一：共用部位公用设施一般应包括的范围的内容为准；不包括另行收费的设备设施，如电梯、水泵、暖气等设备	确保居住小区内楼房共用部位共用设施设备、基本市政设施的正常使用运行和小修养护，包括： （1）楼房及小区内共用部位设施设备的日常养护和小修，执行《房屋及其设备小修服务标准》 （2）保证护栏、围墙、小品、桌、椅、楼道灯、绿化设施等公共设施、设备正常使用，道路、甬路、步道、活动场地达到基本平整，边沟涵洞通畅 （3）确保雨水、污水管道保持通畅，定期清掏化粪池、雨水井，相关设施无破损 （4）负责小区智能化设施的日常运行维护 （5）定期清洗外墙
（三）绿化	小区规划红线范围内的中心绿地和房前、屋后，道路两侧区间绿地	按市园林局规定的《二级养护标准》养护
（四）保洁	小区规划红线以内，业主户门以外	维护和保持服务范围内的清洁卫生，包括： （1）有健全的保洁制度，清洁卫生实行责任制，有明确的分工和责任范围 （2）设定垃圾集纳地点，并每日将服务范围内的垃圾归集到垃圾楼、站，对垃圾（专用）楼、站、箱、道、桶及垃圾进行管理 （3）每日对保洁服务范围内的区域进行一次清扫，做到服务范围内无废弃杂物

续表

项目	范围	工作内容及要求
（四）保洁	小区规划红线以外，业主户门以外	（4）对楼梯间、门厅，电梯间、走廊等的门、窗、楼梯扶手、栏杆、墙壁等，进行1周1次清扫 （5）按政府有关规定向服务范围内喷洒、投放灭鼠药、消毒剂、除虫剂 （6）在雨、雪天气应及时对区内主路、干路积水、积雪进行清扫
（五）保安	小区规划红线以内，业主户门以外	公共区域的秩序维护和公共财产的看管，包括： （1）相对封闭：做到小区主要出入口全天有专人值守，车辆行驶通畅，危及人身安全处有明显标志和防范措施 （2）维护交通秩序：包括对机动车辆和非机动车辆的行驶方向、速度进行管理 （3）看管公共财产：包括楼内的门、窗、消防器材及小区的表井盖、雨箅子、小品、花、草、树木、果实等 （4）夜间对服务范围内重点部位、道路进行不少于1次的防范检查和巡逻，巡逻不少于2人，做到有计划、有记录 （5）发生治安案件、刑事案件、交通事故时，应及时报警，并配合公安部门进行处理
（六）存车管理	机动车辆、非机动车辆在停车场（存车处）、位的看管	（1）有健全的机动车存车管理制度和管理方案 （2）对进入小区的机动车辆进行登记发放凭证，出门凭证放行 （3）保证停车有序，24 h设专人看管 （4）长期存放的，应签订存车协议，明确双方的权利义务等
（七）消防管理	公共区域消防设施的维护及消防管理	（1）有健全的消防管理制度，建立消防责任制 （2）消防设施有明显标志，定期对消防设施进行巡视、检查和维护 （3）定期进行消防训练，保证有关人员掌握消防基本技能
（八）高压供水	养护、运行、维修	（1）保证居民正常生活用水 （2）对水箱定期清洗消毒，确保水质合格 （3）维修服务标准执行京房地物字（1998）第799号文件规定
（九）电梯	养护、运行、维护	（1）主梯6:00—24:00不间断运行，0:00—6:00呼叫运行，电梯工夜间值班室，并公布呼叫电话或房号。凡是楼层中设有电梯门的，均须开启载客 （2）凡有备梯的，在高峰期6:00—8:00、17:00—19:00与主梯同时运行 （3）主梯维修时，有备用梯的，用备用梯运行，无备梯的，属急迫性维修的，应在30 min内抢修完工，其他维修应于23:00至次日5:00以内完工；维修服务标准执行京房地物字（1998）第799号文件规定
（十）装修管理服务	房屋装饰装修管理	（1）有健全的装修管理服务制度 （2）查验业主装修方案，与业主、施工单位签订装修管理协议，告知业主装修注意事项 （3）装修期间，对装修现场进行巡视与检查，严格治安、消防和房屋安全管理；对进出小区的装修车辆、装修人员实行出入证管理，调解因装修引发的邻里纠纷 （4）业主装修结束后，应进行检查。对违反装修协议的要进行处理，问题严重的报行政管理部门及时清运装修垃圾，集中堆放时间不得超过3天

表二　经济适用房小区、直管和自管公房小区、危旧房改造回迁小区管理服务标准

项目	范围	工作内容及要求
（一）综合管理	小区规划红线范围内，涉及共用财产和公共事务的管理	（1）负责制定物业管理服务工作计划，并组织实施 （2）每年一次对房屋及设施设备进行安全普查，根据普查结果制定维修计划，组织实施 （3）白天有专职管理员接待住户，处理服务范围内的公共性事务，受理住户的咨询和投诉；夜间有人值班，处理急迫性报修，水、电等急迫性报修半小时内到现场 （4）协助组建业主委员会并配合其运作 （5）管理规章制度健全，服务质量标准完善，物业管理档案资料齐全 （6）与业主签订物业管理服务协议、物业管理公约等手续；公开服务标准、收费依据及标准 （7）全体员工统一着装，持证上岗 （8）每年进行一次物业管理服务满意率调查，促进管理服务工作的改进和提高，征求意见户数不低于总户数80％
（二）房屋及小区共用部位共用设施设备日常维护	按《北京市住宅公共维修基金使用管理办法》中附件一：共用部位共用设施设备一般应包括的范围的内容为准；不包括另行收费的设备设施，如电梯、水泵、供暖等设备	（1）楼房及小区内共用部位设施设备的日常养护和小修，执行《房屋及其设备小修服务标准》 （2）保证护栏、围墙、楼道灯、绿化设施等公共设施、设备正常使用 （3）确保雨水、污水管道保持通畅，定期清掏化粪池、雨水井，相关设施无破损
（三）绿化	小区规划红线范围内的中心绿地和房前、屋后，道路两侧区间绿地	按市园林局规定的《三级养护标准》养护
（四）保洁	小区规划红线以内，业主户门以外	维护和保持服务范围内的清洁卫生，包括： （1）设定垃圾集纳地点，并每日将服务范围内的垃圾归集到垃圾楼、站，对垃圾（专用）楼、站、箱、道、桶及垃圾进行管理 （2）每日对保洁服务范围内的区域进行一次清扫，做到服务范围内基本无废弃杂物 （3）按规定进行消毒、灭鼠等活动 （4）在雨、雪天气应及时对区内主路、干路积水、积雪进行清扫
（五）保安	小区规划红线以内，业主户门以外	维护服务范围内的业主公共生活秩序，包括： （1）相对封闭：做到小区主要出入口全天有专人值守，车辆行驶通畅，危及人身安全处有明显标志和防范措施； （2）维护交通秩序：包括对机动车辆和非机动车辆的行驶方向、速度进行管理 （3）发生治安案件、刑事案件、交通事故时，应及时报警，并配合公安部门进行处理
（六）存车管理	机动车辆、非机动车辆在停车场（存车处）、位的看管	（1）有健全的机动车存车管理制度和管理方案 （2）对进入小区的机动车辆进行登记发放凭证，出门凭证放行 （3）保证停车有序，24 h设专人看管 （4）长期存放的，应签订存车协议，明确双方的权利义务等

续表

项目	范围	工作内容及要求
（七）消防管理	公共区域消防设施的维护及消防管理	（1）有健全的消防管理制度，建立消防责任制 （2）消防设施有明显标志，定期对消防设施进行巡视、检查和维护 （3）定期进行消防训练，保证有关人员掌握消防基本技能
（八）高压供水	养护、运行、维修	（1）保证居民正常生活用水 （2）对水箱定期清洗消毒，确保水质合格 （3）维修服务执行京房地物字（1998）第 799 号文件规定
（九）电梯	养护、运行、维护	（1）主梯 6:00—24:00 不间断运行，0:00—6:00 呼叫运行，电梯工夜间值班，公布呼叫电话或房号。凡是楼层设有电梯门的，均须开启载客 （2）凡有备梯的，在高峰期 6:00—8:00、17:00—19:00 与主梯同时运行 （3）主梯维修时，用备用梯运行；无备梯的，属急迫性维修的，应在 30 min内抢修完工，其他维修应于 23:00 至次日 5:00 以内完工 （4）维修服务标准执行京房地物字（1998）第 799 号文件规定
（十）装修管理	房屋装饰装修管理	（1）有健全的装修管理服务制度 （2）查验业主装修方案，与业主、施工单位签订装修管理协议，告知业主装修注意事项 （3）装修期间，对装修现场进行巡视与检查，严格治安、消防和房屋安全管理；对进出小区的装修车辆、装修人员实行出入证管理，调解因装修引发的邻里纠纷 （4）业主装修结束后，应进行检查。对违反装修协议的要进行处理，问题严重的报行政管理部门 （5）及时清运装修垃圾，集中堆放时间不得超过 3 天

附录 2

上海市建筑物清洗保洁合同

（示范文本，2002 版）

发包方（甲方）：________________

承包方（乙方）：________________

合同编号：________________

签订时间：________________

签订地点：________________

受甲方委托，乙方承包________清洗保洁项目。根据《中华人民共和国合同法》，为明确双方权利义务关系，经双方协商一致，签订本合同。

第一条　项目概况

1. 项目名称：________________

2. 项目地点：________________

3. 承包范围：________________

4. 承包方式：________________

第二条　项目履行期限

1. 根据本项目清洗保洁任务量，双方商定项目总工期为____天，自____年____月____日起，至____年____月____日止。

2. 如遇不可抗力而无法在规定期限内履行合同，经双方协商并书面确认后，工期可以相应缩短或延长。

第三条　项目质量

本清洗保洁项目的技术标准和质量要求按照上海市市容环境卫生管理局颁发的《上海市建筑物清洁保养质量标准》和本合同的有关条款（保洁标准详见附件 1）执行。

第四条　付款方式

1. 本项目清洗保洁服务费总价金额为人民币（大写）________元。

2. 本合同经双方签字生效后，开工____天前，甲方预先支付的价款应不少于合同总价款的____%，计人民币____元；服务项目验收合格后____天内付清全部余额，计人民币____元。

3. ________________

____

第五条　甲方工作

1. 甲方委托专门人员对乙方作业实施监督管理，并有权督促乙方人员严格执行合同规定的各项条款。

2. 甲方应无偿提供乙方管理和存放设备、物品及作业人员更衣的场所，以及免费提供乙方作业所需之水、电和其他支援需用器材。

3. 甲方按照合同规定的服务范围及服务标准对乙方负责的服务区域进行定期或不定期的检查或抽查。对一次性服务的项目，作业服务结束后________天内进行验收，并在验收凭证上签字确认。

4. 甲方应在合同签订后________天内负责为乙方作业人员办理各类有关证件，做好协调工作，确保乙方在合同期内正常工作。

5. 甲方应按本合同规定的价款和付款方式、日期准时付款。

6. ____

7. ____

8. ____

第六条　乙方工作

1. 乙方应在本合同签订进场后________天内提供有关保险手续证明文件、员工身份证及操作证明的复印件，所需费用由乙方承担。

2. 乙方必须按照《上海市登高作业安全操作规程》的要求进行安全生产教育培训，并遵守甲方有关规章制度。

3. 乙方应严格按照本合同相关条款和保洁范围、标准及保洁频率（详见附件 1）的规定进行清洗保洁服务，并接受甲方的监督、检查。

4. 乙方应按照本合同规定的服务范围配备作业人员，如因乙方安排等原因而导致人员缺额的，乙方必须自行调整补足（人员配置计划详见附件 2）。

5. 未经甲方书面同意，乙方不得将合同的全部或部分项目转包、分包给其他公司或个人。

6. 乙方必须按合同规定，提供作业所需之清洁设备、工具、器材及药剂。

7. 乙方工作人员必须穿着统一整齐的工作服装，并于指定或明显位置佩戴工作证。

8. 乙方工作人员若向本项目范围内其他客户提供有偿服务，应与甲方取得联系。

9. ____

10. ____

11. ____

第七条　违约责任

1. 任何一方违约，应承担违约责任，并向对方支付违约金（大写）____________元。

2. 甲方应在乙方保洁作业完成时进行验收，若由于甲方原因未能及时验收造成作业范围内重新污染、清洁效果被破坏的，责任由甲方承担。

3. 由于甲方原因造成无法作业，由此造成乙方作业延期完工的，责任由甲方承担。

4. 乙方在作业期间应设立明显警示标志，如有必要，须在该处范围设置安全围栏，如因乙方原因造成任何人员伤亡或财物损失的，责任由乙方承担。

第八条　合同争议解决途径

甲乙双方在履行合同的过程中如发生争议，应协商解决，协商不成的，可按下列第________种方式解决（也可选中的打"√"，不选的划去）。

1. 提交上海仲裁委员会仲裁（　　）。

2. 依法向人民法院提起诉讼（　　）。

第九条　附则

1. 本合同如因不可抗力的原因无法继续履行时，当事人可以依法主张解除合同，并及时书面通知对方，本合同自书面通知到达对方时解除。

2. 本合同如有未尽事宜，双方可通过协商签订补充合同，补充合同与本合同具同等效力。

3. 本合同附件①清洗保洁范围、内容、频率和标准；②项目作业人员配置计划（其他事宜）；③________________④________________作为本合同的组成部分，具同等法律效力。

4. 本合同一式两份，甲乙双方各执一份。

甲方（盖章或签字）：	乙方（盖章或签字）：
住所/地址：	住所/地址：
法定代表人/负责人：	法定代表人/负责人：
委托代理人：	委托代理人：
身份证/护照：（甲方为自然人时填写）	联系电话：
	邮编：
联系电话：	
邮编：	
年　月　日	年　月　日

一、清洗保洁范围、内容、频率和标准

保洁部位	保洁内容	保洁标准	保洁频率			备注
			每天	每周	每月	

二、项目作业人员配置计划（其他事宜）

（按班别配置）

序号	岗位		班别			合计人数	备注
			日班	中班	夜班		
1	管理人员						
2	保洁工						
3	小计						
4	其中	领班					
5		轮休					
6	合计						

（按保洁部位配置）

序号	部位	保洁面积（立面 m^3）	班别			备注
			日班	中班	夜班	
1						
2						
3						
4						
5						
6						
7						
合计						
备注